中国风景名胜区制度探索与实践
Exploration and practice in the institution of Chinese national park

安 超 编著

中国建筑工业出版社

图书在版编目（CIP）数据

中国风景名胜区制度探索与实践 / 安超编著. —北京：中国建筑工业出版社，2017.12
ISBN 978-7-112-21544-7

Ⅰ.①中… Ⅱ.①安… Ⅲ.①风景名胜区—制度建设—研究—中国 Ⅳ.①F592.1

中国版本图书馆CIP数据核字（2017）第288918号

本书是一本系统介绍中国风景名胜区保护管理制度和相关政策实施的专业书籍。内容包括中国风景名胜区的产生与发展，风景名胜区的设立制度、规划制度、保护制度、管理制度、监管制度解读探索与实践，以及中国各类保护地的关系。

本书适合于从事风景名胜区及自然文化资源管理的工作者、相关法律法规、政策的制定者、专业研究人员以及关心风景名胜区、自然文化遗产保护事业的所有人士阅读参考。

责任编辑：王　磊　李　杰
责任校对：芦欣甜　王　瑞

中国风景名胜区制度探索与实践
安　超　编著
*
中国建筑工业出版社出版、发行（北京海淀三里河路9号）
各地新华书店、建筑书店经销
北京京点图文设计有限公司制版
北京市密东印刷有限公司印刷
*
开本：787×1092毫米　1/16　印张：14　字数：281千字
2017年12月第一版　　2017年12月第一次印刷
定价：48.00元
ISBN 978-7-112-21544-7
　　　（31119）

版权所有　翻印必究
如有印装质量问题，可寄本社退换
（邮政编码 100037）

序 / PREFACE

35年前的1982年，对于中国风景名胜区事业来说是具有里程碑意义的一年。这一年，国务院下发《关于审定第一批国家重点风景名胜区的请示的通知》（国发[1982]136号），审定公布了第一批国家级风景名胜区，这是我国有史以来第一个由中央政府发布的确立风景名胜区管理体制的重要历史性文件。不仅首次明确了我国风景名胜资源保护和管理的体制、形式和范围，同时也明确了在中央人民政府的领导和地方各级政府的支持下，风景名胜区实行严格保护、统一管理的政策方针。可以说，这在我国风景名胜区事业初创阶段起到了奠基作用，也对我国风景名胜区的发展产生了十分重要而深远的影响。

35年来，在党中央、国务院的关怀和领导下，在国务院住房城乡建设主管部门和地方政府以及相关行业部门的大力支持下，全国各级风景名胜区主管部门经过不懈的努力，形成了目前具有巨大影响力和综合实力的行业规模，为我国风景名胜区事业的发展打下了坚实的基础，开创了风景名胜区事业发展的崭新局面。

35年来，我国风景名胜资源类型越来越丰富、分布地域越来越广泛、文化内涵越来越多元，国家级风景名胜区数量由最初的44处发展到如今的244处，从简单的小型景区发展到跨市县、甚至跨省的大规模大区域的风景名胜区，可以说风景名胜区制度的建立，在保护具有国家代表性的自然人文景观、改善地域自然生态环境等方面发挥着重要作用，为中国乃至世界保存了具有典型代表性的自然人文本底资源。

35年来，我国风景名胜区保护管理机构不断加强，保护管理制度日渐完善、法律法规建设逐步健全，已经形成了较为完备的风景名胜区保护、利用、监管体系。《风景名胜区条例》的颁布和围绕《风景名胜区条例》出台的一系列规章制度、规范性文件，极大改善了风景名胜区行业缺少保护管理专项法规和系列规章的被动局面。

风景名胜资源的保护是一项集政治、经济、文化、社会、民生为一体的综合性工作，由于各地在落实资源保护优先的原则上把握有所不同，在风景名胜区中也出现了片面追求经济效益，使风景名胜区过于人工化、城市化、商业化的现象时有发生，有法不依、执法不严、破坏风景名胜资源的行为屡禁不止，很大程度上也是由于法律法规、制度建设不够完善，执行不够彻底造成的。

本书的作者长期从事风景名胜区管理工作，积累了较多的实践经验，本书的编写遵循科学性和真实性并重的原则，以我国风景名胜区法律法规、规章制度和技术规范为研究基础，结合当前风景名胜区制度的制定与执行，探索更为有效的保护管理方法。书中不仅进行了理论研究、案例分析，还特别注意了对重要问题的分析以及对未来发展的展望。

　　风景名胜区保护管理制度，包括设立、规划、保护、建设、监管等一系列制度建设工作，是一项长期持续性的工作，各项制度的制定与完善需要管理者、专家学者、社会力量等多方面共同努力，通过制度建设的不断完善，将风景名胜资源保护好、传承好，这是我们当代风景人共同的责任。

住房城乡建设部城乡规划管理中心副主任　于静

前 言
FOREWORD

生态文明建设是关系人民福祉、关乎民族未来的大计，是实现中华民族伟大复兴的中国梦的重要内容。习近平总书记指出："我们既要绿水青山，也要金山银山。宁要绿水青山，不要金山银山，而且绿水青山就是金山银山。"这生动形象地表达了党中央、国务院大力推进生态文明建设的鲜明态度和坚定决心，体现了尊重自然、顺应自然和保护自然的执政理念，也为我国风景名胜区事业的发展指明了方向。

我国风景名胜区历史悠久，伴随人类历史进程而逐步发展成长，自然景观环境与人文精神内涵紧密结合，是祖国壮丽河山的象征，是人类文明历史的见证，是我国乃至世界最珍贵的自然和文化遗产，其性质属于社会公益事业。风景名胜区对于保护国家遗产资源，传承历史文化，树立国家和地区的典型形象，促进生态文明和科学发展，促进自然、经济、社会全面协调发展发挥了重要作用。

当前，风景名胜区已经成为建设生态文明、实现"美丽中国"、促进国民经济社会发展的重要载体，但风景名胜区自身的发展能力还需通过国家不断地投入与政策引导，快速提升保护、管理、社会服务等各项能力，唯有如此，才能更好地保护珍贵的风景名胜资源，推进风景名胜区事业持续健康发展，更好地为广大人民群众所用、所享，为国家经济建设和生态文明建设做出更大贡献。

风景名胜区事业的发展道路并非一帆风顺，也曾遇到过很多挫折，保护与开发之间的矛盾依然存在，但这些都没有动摇风景名胜区"科学规划、统一管理、严格保护、永续利用"的总体目标，也没有动摇风景名胜区制度对我国风景名胜资源保护工作的积极影响，更没有动摇全社会对改善生态环境，加强自然资源保护的强烈要求。

世间事，做于细，成于严。认真是我们对待工作应有的态度，从严是我们做好一切工作的保障。做事不能应付，做人不能对付，对于风景名胜区行业的制度建设更应如此。制度的制定与出台不仅应经得起实践的检验，还应随着内外部条件的不断变化进行相应的更新、完善甚至深化改革。风景名胜资源是不可再生资源，风景名胜区是全国主体功能区规划中的禁止开发区，风景名胜区核心景区是划入生态保护红线的重要内容，应该制定严格且完善的制度体系，为我国生态文明建设提供可靠的制度保障。

风景名胜区事业起步较早，制度建设相对完备，《中国风景名胜区制度探索与实践》一书重点对当前风景名胜区各类制度的建设与执行情况进行了总结提炼，从现状问题、工作程序、制度执行与未来发展等方面进行了研究和探讨，相信对风景名胜区行业管理者依法行政，以及行业内的教学培训都具有一定的借鉴参考意义。

谨以此书为鉴，希望能够为促进我国风景名胜区事业的发展，进一步完善我国风景名胜区保护管理制度，尽一份微薄之力。

由于笔者水平有限，对风景名胜区行业各类制度的认识也在不断完善，在编纂过程中难免有误，敬请读者不吝赐教。

目 录
CONTENTS

序

前言

第1章 概　述 ·· 001
 1.1　风景名胜区的产生 ·· 001
 1.2　风景名胜区的发展 ·· 003
 1.3　主要管理职能 ·· 007
 1.4　法规和制度概况 ·· 008
 1.5　风景名胜区与旅游业的关系 ·· 009

第2章 设立制度 ·· 012
 2.1　设立历程回顾 ·· 012
 2.2　设立的原则 ·· 013
  2.2.1　分级管理 ·· 013
  2.2.2　分类审批 ·· 013
  2.2.3　申请设立程序 ·· 014
 2.3　设立的条件 ·· 014
  2.3.1　基本条件 ·· 014
  2.3.2　审查程序 ·· 015
 2.4　设立的相关问题 ·· 015
  2.4.1　关于申报条件 ·· 015
  2.4.2　关于设立范围 ·· 016
  2.4.3　关于设立复议 ·· 016
  2.4.4　关于物权人保护 ·· 017
  2.4.5　关于涉及集体林权的补偿 ·· 017
 2.5　设立后的撤销 ·· 018

2.5.1 撤销依据 …………………………………………………………………018
　　　2.5.2 撤销条件 …………………………………………………………………018
　　　2.5.3 撤销工作程序和要求 ……………………………………………………019
　　　2.5.4 配套制度建设 ……………………………………………………………019
　2.6 设立方向 …………………………………………………………………………021
　　　2.6.1 完善申报途径 ……………………………………………………………021
　　　2.6.2 注重梯级储备 ……………………………………………………………021
　　　2.6.3 建立国家公园体制 ………………………………………………………021

第3章 规划制度 …………………………………………………………………024
　3.1 规划的法律地位 …………………………………………………………………024
　3.2 规划的属性 ………………………………………………………………………025
　　　3.2.1 规划性质 …………………………………………………………………025
　　　3.2.2 规划范围 …………………………………………………………………025
　3.3 规划的构成 ………………………………………………………………………026
　　　3.3.1 总体规划 …………………………………………………………………026
　　　3.3.2 详细规划 …………………………………………………………………027
　3.4 规划的编制审批 …………………………………………………………………028
　　　3.4.1 编制审批主体 ……………………………………………………………028
　　　3.4.2 编制审批程序 ……………………………………………………………029
　3.5 规划改革 …………………………………………………………………………030
　　　3.5.1 改革的背景 ………………………………………………………………030
　　　3.5.2 改革的内容 ………………………………………………………………031
　　　3.5.3 改革关键点 ………………………………………………………………035
　　　3.5.4 重要问题 …………………………………………………………………037
　3.6 规划审查要点 ……………………………………………………………………038
　　　3.6.1 住房和城乡建设部审查 …………………………………………………038
　　　3.6.2 相关部委审查 ……………………………………………………………041
　　　3.6.3 国务院审查 ………………………………………………………………042
　3.7 值得注意的问题 …………………………………………………………………043
　　　3.7.1 关于风景名胜区规划的复议和诉讼 ……………………………………043
　　　3.7.2 关于在风景名胜区内设立开发区 ………………………………………043
　　　3.7.3 关于风景名胜区规划范围的确定 ………………………………………044

3.7.4　关于生态保护红线的划定⋯⋯⋯⋯⋯⋯⋯⋯⋯⋯⋯⋯⋯⋯⋯⋯⋯⋯⋯⋯⋯044

第 4 章　建设制度⋯⋯⋯⋯⋯⋯⋯⋯⋯⋯⋯⋯⋯⋯⋯⋯⋯⋯⋯⋯⋯⋯⋯⋯⋯⋯⋯⋯045

　4.1　相关背景⋯⋯⋯⋯⋯⋯⋯⋯⋯⋯⋯⋯⋯⋯⋯⋯⋯⋯⋯⋯⋯⋯⋯⋯⋯⋯⋯⋯⋯045
　4.2　重大建设工程项目⋯⋯⋯⋯⋯⋯⋯⋯⋯⋯⋯⋯⋯⋯⋯⋯⋯⋯⋯⋯⋯⋯⋯⋯⋯046
　4.3　选址核准的变化情况⋯⋯⋯⋯⋯⋯⋯⋯⋯⋯⋯⋯⋯⋯⋯⋯⋯⋯⋯⋯⋯⋯⋯⋯047
　4.4　选址核准的要点⋯⋯⋯⋯⋯⋯⋯⋯⋯⋯⋯⋯⋯⋯⋯⋯⋯⋯⋯⋯⋯⋯⋯⋯⋯⋯049
　4.5　选址核准的程序及内容⋯⋯⋯⋯⋯⋯⋯⋯⋯⋯⋯⋯⋯⋯⋯⋯⋯⋯⋯⋯⋯⋯⋯051
　　4.5.1　核准程序⋯⋯⋯⋯⋯⋯⋯⋯⋯⋯⋯⋯⋯⋯⋯⋯⋯⋯⋯⋯⋯⋯⋯⋯⋯⋯⋯051
　　4.5.2　审核内容⋯⋯⋯⋯⋯⋯⋯⋯⋯⋯⋯⋯⋯⋯⋯⋯⋯⋯⋯⋯⋯⋯⋯⋯⋯⋯⋯051
　　4.5.3　核准条件⋯⋯⋯⋯⋯⋯⋯⋯⋯⋯⋯⋯⋯⋯⋯⋯⋯⋯⋯⋯⋯⋯⋯⋯⋯⋯⋯051
　4.6　值得注意问题⋯⋯⋯⋯⋯⋯⋯⋯⋯⋯⋯⋯⋯⋯⋯⋯⋯⋯⋯⋯⋯⋯⋯⋯⋯⋯⋯052
　　4.6.1　与国家基本建设程序的衔接⋯⋯⋯⋯⋯⋯⋯⋯⋯⋯⋯⋯⋯⋯⋯⋯⋯⋯052
　　4.6.2　相关的土地问题⋯⋯⋯⋯⋯⋯⋯⋯⋯⋯⋯⋯⋯⋯⋯⋯⋯⋯⋯⋯⋯⋯⋯055
　　4.6.3　关于下放和备案⋯⋯⋯⋯⋯⋯⋯⋯⋯⋯⋯⋯⋯⋯⋯⋯⋯⋯⋯⋯⋯⋯⋯057
　4.7　风景名胜区基础设施建设及投资情况⋯⋯⋯⋯⋯⋯⋯⋯⋯⋯⋯⋯⋯⋯⋯⋯058
　　4.7.1　建设现状⋯⋯⋯⋯⋯⋯⋯⋯⋯⋯⋯⋯⋯⋯⋯⋯⋯⋯⋯⋯⋯⋯⋯⋯⋯⋯⋯058
　　4.7.2　主要问题⋯⋯⋯⋯⋯⋯⋯⋯⋯⋯⋯⋯⋯⋯⋯⋯⋯⋯⋯⋯⋯⋯⋯⋯⋯⋯⋯058
　　4.7.3　投资情况⋯⋯⋯⋯⋯⋯⋯⋯⋯⋯⋯⋯⋯⋯⋯⋯⋯⋯⋯⋯⋯⋯⋯⋯⋯⋯⋯058
　　4.7.4　原因分析及国外做法⋯⋯⋯⋯⋯⋯⋯⋯⋯⋯⋯⋯⋯⋯⋯⋯⋯⋯⋯⋯⋯059
　　4.7.5　资金需求及发挥成效⋯⋯⋯⋯⋯⋯⋯⋯⋯⋯⋯⋯⋯⋯⋯⋯⋯⋯⋯⋯⋯060
　　4.7.6　面临的困难⋯⋯⋯⋯⋯⋯⋯⋯⋯⋯⋯⋯⋯⋯⋯⋯⋯⋯⋯⋯⋯⋯⋯⋯⋯061
　　4.7.7　发展的方向⋯⋯⋯⋯⋯⋯⋯⋯⋯⋯⋯⋯⋯⋯⋯⋯⋯⋯⋯⋯⋯⋯⋯⋯⋯062

第 5 章　管理制度⋯⋯⋯⋯⋯⋯⋯⋯⋯⋯⋯⋯⋯⋯⋯⋯⋯⋯⋯⋯⋯⋯⋯⋯⋯⋯⋯⋯063

　5.1　管理机构⋯⋯⋯⋯⋯⋯⋯⋯⋯⋯⋯⋯⋯⋯⋯⋯⋯⋯⋯⋯⋯⋯⋯⋯⋯⋯⋯⋯⋯063
　　5.1.1　管理机构的性质⋯⋯⋯⋯⋯⋯⋯⋯⋯⋯⋯⋯⋯⋯⋯⋯⋯⋯⋯⋯⋯⋯⋯063
　　5.1.2　管理机构的类型⋯⋯⋯⋯⋯⋯⋯⋯⋯⋯⋯⋯⋯⋯⋯⋯⋯⋯⋯⋯⋯⋯⋯064
　　5.1.3　管理机构的权力⋯⋯⋯⋯⋯⋯⋯⋯⋯⋯⋯⋯⋯⋯⋯⋯⋯⋯⋯⋯⋯⋯⋯066
　　5.1.4　热点问题⋯⋯⋯⋯⋯⋯⋯⋯⋯⋯⋯⋯⋯⋯⋯⋯⋯⋯⋯⋯⋯⋯⋯⋯⋯⋯⋯067
　　5.1.5　管理机构的定位和职责⋯⋯⋯⋯⋯⋯⋯⋯⋯⋯⋯⋯⋯⋯⋯⋯⋯⋯⋯⋯068
　　5.1.6　管理机构的发展方向⋯⋯⋯⋯⋯⋯⋯⋯⋯⋯⋯⋯⋯⋯⋯⋯⋯⋯⋯⋯⋯070
　5.2　门票和资源有偿使用⋯⋯⋯⋯⋯⋯⋯⋯⋯⋯⋯⋯⋯⋯⋯⋯⋯⋯⋯⋯⋯⋯⋯⋯072

　　　　5.2.1　风景名胜区门票 …………………………………………………… 072
　　　　5.2.2　资源有偿使用费 …………………………………………………… 076
　　　　5.2.3　存在的问题 ………………………………………………………… 078
　　　　5.2.4　发展的方向 ………………………………………………………… 080
　　　　5.2.5　热点问题 …………………………………………………………… 081
　　　　5.2.6　境外国家公园门票和我国风景名胜区门票比较 ………………… 083
　　　　5.2.7　新西兰国家公园经营制度借鉴 …………………………………… 085

第6章　监管制度 ……………………………………………………………… 087

6.1　执法检查 …………………………………………………………………… 087
　　　　6.1.1　基本情况 …………………………………………………………… 087
　　　　6.1.2　工作成效 …………………………………………………………… 088
　　　　6.1.3　存在的问题 ………………………………………………………… 091
　　　　6.1.4　相关建议 …………………………………………………………… 094

6.2　遥感监测 …………………………………………………………………… 096
　　　　6.2.1　基本情况 …………………………………………………………… 096
　　　　6.2.2　监管信息系统 ……………………………………………………… 097
　　　　6.2.3　监测成效 …………………………………………………………… 099
　　　　6.2.4　存在的问题 ………………………………………………………… 101
　　　　6.2.5　相关建议 …………………………………………………………… 102

6.3　风景名胜区信息化建设 …………………………………………………… 103
　　　　6.3.1　基本概念 …………………………………………………………… 104
　　　　6.3.2　发展历程 …………………………………………………………… 105
　　　　6.3.3　当前现状 …………………………………………………………… 106
　　　　6.3.4　应用分类 …………………………………………………………… 110
　　　　6.3.5　主要技术 …………………………………………………………… 113
　　　　6.3.6　存在的问题 ………………………………………………………… 118
　　　　6.3.7　相关建议 …………………………………………………………… 120

6.4　违法建筑 …………………………………………………………………… 123
　　　　6.4.1　违法建筑的基础 …………………………………………………… 123
　　　　6.4.2　违法建筑的前提 …………………………………………………… 124
　　　　6.4.3　违法建筑的范畴 …………………………………………………… 125
　　　　6.4.4　违法建筑的典型形式 ……………………………………………… 126

6.4.5　违法建筑的处理 ·· 129

第7章　与各类保护地的关系 ·· 130
7.1　总体情况 ··· 130
　　7.1.1　保护地的起源 ·· 130
　　7.1.2　我国保护地类型与发展现状 ·· 131
7.2　各类保护地情况 ·· 132
　　7.2.1　国家级自然保护区 ·· 132
　　7.2.2　国家森林公园 ·· 133
　　7.2.3　国家地质公园 ·· 134
　　7.2.4　国家级水利风景区 ·· 134
　　7.2.5　国家湿地公园 ·· 135
　　7.2.6　国家城市湿地公园 ·· 136
　　7.2.7　A级旅游景区 ·· 136
　　7.2.8　历史文化名城名镇名村 ·· 137
　　7.2.9　全国重点文物保护单位 ·· 137
7.3　风景名胜区与其他保护地的对比分析 ·· 138
　　7.3.1　设立依据 ··· 138
　　7.3.2　设立主体 ··· 138
　　7.3.3　功能定位 ··· 138
　　7.3.4　管理体制 ··· 139
　　7.3.5　资源权属关系 ·· 140
　　7.3.6　规划审批主体 ·· 140
　　7.3.7　资金投入机制 ·· 140
　　7.3.8　规划内容 ··· 140
7.4　相关建议 ·· 141
　　7.4.1　进一步强化现有法定遗产体系的功能定位 ····································· 141
　　7.4.2　整合各类非法定遗产体系 ·· 141

附录1　风景名胜区重要法律法规及文件节选 ·· 142
　风景名胜区条例（国务院令第474号）··· 142
　国务院关于修改部分行政法规的决定（摘要）（国务院令第666号）············ 150
　国务院关于加强城乡规划监督管理的通知（摘要）（国发[2002]13号）········ 151

建设部关于贯彻落实《国务院关于加强城乡规划监督管理的
通知》的通知（摘要）（建规 [2002]204 号） ················152
国土资源部 住房和城乡建设部 国家旅游局关于支持旅游业发
展用地政策的意见（摘要）（国土资规 [2015]10 号） ········154
国家级风景名胜区规划编制审批办法（住房城乡建设部令第 26 号）·········155
住房城乡建设部关于印发国家级风景名胜区总体规划大纲和
编制要求的通知（建城 [2015]93 号） ······················159
住房城乡建设部办公厅关于开展国家级风景名胜区总体规划
评估工作的通知（建办城函 [2017]255 号） ··················168
住房城乡建设部关于印发国家级风景名胜区管理评估和监督
检查办法的通知（建城 [2015]175 号） ·····················172
住房城乡建设部办公厅关于做好国家级风景名胜区内重大建
设工程项目选址方案核准工作的通知（建办城 [2014]53 号） ········177
住房城乡建设事业"十三五"规划纲要（摘要） ················179
住房城乡建设部关于印发全国风景名胜区事业发展"十三五"
规划的通知（建城 [2016]247 号） ·························180

附录 2 国家级风景名胜区与其他保护地主要情况汇总表 ·············193

附录 3 国家级风景名胜区名录 ························198

附录 4 涉及世界遗产的国家级风景名胜区名单 ···············205

参考文献 ··207

后　记 ···210

第1章 概 述

我国风景名胜区是国家依法设立的自然和文化遗产保护区域，是以自然景观为基础，融人文景观为一体的，具有生态保护、文化传承、审美启智、科学研究、旅游休闲、区域促进等综合功能及生态、科学、文化、美学等综合价值的空间地域综合体。风景名胜区与国际上的国家公园相对应，同时又有着鲜明的中国特色，它凝结了大自然亿万年的神奇造化，承载着华夏文明五千年的丰厚积淀，是自然史和文化史的天然博物馆，是人与自然和谐发展的典范之区，是中华民族薪火相传的共同财富。

1.1 风景名胜区的产生

我国风景名胜区源于农业文明时代的天下名山，是人类迈向生态文明时代的自然文化遗产❶。其主要功能是满足人类在不同时代对大自然精神文化、科教活动的需求，是人与自然精神联系的纽带，是壮丽山河的缩影，神圣国土的标志，是一个国家人民引以为豪的形象。

中国数千年的农业文明时代，天下名山大川（图1-1）的主要功能是封禅祭祀、游览审美、宗教活动、创作体验、隐居读书、科学探索等❷。

图 1-1 主要风景名胜区列举图片（一）

---

❶ 谢凝高. 保护自然文化遗产复兴山水文明 [J]. 中国园林，2000（2）：36-38.
❷ 谢凝高. 中国的名山 [M]. 上海：上海教育出版社，1987.

图 1-1　主要风景名胜区列举图片（二）

名山的功能是随着时代的发展而不断演替的，如帝王封禅，始于先秦，终于宋真宗，其后为祭祀活动，到清代末年才逐渐消亡。

游览审美活动则是不断发生深化，这不仅为我国山水审美积淀了浓厚的审美经验，也是人类宝贵的文化遗产。东汉末年以来，道教、佛教均对名山的宗教文化留下了大量的遗产，尤其是体现儒、佛、道思想的有形山水文化，如建筑、道路、摩崖石刻等，皆以自然为主，融于自然的创作，都是人类宝贵的财富，这种融合了中国朴素的生态观，值得继承和发扬。

山水文化的创作源于名山大川，自魏晋南北朝，山水诗画独立成派以来，时代传承，不断发展，成为中国文化艺术的重要组成部分，也是世界山水文化遗产的重要组成部分，是中华民族热爱大自然，崇尚山水，寄情山水，与自然精神往来的记录，都是值得继承和发扬的。

隐居读书的功能随着现代科学、文化教育的兴起随之消失了。随着考察名山的不断深入，不少学者开始探索名山的成因，开启了名山科学研究的功能，如宋代的博学家沈括，考察雁荡山奇峰异石的成因，提出流水侵蚀作用的学术思想，明代地理学家徐霞客，探索熔岩地貌的成因，他们都走在了世界同类科学探索研究的前列❶。

我国自然山川大都经受历史文化的影响，伴有不少文物古迹、诗词歌赋、神话传说等，因而我国的风景名胜区是以颇具美感的自然景观为基础，渗透着人文景观美的综合体，既有大自然的美，又有优秀的历史文化氛围。我国历来重视历史和文化，把热爱祖国山河和历史文化当做爱国主义的一种表现。进入近现代，在新中国成立初期，国家财政十分困难的条件下，仍然拨付资金抢修一些名胜古迹，疏浚西湖，编制桂林、

---

❶ 谢凝高. 国家风景名胜区功能的发展及其保护利用 [J]. 中国园林，2002（4）：16-20.

庐山等风景名胜区总体规划，保护了一大批风景名胜资源❶。许多老一辈革命家在游历祖国风景名胜时，热情地讴歌祖国壮丽山河，留下了不少诗词歌赋。周恩来总理非常关心风景名胜区的保护工作，1954年他与陈毅同志到杭州时，一再指示要搞好植树绿化，要把西湖保护好。当发现风景名胜区内正在建设疗养院，破坏周围环境时，就指示立即停工。但是，由于历史原因，我国风景名胜区事业也经历了一段曲折的历程，1978年以前，我国风景名胜区事业一直未被当做国家的重要自然文化资源事业，也没有形成科学的统一管理体系，特别是在"文革"期间，我国风景名胜资源遭到了严重破坏，不少地方开山采石，砍伐森林，砸毁碑刻塑像，拆除寺庙和殿堂，造成了不可挽回的损失。1978年中国共产党十一届三中全会，总结了历史经验，提出了以发展国民经济为中心的基本国策，肃清了左的思潮，给风景名胜区事业注入了勃勃生机。自此，风景名胜区事业取得了长足发展，呈现出有史以来从未有过的兴盛局面❷。

1.2 风景名胜区的发展

我国风景名胜区的建立和发展，自始至终受到党中央、国务院的重视和关怀。早在风景名胜区制度建立之前的1978年，党中央根据全国风景名胜区的状况和存在的问题，发布了《关于加强城市建设工作的意见》（中共中央[1978]13号文件），首次明确了由城市建设主管部门负责管理风景名胜区事业，自此，国家城建部门开始了将风景名胜区工作正式纳入日常的管理工作❸。

为贯彻落实中共中央13号文件精神，贯彻好中央"调整、改革、整顿、提高"的方针，当时的国家城建总局园林绿化局在局党组的领导下，于1979年4月在杭州召开了全国自然风景区座谈会，提出了《关于加强自然风景区保护管理工作的意见》，出席座谈会的有来自全国18个省、市、自治区的城建、园林部门和21个自然风景名胜区管理单位的代表，还有相关院校、部门的教授、专家和干部。与会代表研究了当时风景区各项工作存在的问题，提出了相关建议和意见，具体研究讨论了未来风景名胜区的管理、规划以及体制建设等重要问题，与会代表共同向全国发出呼吁，加强对我国风景名胜区的保护、规划、建设和管理工作。会议还在广泛征求意见的基础上，确定了我国自然与文化遗产资源管理的区划名称——"风景名胜区"。这次会议是我国风景名胜区发展历史上一次极为重要的会议，为我国风景名胜区制度的建立做了必要的前期准备，也为风景名胜区事业的发展打下了坚实的基础。也正是

---

❶ 宋峰.中国名山的建筑遗产与其所在环境关系解析[J].中国园林，2009（1）：29-32.
❷ 马永立，谈俊忠.风景名胜区管理学[M].北京：中国旅游出版社，2003.
❸ 赵保江.严格保护资源强化科学管理坚持走风景名胜区事业可持续发展道路[J].辉煌的历程，2002（11）：1-2.

此次会议之后，国家城建主管部门开始着手我国第一批国家重点风景名胜区的设立以及规划管理等工作。

1979年3月，国务院以国发[1979]70号文件明确了在我国建立风景名胜区体系，风景名胜区的维护和建设由城市建设主管部门归口管理❶。自此，风景名胜区体系纳入了国家管理系统，结束了长期缺乏组织领导的局面。

1980年，国家计委、建委、城建总局、国务院环保领导小组、文物局、旅游局、宗教局、林业局、商业部等国务院有关部门多次讨论风景名胜区工作，统一思想，研究有关方针政策。与此同时，全国各地的一些专家、学者也对风景名胜区的保护、规划、建设和管理等一系列问题进行了深入探讨。

1981年3月，国务院以国发[1981]38号文件批转了国家城建总局、国务院环保领导小组、国家文物局和旅游局《关于加强风景名胜区保护管理工作的报告》❷。该文件对风景名胜资源的调查、管理体制和机制设置、规划建设、保护管理的方针政策都作了明确规定，成为搞好风景名胜区工作的重要指导文件。随后，在全国范围内开展了风景名胜区和文物的普查评价工作，发现了一批景观奇特、环境优美的风景名胜区，并开展了全国性风景名胜区规划工作。按国发[1981]38号文件的要求，各省、自治区、直辖市的城建、环保、文物和旅游部门组织力量，对各自辖区内的风景名胜资源进行了调查、评价和鉴定，这也是我国首次开展全国风景名胜资源普查。

1982年初，经过资源普查，全国已有22个省、自治区、直辖市人民政府向国务院申报了55处国家级风景名胜区，全国政协和城建总局分别邀请部分政协委员和园林、建筑、城市规划、地理、美学、文物、旅游、环保、经济、宣传等方面的专家、学者评议申报的名单，讨论了风景名胜区的保护管理问题。同年11月，国务院以国发[1982]136号文，批转了城乡建设环境保护部、文化部和国家旅游局《关于审定第一批国家重点风景名胜区的请示》（以下简称《请示》），审定公布了第一批44处国家重点风景名胜区❸。《请示》中提出："大家一致认为，我国山河壮丽、历史悠久，自然风景和名胜古迹遍布全国。一些年来由于各种原因，许多重要风景名胜遭到不同程度的破坏，一些风景名胜区开发建设缺乏统一规划，加强风景名胜区的保护和管理工作已经刻不容缓，应尽早确定国家风景名胜区名单，制定保护管理办法，明确管理体制，使我国一些世所罕见的壮丽自然景观和名胜古迹切实得到保护。""当前，各地要继续按照国发[1981]38号文件的要求，做好风景名胜区的保护和管理工作。一是要抓紧编制国家风景名胜区规划，划定范围。二是要加强领导，实行统一管理。三是要严格保护

---

❶ 马永立，谈俊忠.风景名胜区管理学[M].北京：中国旅游出版社，2003.
❷ 住房和城乡建设部风景名胜区管理办公室.《风景名胜区重要文件汇编》内部资料：13-14.
❸ 住房和城乡建设部风景名胜区管理办公室.《风景名胜区重要文件汇编》内部资料：16-17.

景区植被和地形地貌，维护自然生态。四是要积极稳妥地做好风景名胜区的开发建设。五是要继续做好风景名胜资源评价和鉴定工作。"

第一批国家级风景名胜区名单的公布，在我国风景名胜区发展史上具有划时代的意义，它标志着我国政府已经把风景名胜区这一宝贵的自然与文化资源的综合体以政府的名义、法律的形式予以确定，我国风景名胜区制度正式建立。

1985年6月7日，国务院颁布了《风景名胜区管理暂行条例》，1987年6月，建设部发布了《风景名胜区管理暂行条例实施办法》，从此，我国风景名胜区事业走上了法制化、规范化轨道❶。

自1982年我国建立风景名胜区制度至今，我国风景名胜区事业已经走过了35年的历程，截至目前，全国已建立风景名胜区1051处，其中国家级风景名胜区244处，面积约10.66万平方公里，省级风景名胜区807处，面积约10.74万平方公里，风景名胜区总面积约占国土总面积的2.23%。

风景名胜资源属于国家公共资源，风景名胜区事业是国家公益事业，国家对风景名胜区实行"科学规划、统一管理、严格保护、永续利用"的方针，即在严格保护和统一管理的前提下，依照规划进行合理建设和利用，与生态文明理念一脉相承，与国际上世界自然遗产和国家公园坚持保护与利用相结合的理念完全一致。风景名胜区是国土资源的精华和国家形象的代表，被誉为"自然史和文化史的天然博物馆"，是生态文明和美丽中国建设的重要载体。

国家级风景名胜区与国家级自然保护区、全国重点文物保护单位，在保护对象、功能定位上各有侧重，相互补充，构成国家三大法定保护地（后两者分别依据《自然保护区条例》和《文物保护法》设立和管理）。国家级风景名胜区定位于保护具有国家代表性的自然景观和人文景观，承担保护与游憩双重功能；国家级自然保护区定位于保护典型的自然生态系统、珍稀濒危野生动植物，严格限制公众游览；全国重点文物保护单位定位于保护具有重大历史、艺术、科学价值的不可移动文物，允许适度公众游览。

应该看到，风景名胜区规模逐步扩大，管理体系基本形成，功能作用日益凸显，风景名胜资源得到了有效保护，风景名胜区事业快速发展，已经成为我国自然与文化遗产资源保护体系和全国主体功能区架构的重要组成部分，为弘扬中华民族文化，丰富群众精神文化生活，维护国家生态安全，改善城乡居住环境，提升中国的国际地位和国际影响力，乃至引导合理消费、推动经济发展、加快旅游新兴产业的形成等做出了重大贡献，取得了举世瞩目的成就。

---

❶ 王秉洛. 我国风景名胜区体系建立和发展[J]. 中国园林，2012（8）：5-8.

2006年12月1日,《风景名胜区条例》(以下简称《条例》)正式颁布实施,标志着我国风景名胜区事业法制建设取得了重要进展,也为加强风景名胜区的保护、利用和管理工作提供了重要的法制保障。此后,围绕《条例》,各项规章制度不断出台,逐渐将风景名胜区工作纳入法制化、科学化、规范化管理的轨道,全面促进了风景名胜区事业的持续健康发展。

与此同时,我们也看到,我国风景名胜区发展还很不均衡,东部风景名胜区数量居多,如浙江省国家级风景名胜区已达22处,数量为全国之最(图1-2)。但西部风景名胜区数量相对较少,其中华南、西北、东北及个别省份风景名胜区数量还很有限(图1-3)。

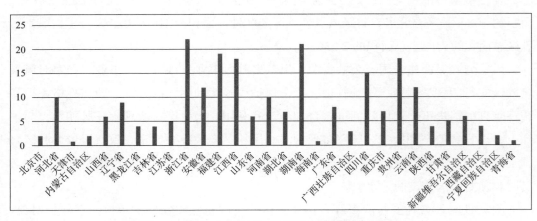

图1-2 各省(自治区、直辖市)风景名胜区数量

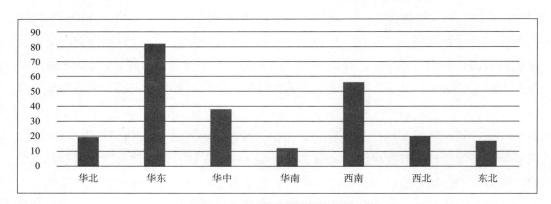

图1-3 各地区风景名胜区数量

在风景名胜区发展的同时,许多地方片面追求经济收益,对风景名胜资源过度开发,使得许多重要的风景名胜资源遭到不同程度的破坏,一些风景名胜区的自然和文化景观正在迅速退化和消失,这种破坏行为必须进行整治和纠正,否则,保护利用了数千

年所形成的具有美学、科学价值的重要资源一旦遭到严重破坏,将造成不可逆转的损失。

随着社会经济的飞速发展,人民物质生活水平和文化水平也不断提高,加之城市化进程的发展,客观上人们在不经意间逐渐远离了自然,但人们向往大自然的心情却日益迫切,因此,保护好风景名胜区的自然性、科学性、完整性和历史文化遗迹的原真性,积极发展科教功能,游览审美功能,传播历史文化知识、体验大自然等多种精神文化功能,尤为重要。

1.3 主要管理职能

为有效保护国家珍贵不可再生的自然文化遗产,遏制破坏风景资源活动,规范开发利用行为,各级政府高度重视对风景名胜区行业的制度建设,尤其是《条例》的颁布实施,将风景名胜区保护纳入了法治轨道并上升到国家战略层面,同时确立了以风景名胜区申报设立、总体规划审查、详细规划审批、重大建设项目选址核准和保护监督等为基础的我国风景名胜区保护管理框架体系。

根据《条例》规定,国务院建设主管部门负责全国风景名胜区的监督管理工作,即住房城乡建设部是全国风景名胜区的主管部门❶。具体开展的主要工作包括:研究拟定风景名胜区的方针、政策和法律法规;研究拟定风景名胜区行业发展的中长期规划、产业政策;负责建立国家级风景名胜区的审查报批工作;负责国家级风景名胜区总体规划的审查报批以及核心景区规划、详细规划的审查工作;负责对风景名胜区资源和生态环境保护的监督工作,建立风景名胜区管理信息系统,对风景名胜区规划实施和资源保护情况进行动态监测;研究拟定风景名胜区经济政策和技术政策;负责风景名胜区申报、世界自然和文化遗产项目的审查报批工作。研究拟定风景名胜区世界自然和文化遗产项目保护和监管措施;组织开展风景名胜区与国外国家公园及世界自然和文化遗产单位在政策、保护、管理、教育、培训等方面的国际交流与合作。

具体职能为:负责国家级风景名胜区设立审查并报国务院批准;负责国家级风景名胜区总体规划审查并报国务院批准;负责国家级风景名胜区详细规划审批;负责国家级风景名胜保护监督管理工作;负责世界自然遗产和世界自然与文化双重遗产申报审核及保护管理等有关工作等。

根据国务院"三定方案"规定,主要职责为:负责拟定全国风景名胜区的发展规划、政策并指导实施,负责国家级风景名胜区的审查报批和监督管理,组织审核世界自然遗产的申报。承担国家级风景名胜区、世界自然遗产项目和世界自然与文化双重遗产

---

❶ 国务院法制办农业资源环境保护法制司,建设部政策法规司,城市建设司. 风景名胜区条例释义 [M]. 北京:知识产权出版社, 2007: 17-18.

项目的有关工作。

随着机构改革的不断深化，住房城乡建设部对于风景名胜区的保护管理职能也在发生变化，然而不管职能如何变化，都应该紧密围绕风景名胜区资源保护，以《条例》为准绳，切实有效地制定并完善相关法规制度与标准规范，以制度规范行为、以制度促进发展，制度的不断完善标志着中国政府对风景名胜区资源实行规范化、法制化保护和管理又步入了一个新的更高的阶段，对在新的历史时期规范和指导风景名胜区各项工作具有十分重要的历史意义和现实意义，也必将对风景名胜区事业的进一步发展起到十分重要的保障和促进作用。

1.4 法规和制度概况

法规制度与管理机构是风景名胜区事业发展的根本保障。各级政府十分重视风景名胜区管理的法制化和规范化，1982年以来，出台了一系列法律、法规、规章及规范性文件，建立了符合我国国情的风景名胜区管理体制。

在法律层面上，国家先后颁布了《中华人民共和国城乡规划法》《中华人民共和国土地管理法》《中华人民共和国环境保护法》等与风景名胜区密切相关的法律10余部，为规范风景名胜资源的综合保护管理提供了法律依据。

在法规层面上，1985年，国务院颁布我国第一个关于风景名胜区工作的专项行政法规——《风景名胜区管理暂行条例》，使风景名胜区走上依法发展之路。2006年，国务院颁布《条例》，强化了风景名胜区的设立、规划、保护、利用和管理，并在风景名胜资源有偿使用、门票收缴管理以及保护风景名胜区内有关财产所有权人合法权益等方面取得了重要突破，是风景名胜区事业发展的重要里程碑。为及时解决发展中出现的问题，使风景名胜区始终保持有序健康发展，国家建设行政主管部门先后出台了《风景名胜区环境卫生管理标准》《风景名胜区安全管理标准》《风景名胜区建设管理规定》《国家重点风景名胜区规划编制审批管理办法》《国家重点风景名胜区总体规划编制报批管理规定》《国家重点风景名胜区审查办法》《国家级风景名胜区徽志使用管理办法》《国家级风景名胜区监管信息系统建设管理办法（试行）》等一系列配套制度。同时，注重法规建设与改革相结合，2015年住房城乡建设部开展规划制度改革，先后出台《国家级风景名胜区总体规划大纲和编制要求》《国家级风景名胜区规划编制审批办法》《风景名胜区总体规划实施评估报告框架》等重要规章制度（现行风景名胜区的主要制度如图1-4所示）。

各级地方政府、人大也很重视风景名胜区的立法工作，先后有19个省（直辖市、自治区）制定了地方性法规，82个国家级风景名胜区实现了"一区一条例"。在我国

第 1 章 概　述

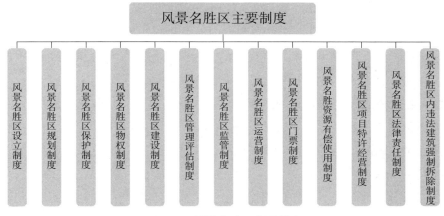

图 1-4　风景名胜区主要制度

市场经济转型期复杂的历史条件下，这些法规对风景名胜区行政管理、资源保护、规划建设和旅游服务等发挥了重要的规范指导作用。

就体制而言，中国建立了国家建设行政主管部门、地方政府主管部门以及风景名胜区管理机构三级管理体制。国家建设行政主管部门负责全国风景名胜区的监督管理，省、自治区人民政府建设主管部门和直辖市人民政府风景名胜区主管部门，负责本行政区域内风景名胜区的监督管理。风景名胜区所在地县级以上地方人民政府设置的风景名胜区管理机构，具体负责风景名胜区的保护、利用和统一管理。目前，全部国家级风景名胜区都已建立管理机构，设立了风景名胜区管理委员会（管理局、管理处等），行使地方人民政府或有关主管部门依法委托的行政管理职权。大部分省级风景名胜区也建立了相应的管理机构。有效强化了风景名胜区管理的规范化和科学化。

1.5　风景名胜区与旅游业的关系

国民经济高速增长、城市化进程高速推进、人工环境日益膨胀的今天，拥抱自然、回归自然已成为新时代人类心灵的倾向。作为人类与大自然形成良好互动的方式之一的旅游，已经逐步融入人们的生活。加之旅游业作为我国经济社会发展的综合性产业，也是国民经济和现代服务业的重要组成部分，对于推动现代服务业发展，增加就业和居民收入，提升人民生活品质，具有重要意义。

风景名胜区是公众游览出行的首要目的地。风景名胜区是具有很高观赏、文化或科学价值自然景物和人文景观的集中、自然环境优美的地域，而成为人们回归大自然的首选对象。风景名胜区不仅在保护国家特有的自然与文化遗产方面，而且在不断改善自然和社会环境、安排导游讲解和接待服务、供人们游憩和研究等方面，发挥其保育、教育、游憩和学术研究等功能。它所保护的国家珍贵资源，可使人们的游憩经历更加精彩。因此，风景名胜区是众多游览参观点中最重要的一种，对游客具有特殊的魅力，是某地区能够吸引大批游客前来游览观赏的主要吸引物。在人们外出旅游的种种驱动因素中，最重要的就是外界的可供观赏和陶冶情操的风景名胜区。

风景名胜区是旅游经济发展的重要支撑。风景名胜资源是国家宝贵的、不可再生的自然与文化遗产，也是旅游事业发展的重要基础。随着我国经济社会的快速发展，风景名胜区对我国国民经济和社会发展的贡献越来越大，对地方经济的拉动作用越来越强，与人民群众的物质文化生活的关系也越来越密切。同时，它对改善投资环境、提高地方的知名度也起着不可估量的作用。大力发展旅游产业有利于我国风景名胜和世界遗产资源的有效利用，有利于促进基础设施和旅游服务设施的完善，也有利于进一步完善区域服务体系，促进风景名胜区整体宣传，实现相关风景名胜区可持续的精准扶贫。同时，风景名胜资源保护对于促进生态文明建设、实现可持续发展的作用也越来越明显。

风景名胜区虽然与旅游业关系密切，但其本质与旅游业存在差异。旅游业是产业，是一种复杂的现代经济活动，有着极强的商业特征，注重经济效益，其核心是追求经济目标和经济增长模式。旅游部门虽有利用资源，发挥效益的优势，但不宜作为资源的管理部门，否则对资源的过度利用必然造成对资源的不可逆转的破坏。风景名胜区工作则是一项事业，兼顾生态防护、景观形象、游憩启迪、科教审美等多种功能，追求有度、有序、有节的发展规律，风景名胜区的审美、文化和科学价值也不是一般的产品，不是资金、工具、设备和一般的劳动力所能生产的，同样也不是可作为商品进行出售的。风景名胜区里的景物和环境，绝大部分是天生的，如地质、地貌、水体、气候、动植物和整个生态系统，都是人类无法创造的。风景名胜区里蕴藏着珍贵的历史文物，均为前人活动所留下的遗存，并不是特地为今天旅游业的投入，更不是要从今天的旅游活动中获取回报。这些自然与人文景物的存在，可为我们提供丰富的精神食粮，仅需要我们付出旅费和时间这一投入，就可获得享受。只要我们保护好这些资源，使之免受破坏，不改变他们的形象，让其继续存在，永葆其固有的价值，我们就会不断地从中获取审美、文化和科学价值，取得各种生态效益，以及随之而来的社会和经济效益。

风景名胜区工作与旅游业发展虽有所不同，但仍然可以在生态文明建设的指引下发挥各自优势，协同发展。2014年国务院下发《关于促进旅游业改革发展的若干意见》（国发 [2014]31 号，以下简称《意见》），全面提出旅游业发展的新思路，强调各部门要协调配合，共同促进旅游业健康可持续发展。按照职责分工和《意见》要求，结合风景名胜区工作实际，需认真做好风景名胜区的设立、保护、规划、利用和管理工作，积极发挥风景名胜区在发展旅游业方面的重要作用,有力地支撑旅游业的发展。

一是要积极组织申报风景名胜区,为旅游业发展提供重要载体。《意见》出台以来,为充分发挥风景名胜区在转变经济发展方式、加强环境保护、发展旅游经济、带动居民脱贫致富等方面的综合作用,应积极会同国务院和地方有关部门,进一步加大风景名胜区申报工作力度,报请国务院审定公布新的国家级风景名胜区。同时,还应积极指导相关省(自治区、直辖市)审定公布一批省级风景名胜区。通过设立风景名胜区,逐步将一些具有重要科学、美学和生态价值的风景名胜资源纳入到法定保护体系,实现依法依规合理利用,推动旅游业持续发展。

二是要加强风景名胜区规划管理,推进资源科学有序利用。进一步加大风景名胜区规划审查力度,为风景名胜区开展旅游活动提供了科学依据。各地通过科学规划,有计划、有步骤地组织游览活动,开发旅游项目,完善旅游服务设施和基础设施,较好地发挥了风景名胜区的展示和游憩功能,更好地满足了人民群众日益增长的旅游休闲和文化需求,也逐步探索建立了风景名胜区保护与地方发展的双赢机制。

三是要加强监督检查,提升保护监管水平。做好风景名胜资源保护是发展旅游业的前提。要不断加大资源保护监管力度,综合运用多种信息技术手段,对全国国家级风景名胜区的资源保护和规划实施情况进行遥感动态监测,及时发现和制止一些风景名胜区存在的违规开发或破坏性开发问题,纠正一些地方存在的不利于风景名胜资源保护和旅游业持续发展的错误观念和认识,从而做到既提升风景名胜区保护管理水平,确保资源的永续利用,又能够提升旅游业发展质量,实现风景名胜区事业和旅游业的又好又快发展。

旅游业的发展离不开风景名胜区,风景名胜区的保护管理工作也不排斥旅游,不论哪一项工作都应坚持绿色发展理念,牢固树立"绿水青山就是金山银山"理念,严守生态保护红线,实现经济、社会、生态效益的共同提升。

第 2 章　设立制度

设立制度是风景名胜区工作的基础，是风景名胜区保护管理及其他一切相关工作的前置条件。风景名胜区的申报设立，既是上级人民政府对下级人民政府（包括中央政府对省级人民政府、省级人民政府对市县人民政府）就风景名胜资源保护管理工作成果的认可和肯定，同时也是下级人民政府对上级人民政府的一项庄严承诺。

2.1　设立历程回顾

1982年国务院审定公布了第一批44处国家级风景名胜区，标志着我国风景名胜区制度的初步建立。此后，国务院先后审定批准设立了9批共244处国家级风景名胜区（图2-1），加上各省、自治区、直辖市人民政府审定批准设立的807处省级风景名胜区，我国风景名胜区的总数已经达到1051处。通过设立风景名胜区这一特殊的保护区域，使我国逐步建立起了具有中国特色并与国际上国家公园体系接轨的风景名胜区制度。

1982年，《国务院批转城乡建设环境保护部等部门关于审定第一批国家重点风景名胜区的请示的通知》（国发[1982]136号），审定公布了第一批国家重点风景名胜区44处。

1988年，《国务院批转建设部关于审定第二批国家重点风景名胜区报告的通知》（国发[1988]51号），审定公布了第二批国家重点风景名胜区40处。

1994年，《国务院关于发布第三批国家重点风景名胜区名单的通知》（国函[1994]4号），审定公布了第三批国家重点风景名胜区35处。

2002年，《国务院关于发布第四批国家重点风景名胜区名单的通知》（国函[2002]40号），审定公布了第四批国家重点风景名胜区32处。

2004年，《国务院关于发布第五批国家重点风景名胜区名单的通知》（国函[2004]5号），审定公布了第五批国家重点风景名胜区26处。

2005年，《国务院关于发布第六批国家重点风景名胜区名单的通知》（国函[2005]107号），审定公布了第六批国家重点风景名胜区10处。

2009年，《国务院关于发布第七批国家级风景名胜区名单的通知》（国函[2009]152号），审定公布了第七批国家级风景名胜区21处。

2012 年,《国务院关于发布第八批国家级风景名胜区名单的通知》(国函 [2012]180 号),审定公布了第八批国家级风景名胜区 17 处。

2017 年,《国务院关于发布第九批国家级风景名胜区名单的通知》(国函 [2017]40 号),审定公布了第九批国家级风景名胜区 19 处。

随着 2006 年 12 月《条例》的颁布实施,风景名胜区名称也正式由"国家重点风景名胜区"改为"国家级风景名胜区"。

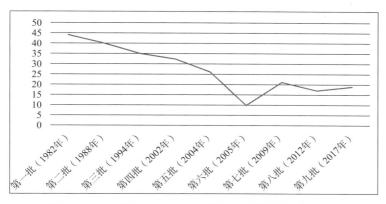

图 2-1　国务院审定公布 1～9 批国家级风景名胜区数量

2.2 设立的原则

2.2.1 分级管理

《条例》实施之前,即按照《暂行条例》规定,我国风景名胜区体系为:国家重点、省级、市级风景名胜区三级体系。《条例》实施之后,现有风景名胜区体系按照分级管理变为两级,分别是国家级风景名胜区和省级风景名胜区。对于自然景观和人文景观能够反映重要自然变化过程和重大历史文化发展过程,基本处于自然状态或者保持历史原貌,具有国家代表性的,可以申请设立国家级风景名胜区;与之相应的,具有区域代表性的,可以申请设立省级风景名胜区。

2.2.2 分类审批

风景名胜区设立属于行政审批事项,实行分类审批,国家级风景名胜区的申请设立主体为省、自治区、直辖市人民政府,审定公布主体为国务院,即由省、自治区、直辖市人民政府提出申请,由国务院审定公布;省级风景名胜区的申请设立主体为县级人民政府,审定公布主体为省、自治区、直辖市人民政府,即由县级人民政府提出申请,由省、自治区、直辖市人民政府审定公布(图 2-2)。

图 2-2　我国现行风景名胜区体系

2.2.3　申请设立程序

基本程序主要由提出申请、组织论证审查和审定公布三个阶段组成。其中，组织论证审查阶段中，住房城乡建设部牵头组织有关部门对申请设立国家级风景名胜区的必要性与可行性、资源价值、保护状况、管理状况等方面的情况进行充分论证与审查，提出审查意见，作为国务院审定设立国家级风景名胜区的重要依据；与之相应，各省级住房城乡建设厅（直辖市风景名胜区主管部门）牵头组织省内有关厅局，对申请设立省级风景名胜区的相关内容进行审查，提出审查意见，作为省、自治区、直辖市人民政府审定设立省级风景名胜区的重要依据。

2.3　设立的条件

2.3.1　基本条件

资源价值的高低是衡量风景名胜区可否设立的重要标准。对于自然景观和人文景观能够反映重要自然变化过程和重大历史文化发展过程，基本处于自然状态或者保持历史原貌，具有国家代表性、区域代表性的，可以申请设立风景名胜区。

结合美国国家公园申报标准，满足以下条件，可基本认定为风景名胜区：

一是该区域是一种特殊资源类型的杰出典型。

二是该区域在说明或解释国家遗产的自然或文化主题方面具有特殊的价值或品质。

三是该区域为游憩、公众利用和欣赏以及科学研究等提供了最理想的机会。

四是该区域是一种非常完整的、纯粹的、精准的、破坏较小的资源典型。

五是该区域必须代表一个自然或文化主题或游憩资源类型，而现有风景名胜区体系中正缺少这种主题或类型，或者已有的风景名胜区在这些方面无法与其相比，且用于满足公众欣赏的需要。

由于风景名胜区是地质地貌、森林植被、水文气象、文物古迹等多门类资源的融合体，因此，要在多学科综合调查评价的基础上，根据资源条件，划定风景名胜区范围。

2016年住房城乡建设部发布《住房城乡建设事业"十三五"规划》，将"推动风景名胜区和世界遗产持续发展"内容单独成章，充分体现了住房城乡建设部对生态文明建设内容的高度重视。其中,"开展风景名胜区资源普查"是"十三五"规划的首要内容。风景资源是风景名胜区赖以生存的根本,只有全面掌握各类风景名胜资源分布、价值、数量、保护、管理等情况,才能有效地分析风景名胜区的性质、定位和价值。对风景资源价值的正确认识和定位是风景名胜区保护、利用和管理工作的根本,是风景名胜事业的核心与起点。由于时代的局限,最初对于风景名胜区的研究多侧重传统的山水风景美学、风景环境与建筑创作、山水空间组合与传统造园等❶。随着工作的深入和全面推进,越来越多的行业管理者强烈地感觉到了风景资源基础研究的薄弱与贫乏,尤其是缺乏系统科学地认知归纳风景资源价值,进而制约了风景名胜区相关工作的推进。北京大学对泰山的地质地貌、气候、水文、森林植被、建筑园林、文学、美学、历史、书法艺术、旅游经济、环境保护、管理体制以及航空遥感等多学科、多领域进行了综合考察研究。在风景资源评价的基础上,还与泰山管委联合编制了《泰山风景名胜区总体规划》和《世界遗产——中国泰山》申报书,1987年世界遗产委员会接纳泰山为世界遗产,正是基于风景名胜区资源价值的深入研究,这项工作为开创风景名胜科学的基础创立了丰碑。

2.3.2 审查程序

以申报国家级风景名胜区为例,对申报材料进行初审之后,住房和城乡建设部组织专家赴申报风景名胜区进行实地考察,并向国家级风景名胜区评审委员会(风景园林专家委员会)提交考察评估报告。根据评审委员会的结论,会同国务院相关部门,包括发展改革委、国土资源部、环境保护部、水利部、林业局、旅游局、文物局、宗教局等共同组织论证,提出审查意见,审查通过的风景名胜区,可报国务院审定后批准公布(图2-3)。

图2-3 国家级风景名胜区申报设立程序

2.4 设立的相关问题

2.4.1 关于申报条件

◆ 申报区域不是省级风景名胜区,可否申请设立国家级风景名胜区

在受理国家级风景名胜区申报审查过程中,原则上要求申报区域应已成为省(自治区、直辖市)级风景名胜区2年后,才可申请设立国家级风景名胜区。但《条例》

---

❶ 宋峰. 世界遗产分类体系下背景的中国风景名胜区 [J]. 中国园林, 2010 (1): 1-2.

中并未对申请设立国家级风景名胜区提出明确的前提要求，且目前也没有相应的部门规章和规范性文件对该事项进行详细规定。因此，理论上当前非省级风景名胜区一样可以直接申请设立国家级风景名胜区。

◆ 申报区域已是其他类型的保护地，可否申请设立国家级风景名胜区

《条例》规定：新设立的风景名胜区与自然保护区不得重合或者交叉。即已划定为自然保护区的区域，不得再设立风景名胜区；同样，已划定为风景名胜区的区域，不得再设立自然保护区。鉴于国家级风景名胜区和国家级自然保护区的设立审批级别较高，均属于国务院设立审批，而但其他类型的保护地，如地质公园、森林公园、水利风景区、湿地公园、A级景区等均为部门自行设立，因此，除自然保护区外，已属其他类型的保护地均可申请设立国家级风景名胜区。

2.4.2 关于设立范围

◆ 申请设立风景名胜区的范围和规划编制报批确定的范围是否可以不一致

根据《条例》规定，风景名胜区应当自设立之日起2年内编制完成总体规划，即申报设立在前，规划编制报批在后。由于在申请设立风景名胜区时应提交的材料中包括了拟设立风景名胜区的范围和核心景区范围，因此，风景名胜区的范围以及核心景区的范围是在设立的时候就已经确定的，申报成功之后的规划编制应严格依照设立时确定的风景名胜区范围开展，不能够前大后小（申报范围大、规划编制范围小），随意变更。其次，申请设立国家级风景名胜区属于政府行为，是省级人民政府对中央政府的庄严承诺，承诺可以保护好申报设立风景名胜区范围内的风景名胜资源和自然文化遗产资源，如果编制风景名胜区规划时将范围进行随意变更，各级政府的承诺也将随着风景名胜区范围变更而发生变化，将直接影响政府的公信力。最后，国家级风景名胜区的设立属于行政审批，由国务院对地方政府的申报事项进行审批，一旦经国务院批准设立，具有法律效力，国务院的决定为最终决定，不得随意更改❶。

2.4.3 关于设立复议

◆ 个人或集体对于风景名胜区的设立具有不同意见，可不可以进行行政复议或诉讼

由于风景名胜区设立行为属于具体行政行为，根据《行政复议法》规定，对于具体行政行为申请人可以向该部门本级人民政府或上级主管部门提出行政复议。因此，理论上如果个人或集体对于设立省级风景名胜区具有不同意见，可以向国务院相关部

---

❶ 安超. 我国风景名胜区设立研究 [J]. 中国园林，2016（3）.

门提出申请行政复议的请求。但风景名胜区设立情况较为特殊，一是由于设立审批行为属于行政审批行为，且为典型的政府内部行政审批行为，因此，对于政府内部的行政审批行为，不得复议，不得诉讼，不得上访。二是国家级风景名胜区的设立审批权属国务院所有，鉴于国务院的任何决定都是最终决定，因此对于国务院设立的国家级风景名胜区具有不同意见，则不可以复议。这里需要指出，行政许可事项具有外部性，一般许可的对象存在行政相对人，因此可以通过行政复议作为救济途径寻求解决，但行政审批事项不同于行政许可，行政审批事项没有救济途径，不得复议、不得诉讼。

2.4.4 关于物权人保护

◆ 设立风景名胜区是否要将风景名胜区范围内的人口全部迁出

很多风景名胜区在设立伊始就将风景名胜区内的居民迁出作为保护管理工作的重要事项之一，但一些风景名胜区自古以来就有居民居住、生产生活，风景名胜区范围内相应的土地、森林等资源多为集体所有，设立风景名胜区后，可能在一定程度上对风景名胜区内的个人和集体权益产生了一定的影响，造成了一定的损失，因此，在设立风景名胜区之前，要和这些财产权人、物权人进行充分协商，应尊重物权人、财产所有权人的基本意愿，尽量保留风景名胜区内的原住民，确需迁出的应努力做好风景名胜区内的土地、森林等自然资源和房屋等所有权人、使用权人的思想工作，使风景名胜区内居民等相关群体充分认识到设立风景名胜区的重要意义，因设立风景名胜区对范围内的土地、森林等自然资源和房屋财产所有权人、使用权人造成损失的，应依法给予补偿。如有条件甚至可以为风景名胜区内的原住民提供就业机会，进而有效规范其生产行为，积极引导其在风景名胜区内的生活。例如原先原住民以打猎、砍柴为生，现设立风景名胜区后，应通过普法普规，合理引导其原有行为，通过充分协商，作出相应补偿，以保护原住民物权。此外，补偿不是赔偿，不存在过失性行为，而属于规范性行为。

2.4.5 关于涉及集体林权的补偿

◆ 涉及风景名胜区内的林地如何补偿

全国集体林权改革自 2008 年启动，至 2012 年年底已基本完成，其中包括风景名胜区内集体林地。但国家林业局、财政部早在 2009 年印发的《国家级公益林区划界定办法》（林资发 [2009]214 号）中对于国家公益林区划范围中并没有将风景名胜区纳入。这就带来两个问题：一是由于风景名胜区内的集体林地未被划为公益林，因此无法享受国家及地方有关公益林补贴。二是无法受到国家公益林管理制度的有效约束，中共中央、国务院《关于全面推进集体林权制度改革的意见》（中发 [2008]10 号），明确严格控制公益林采伐，而对没有划入公益林的风景名胜区内集体林地也即被定性为商品林。根据商品林由农民自主经营的政策，难以实施有效约束和控制，不利于风景名胜区管理机构依照《条例》规定对景观、林草植被等资源实现严格保护。

根据国务院《全国主体功能区规划》（国发[2010]46号），风景名胜区明确列入国家禁止开发区域。风景名胜区和自然保护区同样承担重要生态功能，同时还在保护自然文化遗产、改善城乡人居环境、弘扬中华民族文化、激发大众爱国热情、丰富群众文化生活等方面发挥了极为重要的作用，公益属性和特征明显。因此，应该将风景名胜区内集体林地纳入公益林划界补偿范围，享受国家公益林相同补贴政策。同时，中央财政在生态补偿资金转移支付中也应明确风景名胜区生态补偿内容。

2.5 设立后的撤销

目前，我国风景名胜区尚未建立撤销制度，自1982年风景名胜制度成立至今，也从未将纳入体系内的任何一处风景名胜区撤销。但从维护国家风景名胜区整体形象和国家代表性，健全制度、强化管理的角度考虑，应建立风景名胜区撤销制度，实现"有进有出"良性循环的动态管理。

2.5.1 撤销依据

《条例》并没有对国家级风景名胜区的退出或撤销等问题做出明确制度规定。考虑到国家级风景名胜区的设立由国务院审定批准公布，因此国家级风景名胜区的撤销也应当报请国务院审定批准撤销。

依据《条例》第35条关于"国务院建设主管部门应当对国家级风景名胜区的规划实施情况、资源保护状况进行监督检查和评估。对发现的问题，应当及时纠正、处理"的规定，对监督检查和评估中发现的存在重大问题或已达不到国家级风景名胜区标准的，应由国务院住房城乡建设主管部门向国务院提出撤销建议。

2.5.2 撤销条件

2015年11月6日，《住房城乡建设部关于印发国家级风景名胜区管理评估和监督检查办法的通知》（建城[2015]175号）第21条规定：建立国家级风景名胜区黄牌警告和退出机制，实行濒危名单管理。对于风景名胜区资源价值丧失或者明显退化，不具备国家级风景名胜区设立条件或者标准的，报请国务院建议予以撤销；风景名胜区资源价值尚未完全丧失，但保护管理明显不力、整改不到位或拒不整改的，住房城乡建设部将约谈风景名胜区所在地人民政府分管领导或者负责人，挂牌督办。

依据《条例》规定及国家级风景名胜区的资源标准和保护管理要求，建议考虑对具有下列情形之一的国家级风景名胜区，适时启动建议撤销工作程序：

一是因风景名胜资源自然退化、过度开发、人为破坏等原因，致使资源价值达不到国家级风景名胜区标准的；

二是无风景名胜区管理机构或者设立的风景名胜区管理机构不能有效履行法定职能，导致规划建设失控和违法违规行为突出且拒不纠正或得不到有效查处的；

三是违规出让转让国家级风景名胜区或其重要景区景点的经营权或者违规将规划建设管理权等行政职能交由企业行使，不及时收回或拒不纠正的；

四是3年内2次发生重大违规建设行为，不能有效查处或者拒不纠正的；

五是存在其他严重违法违规情形。

2.5.3 撤销工作程序和要求

1. 列入濒危名单

通过濒危名单公布，对达到撤销条件的风景名胜区列入濒危名单，实行黄牌警告和限期整改要求，并向社会通报。

2. 实行限期整改

依法就存在的问题向有关省提出限期整改要求。整改期限原则上不超过1年。因客观原因1年内难以完成的，经征得住房城乡建设部同意后，可适当延长，但最长不得超过6个月。

3. 整改成效评估

整改完成或者整改期限届满，住房城乡建设部组织专家组进行现场评估。经评估，达到整改要求的，继续保留国家级风景名胜区资格，移出濒危名单。

4. 报请国务院审定

经整改仍然达不到要求的，住房城乡建设部向国务院提出撤销建议。对达到撤销条件的，不再列入濒危名单和实行限期整改，直接向国务院提出撤销建议。

5. 后续责任追究

国务院一旦作出撤销决定，住房城乡建设部应予以通报，并会同有关方面督促地方依法追究有关责任人的行政责任。撤销的国家级风景名胜区5年内不得再次申请设立国家级风景名胜区，是否保留省级风景名胜区资格由有关省级人民政府决定。

2.5.4 配套制度建设

1. 进一步完善部门规章《国家级风景名胜区监督检查和评估办法》

依据《条例》第35条，制定并完善配套部门规章，进一步明确国家级风景名胜区监督检查和评估的内容、程序、要求、问题处理等内容，构建长效监管机制，将列入濒危名单和建议撤销国家级风景名胜区作为监督检查和评估结果的重要配套处理措施，为撤销国家级风景名胜区提供配套制度保障。

2. 完善国家级风景名胜区濒危名单制度

研究制定《国家级风景名胜区濒危名单管理办法》，明确列入濒危名单的条件、程序和处理要求等方面。对于在国家级风景名胜区规划实施和资源保护年度报告或者日常遥感监测、监督检查、管理评估中发现存在严重问题的，应列入濒危名单，并向社会通报，实行限期整改和黄牌警告。整改合格的，保留国家级风景名胜区资格；整改不合格的，向国务院提出撤销建议。

3. 积极推进《国家级风景名胜区管理技术规范》编制工作

《国家级风景名胜区管理技术规范》已列入国家标准委员会标准编制修订工作计划，应加快编制报批工作，力争尽快编制完成，为国家级风景名胜区监督检查、评估和撤销提供必要的技术支撑。

4. 适时开展风景名胜区行政法规修订

结合《风景名胜区条例》修订或者《风景名胜区法》的制定，补充完善国家级风景名胜区撤销制度。

实践案例　防止"撤销"制度走偏

据了解，目前个别省份正在研究风景名胜区"退出"制度。"退出"制度看似与"撤销"制度相同，但在实质上却有着较大的差异。其最大的区别在于审批主体上的不同，我们知道，设立风景名胜区属于行政审批，是上级人民政府对下级人民政府的审批，是国务院对省、自治区、直辖市人民政府的审批，或是省级人民政府对地市级人民政府的审批，该事项不属于行政许可。同样，取消风景名胜区资格，既不是行政处罚，也不是行政强制措施，更不是行政强制执行，属于政府的一般性的行政管理措施，必须由批准设立的机关进行撤销。因此，风景名胜区管理机构或地方政府是无权"主动退出"已经申报成功并纳入相应风景名胜区体系的。

同时一旦"退出"制度成立，将很有可能造成许多风景名胜区管理机构或地方政府迫于当地经济发展的压力，很难在近期建设与长远发展、局部利益与整体利益、经济发展与环境保护、现代化建设与历史文化保护的博弈过程中做出正确抉择，从而主动放弃风景名胜资源的保护，也将很有可能出现一系列"主动退出"风景名胜区保护管理体系的情况。

2.6 设立方向

2.6.1 完善申报途径

在地方政府自愿申报的前提下,加强国家层面对风景名胜区资源的有效保护,改变被动受理申报工作制度。基于风景名胜资源普查,对符合国家级风景名胜区条件而没有申报国家级风景名胜区的地区,住房和城乡建设部可以向该地区所在地的省、自治区人民政府提出申报建议;仍不申报的,可以向国务院直接提出确定该地区为国家级风景名胜区的建议,逐步推行地方政府主动申请和中央政府强制设立的双轨制申报设立制度。对于急需或确需保护的重要风景名胜资源,国家有权强制划定风景名胜区范围,纳入风景名胜区法定保护体系依法对其进行保护和管理。

2.6.2 注重梯级储备

作为国家级风景名胜区申报战略的重要步骤,省级风景名胜区设立显得极为重要。中国现有省级风景名胜区 807 处,数量上具备一定规模,然而各级政府不管是中央层面还是省级层面对于省级风景名胜区的保护管理仍显得力度不够,造成了大量的省级风景名胜资源保护现状堪忧。此外,省级风景名胜区保护管理制度的建立也相对匮乏,为后续申报国家级风景名胜区带来一定的隐患。纵观 35 年来国家级风景名胜区申请设立工作,从申请设立数量来看基本呈递减趋势,这也促使我们必须要不断加强风景名胜区资源所具有的潜在价值和突出价值的研究工作。

2.6.3 建立国家公园体制

风景名胜区在设立过程中,往往会涉及与其他不同保护地的交叉协调问题,也正因此导致诸多具备风景名胜资源价值的区域不能纳入风景名胜区的保护体系,也在一定程度上使得中国现有保护地体系显得较为混乱。因此,建立国家公园管理体制,用国家公园体制去优化各类保护地类型,加强对区域重要的生态系统和特殊公共空间的保护,实现永续利用,尤为必要。根据 IUCN 保护地分类(表 2-1),中国国家级风景名胜区与国外国家公园在资源价值、功能定位、管理目标、制度体系和国家代表性等方面有很多一致性,管理基础较好,规范性较强,国际认可度高,具备开展国家公园试点的良好条件。

IUCN 保护地分类　　　　　　　　　　表 2-1

保护管理类别	目的	定义
IA 严格的自然保护区	主要为科学而管理的保护区	具有突出的或典型的生态系统、地质学或生理学或物种的陆地或海洋地域,主要用于科学研究和环境监测

续表

保护管理类别	目的	定义
IB 荒野保护区	主要为荒野保护而管理的保护区	广阔的未受干扰或只受轻微干扰的保持其自然特征与影响的陆地或海洋区域,区内无永久性的或重要的住所,保护和管理目的是维系自然状态
II 国家公园	主要为生态系统保护和游憩而管理的保护区	具有如下功能的陆地,海洋自然区(a)为当代人和后代人的利益保护一种或多种生态系统的生态完整性;(b)拒绝与既定目的相抵触的开发或占据;(c)为精神的、科学的、教育的、游憩的和参观的机会提供基础,而所有这些都必须具有环境及文化上的和谐性
III 自然纪念地	主要为保护特殊的自然特征而管理的保护区	含有一个或多个特殊的自然或自然文化特征的区域,因其固有的珍稀性、代表性、美学性质量或文化意义而具有突出的或独特的价值
IV 生境,物种管理区	主要通过管理的介入而保护自然生境和生物物种的保护区	为维持自然生境或满足特殊物种的需求而引入的主动管理的陆地或海洋区域
V 海陆景观保护区	主要为保护海陆景观和游憩而管理的保护区	具有适当的海岸与海洋的陆地区域,长期以来在人与自然的相互作用下形成了明显的区域特征,具有重要的价值和生物多样性。使人与自然传统的相互作用保持完整性是此类地区保护维持和进化的核心
VI 资源管理保护区	主要为自然生态系统的可持续使用而管理的自然资源保护区	区内包含优越的、几乎未干扰的自然系统,管理的目的是确保长期保护与维系生物多样性,同时适时提供可持续的自然产品,满足社会需要

1. 在资源价值上

风景名胜区涵盖了中国最壮丽的自然景观,凝结了大自然亿万年的神奇造化,承载着华夏文明五千年的丰厚积淀,是自然史和文化史的天然博物馆,是人与自然和谐发展的典范之区,是中华民族薪火相传的共同财富❶。在自然保护上,绝大多数国家级风景名胜区(约7.87万平方公里)被列入《中国生物多样性保护战略与行动计划(2011—2030年)》中的生物多样性保护优先区域;武夷山、黄龙、九寨沟、西双版纳等7个国家级风景名胜区被联合国教科文组织列入"世界生物圈保护区"。在国家代表性上,我国现有世界遗产地52处,其中涉及国家级风景名胜区38处、省级风景名胜区11处,最能体现国家形象,最能代表国家公园特点。

2. 在目标定位上

按照IUCN对国家公园的管理目标和主要功能的描述,即保护国家级和世界级自然风景地,提供精神、科学、教育、游憩和旅游机会;永久保持具有自然地理、生物群落、基因资源和物种的代表特征的典范,使其尽可能保持自然的状态;消除并防止对国家公园存在的目的造成危害的利用和侵占等❷。我国现有各类保护地设立的目标和定位差

---

❶ 孙筱祥. 中国风景名胜区 [J]. 北京林学院学报,1982(2):12-16.
❷ 李如生. 美国国家公园与中国风景名胜区比较研究 [D]. 北京:北京林业大学,2005.

别较大。如自然保护区强调生态及生物多样性保护，文物保护单位强调文化资源保护，其他类型区域均以旅游开发为主导等。比较而言，风景名胜区在目标定位上以资源保护为风景名胜区事业发展的核心内涵，在强调保护的同时主要满足广大人民群众精神需求，并具有保护培育、文化传承、审美启智、科学研究、旅游休闲、区域促进等多方面的公益性功能，与国际上的国家公园最为接近，同时又有着鲜明的中国特色。

3. 在法规制度上

30多年来，国务院颁布了《条例》，建立了最严格、最高规格的风景名胜区设立、规划、保护、利用和管理制度。依照《条例》建立了风景名胜区设立、合法权益保护、规划管理、建设项目选址核准、门票和资源有偿使用费管理、项目特许经营管理、年度报告、监督检查和评估、游客容量控制、行政管理（政企分开）等制度，与国外国家公园制度的核心理念、基本特点和管理趋势非常接近，可以说风景名胜区已经具备国外国家公园基本特征和主要框架。

4. 在空间布局上

中国的244处国家级风景名胜区覆盖除上海以外的省、自治区和直辖市，基本涵盖了中国典型的自然地理单元，以及一些重要的历史文化遗产，并且形成了从历史圣地到名山大川到自然生态等十多种风景名胜区的资源类型，已经建立了相对完整的体系框架。

5. 在国际认同上

风景名胜区长期以来以英文标识"National Park"名称广泛参与国际合作。作为与国外国家公园最接近的自然和文化资源管理体系，我国风景名胜区开展了多层次、多主体、多形式、全方位的国际交流。1998年5月8日，建设部风景名胜区管理办公室与美国内政部国家公园管理局签署了《中华人民共和国建设部风景名胜区管理办公室与美利坚合众国内政部国家公园管理局就国家公园及其他自然文化遗产保护地的管理与保护的合作达成的谅解备忘录》❶，建立了包括信息交流、培训、研讨、建立友好公园等内容的合作机制，并且分别于2002年、2005年、2009年、2011年、2014年、2017年分别续签了《谅解备忘录合作计划》。截至目前，中国共有27个国家级风景名胜区与国外的国家公园建立了友好公园❷。

因此，从现有条件看，国家级风景名胜区是中国国家公园的基础和核心，应当以国家级风景名胜区作为中国建立国家公园制度的试点，通过对风景名胜区制度进行改造和完善，转型为国家公园的主体，再将其他保护体系对照国家公园标准，选取符合要求的保护体系纳入国家公园，对于未纳入的仍分别依照现有法律法规制度进行管理，这是尽快建立具有中国特色的国家公园制度的最便捷的途径。

---

❶ 住房城乡建设部风景名胜区管理办公室.历届双方签署的谅解备忘录.
❷ 朱璇.美国国家公园运动和国家公园系统的发展历程[J].中国园林，2006（6）：22-25.

第 3 章 规划制度

风景名胜区规划是风景名胜区工作的重要依据和行动纲领,是做好风景名胜区保护、利用和管理工作的前提,是开展风景名胜区各项工作的"作战地图"。实践证明,任何事业的健康发展都必须规划先行,风景名胜区事业的发展同样也离不开科学规划的指导。

3.1 规划的法律地位

规划是风景名胜区保护利用管理的法律依据。风景名胜区规划是在风景名胜区区域、现状和资源三大条件分析基础上,对风景名胜区的整体结构以及保护、利用、管理、实施等内容提出的总体原则和具体措施。无论是总体规划还是详细规划都是风景名胜区保护利用、依法行政的法律依据,包括资源保护、建设管控、利用管理等各项工作,均应符合经批准的风景名胜区规划要求。"科学规划"是风景名胜区十六字方针的第一要务,因此,规划是风景名胜区开展资源保护、永续利用、合理开发、依法管理的直接依据,对于违反风景名胜区规划的行为,应根据《条例》规定作出相应的处罚,并使其承担相应的法律责任[1]。

规划是行政机关行政审批行政许可的法律依据。《条例》赋予了风景名胜区管理机构行政许可权,即对建设项目选址审批的前置审核权。风景名胜区内的建设活动,应当经风景名胜区管理机构审核后,依照相关法律、法规的规定办理审批手续。风景名胜区管理机构对建设项目进行行政许可,各地规划部门核发的建设项目选址意见书、建设用地规划许可证、建设工程规划许可证,以及各省级主管部门在核准风景名胜区内重大建设项目选址时,均应以经批准的风景名胜区规划为依据。

规划是行政相对人开展建设的法律依据。对行政相对人来讲(项目的建设单位、相关企业),一定要依据风景名胜区规划并根据建设项目选址方案核准意见来开展建设,没有规划不能建设。同时,要根据规划部门核发的"一书两证"来开展建设,如建设用地规划许可,规定了应在什么地方建设;建设工程规划许可,规定了建设项目的高度、体量、色彩、容积率、建筑密度、光照间距、安全间距、消防间距和相邻关系等内容。

---

[1] 贾建中. 我国风景名胜区发展和规划特性 [J]. 中国园林, 2012 (10): 11-15.

3.2 规划的属性

3.2.1 规划性质

风景名胜区规划是保护培育、开发利用和经营管理，并发挥其多种功能作用的统筹部署和具体安排。经相应的人民政府审查批准后的风景名胜区规划，具有法律权威，必须严格执行。风景名胜区规划不同于城市规划、土地利用等规划，在性质上，风景名胜区规划应该是一个保护利用的规划，同时也是包括建设内容的，但绝不是一个以建设为主要内容的规划；城乡规划（城市规划、镇规划、乡规划、村庄规划）是主要以建设为主的规划，是立体的、布局的、点对点的规划；土地利用规划是国土范围内土地如何开展利用的规划，是平面的；国民经济和社会发展规划是母规划、总规划，是规划中的规划。

3.2.2 规划范围

当前风景名胜区与城市、镇、乡、村庄范围交叉重叠现象较为普遍，那么风景名胜区规划与城市规划、镇规划、乡规划、村庄规划是什么关系？一旦交叉重叠如何处理，如何协调？应该说，风景名胜区规划范围与城市规划、镇规划、乡规划、村庄规划交叉重叠是"常态"，不交叉重叠是"例外"。一个风景名胜区中有可能包括一个镇或多个镇，也可能包括一个村或者多个村，个别的风景名胜区甚至有可能包括一个城市或多个城市。但同时一个城市中也有可能包括一个风景名胜区。据统计，2004年城市型风景名胜区只有36处，2017年这个数量已经增加到了100余处，随着社会经济的不断发展，城市规模不断增大，城市边界在不断扩张，原先和风景名胜区规划范围没有交叉的现在交叉了，原先有交叉的现在重叠了，加之城市发展对风景名胜区的不断侵占，各类规划在范围上进行协调与衔接已成为必要。

《条例》对于风景名胜区规划范围与城市规划范围交叉重叠的问题并未详细规定，2015年住房城乡建设部出台的《国家级风景名胜区规划编制审批办法》（住房城乡建设部第26号部令），对规划范围重叠的问题进行了详细的规定："编制城市、镇规划，规划范围与国家级风景名胜区存在交叉或者重合的，应当将国家级风景名胜区总体规划中的保护要求纳入城市、镇规划。编制乡规划和村庄规划，规划范围与国家级风景名胜区存在交叉或者重合的，应当符合风景名胜区规划"。也就是说，如果国家级风景名胜区规划与城市、镇规划存在交叉或者重合的，应当将国家级风景名胜区总体规划中的保护要求纳入城市总体规划，没有纳入的，城市规划无效；如果国家级风景名胜区不在城市中，应当和城市规划做好衔接；如果国家级风景名胜区规划与乡、村规划存在交叉或者重合，乡村规划应直接服从国家级风景名胜区规划。

3.3 规划的构成

风景名胜区规划包括总体规划和详细规划。

3.3.1 总体规划

风景名胜区总体规划是指为了对风景名胜资源实施严格保护和永续利用，充分发挥风景名胜区环境、社会和经济三方面的综合效益，在综合分析风景名胜区现状和问题的基础上，根据风景名胜区发展和社会经济发展要求，按照可持续发展的原则，在一定空间和时间内对风景名胜区资源与环境的保护、利用和开发建设所做的系统分析、科学部署和总体安排❶，是驾驭整个风景名胜区保护、管理、利用和发展的基本依据和手段，应当具有科学性、前瞻性、指导性、强制性和可操作性。

各地应依据现行国家标准《风景名胜区规划规范》GB 50298—1999 和住房城乡建设部有关规定进行总体规划编制，确定风景名胜区的性质、范围、总体布局和配套公共服务设施，划定严格保护区和控制建设地区，划定禁止建设范围、限制建设范围和控制建设范围，并提出保护利用原则和规划实施措施，作为风景名胜区内一切活动的依据，对风景名胜资源的保护应当做出强制性规定，对资源的合理利用应当做出引导和控制性规定。为保证国家级风景名胜区总体规划进度和质量，国家级风景名胜区总体规划应当事先编制规划纲要，确定规划的指导思想、目标、主要内容，从而为下一步总体规划编制提供指导。风景名胜区总体规划要注意与周边地区城乡规划的协调，与土地利用规划、区域交通规划等相衔接。

国家级风景名胜区总体规划应当包括以下内容：

一是界定风景名胜区和核心景区的范围边界，根据需要划定外围保护地带；

二是明确风景名胜资源的类型和特色，评价资源价值和等级；

三是确定风景名胜区的性质和定位；

四是提出风景名胜区保护与发展目标，确定风景名胜区的游客容量、建设用地控制规模、旅游床位控制规模等；

五是确定功能分区，提出基础设施、游览服务、风景游赏、居民点的空间布局；

六是划定分级保护范围，提出分级保护规定；明确禁止建设和限制建设的范围，提出开发利用强度控制要求；提出重要风景名胜资源专项保护措施和生态环境保护控制要求；

七是确定重大建设项目布局，提出建设行为引导控制和景观风貌管控要求；确定需要编制详细规划的区域，提出详细规划编制应当遵从的重要控制指标或者要求；

---

❶ 谢凝高. 国家重点风景名胜区规划与旅游规划的关系 [J]. 规划师，2005（5）：5-7.

八是编制游赏、设施、居民点协调、相关规划协调等专项规划。

截至目前，全国共有171处国家级风景名胜区总体规划经国务院审定批准实施。

3.3.2 详细规划

风景名胜区详细规划是对风景名胜区总体规划确定的保护和利用措施的具体安排与实施，不能违背总体规划的要求。风景名胜区详细规划编制应当依据总体规划确定的不同景区的要求、开发利用强度、重大建设项目布局、禁止开发和限制开发区域等要求，对风景名胜区规划地段的土地利用性质、保护和控制要求、环境与景观要求、开发利用强度等作出明确要求与规定，确定基础设施、旅游设施、文化设施等建设项目的选址、布局与规模，并明确建设用地范围、规划设计条件。因此，与总体规划相比，其具有从属性、局部性以及较强的针对性与可操作性。

风景名胜区详细规划是对总体规划的深化，要按照总体规划确定的原则、要求和布局，对某一特定的功能区域单元（如景区或其他功能区），确定其范围、用地规模、景点分布、风景特征、资源利用方式、游览交通布局、基础设施配置等内容，并相应作出确切的定位、定性和定量的控制性综合安排。同时要对该区域内各主要景点或其他功能点的具体用地控制和建设项目安排提出平面布置方案，还要对近期建设项目作出规划布局、提出设计方案，为工程设计和规划管理提供切实可行的、具有控制性和指导性的依据。经批准的详细规划是做好风景名胜区保护、建设、利用和管理工作的直接依据。

国家级风景名胜区详细规划应当包括下列内容：

一是明确规划范围和规划区域的定位，分析总体规划相关要求；

二是确定规划目标，提出发展控制规模；

三是评价规划范围的资源、环境和用地条件，确定规划布局和建设用地的范围边界；

四是提出建设用地范围内各地块的建筑限高、建筑密度、容积率、绿地率、给水排水与水环境等控制指标及建筑形式、体量、风貌、色彩等设计要求；明确重要项目选址、布局、规模、高度等建设控制要求，对重要建（构）筑物的景观视线影响进行分析，提出设计方案引导措施；

五是编制综合设施、游赏组织、居民点建设引导、土地利用协调等专项规划。

截至目前，全国共有180余处风景名胜区详细规划经住房城乡建设部批准实施。

当前通常的做法是，在国家级风景名胜区总体规划编制前，首先编制总体规划纲要，对风景名胜区未来发展目标以及保护管理和合理利用中的重大问题进行分析研究，确定总体规划的指导思想、目标和主要内容，作为下一步风景名胜区总体规划编制的基本框架和依据。总体规划确定的主要入口区、游览服务设施相对集中区等涉及较多建设活动的区域应当编制详细规划，且这些区域主要应集中在三级保护区，其他保护级别较高，资源分布集中的区域应进行严格保护，如无特殊情况不需编制详细规划。风景名胜区规划体系见图3-1。

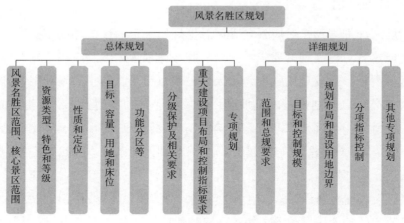

图3-1 风景名胜区规划体系

3.4 规划的编制审批

3.4.1 编制审批主体

1. 国家级风景名胜区总体规划

国家级风景名胜区总体规划由省、自治区住房城乡建设主管部门或直辖市风景名胜区主管部门负责组织编制，省、自治区人民政府或直辖市人民政府负责审查，国务院负责批复，批后生效，并且要将规划公布，国家级风景名胜区总体规划不需要备案。

2. 国家级风景名胜区详细规划

国家级风景名胜区详细规划由省、自治区住房城乡建设主管部门或直辖市风景名胜区主管部门负责组织编制，国务院住房城乡建设主管部门负责批复，国家级风景名胜区详细规划不需要备案。

需要指出的是，不管是国家级风景名胜区总体规划还是详细规划都是由省住房城乡建设主管部门或直辖市风景名胜区主管部门组织编制。组织编制即编制主体，负责组织国家级风景名胜区所在地市、县人民政府和风景名胜区管理机构共同编制规划。而所在地人民政府和风景名胜区管理机构不是规划编制主体。如果风景名胜区在某个县内，规划编制主体应组织所在县人民政府和风景名胜区管理机构共同开展规划编制；如果风景名胜区跨县，规划编制主体应组织涉及的几个县的所在市人民政府、县人民政府和风景名胜区管理机构共同开展规划编制；如果风景名胜区跨省，规划编制主体应当在沟通协调的前提下，组织涉及的几个省所在的市、县人民政府和风景名胜区管理机构共同开展规划编制。

3. 省级风景名胜区总体规划

省级风景名胜区总体规划由风景名胜区所在市、县级人民政府组织编制，省人民政府或直辖市人民政府负责批复，批后报国务院住房城乡建设主管部门进行备案。

4. 省级风景名胜区详细规划

省级风景名胜区详细规划由县级人民政府组织编制，由所在省、自治区人民政府的住房城乡建设主管部门或直辖市人民政府风景名胜区主管部门审批，不需要备案（表3-1）。

需要指出的是，经省、自治区、直辖市人民政府审定批准的省级风景名胜区的总体规划，自审批当日起生效，总规生效与备案与否无关。备案是事后告知，不是事前许可，没有备案，不影响总体规划生效。

各级风景名胜区的编制审批主体一览表 表3-1

风景名胜区级别	规划类型	编制主体	审查主体	批复主体	备案主体
国家级风景名胜区	总体规划	省、自治区住房城乡建设主管部门或直辖市风景名胜区主管部门	省、自治区、直辖市人民政府	国务院	—
	详细规划	省、自治区住房城乡建设主管部门或直辖市风景名胜区主管部门	国务院住房城乡建设主管部门		—
省级风景名胜区	总体规划	市、县级人民政府	省、自治区、直辖市人民政府		国务院住房城乡建设主管部门
	详细规划	县级人民政府	所在省、自治区人民政府的住房城乡建设主管部门或直辖市风景名胜区主管部门		—

综上所述，城乡规划中的城市总体规划只有一部分是由国务院来批准的，但是国家级风景名胜区的总体规划全部都是由国务院批准的。

3.4.2 编制审批程序

1. 国家级风景名胜区总体规划

国家级风景名胜区总体规划由省、自治区、直辖市人民政府报国务院后，国务院批转住房城乡建设部商有关部门按照相关规定进行办理。

住房城乡建设部组织专家对风景名胜区总体规划内容进行初审，同时将总体规划材料分送国家发展改革委、国土资源部、环境保护部、水利部、林业局、旅游局、文物局、宗教局等部委征求意见，将意见汇总后反馈相关省、自治区住房城乡建设主管部门或直辖市风景名胜区主管部门。

地方按要求修改完毕后，由住房城乡建设部组织召开部际联席会议，进一步协调有关部门和地方意见，并对总体规划内容进行审议。

经部际联席会议审议通过后，由住房城乡建设部报国务院审批（图3-2）。

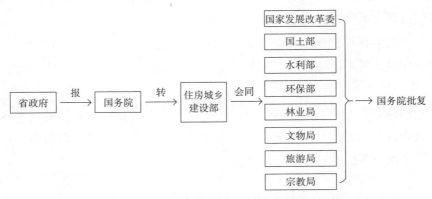

图3-2 国家级风景名胜区总体规划审批流程

2. 国家级风景名胜区详细规划

国家级风景名胜区详细规划，由省、自治区住房城乡建设主管部门或者直辖市风景名胜区主管部门报住房城乡建设部审批。

住房城乡建设部组织专家对风景名胜区详细规划内容进行审查，将审查意见反馈相关省、自治区住房城乡建设主管部门或直辖市风景名胜区主管部门。

地方按要求修改完毕后报住房城乡建设部，由住房城乡建设部直接审批。

3.5 规划改革

3.5.1 改革的背景

1. 党中央国务院要求

2014年习近平总书记在考察北京市总体规划时指出："规划就是要一张蓝图画到底、一届接着一届干。"强调规划的权威性，加强过程监督管理，提高规划实施的有效性。

2015年12月，中央城市工作会议指出："统筹规划、建设、管理三大环节，增强规划的科学性和指导性。"严格规划"编审用管"一体化，要求规划经批准后要严格执行，一茬接一茬干下去，防止出现一届领导改一次规划的现象。

2017年习近平总书记再次考察北京市总体规划，指出："规划的科学是最大的效益，规划的失误是最大的浪费，规划的折腾是最大的忌讳。"再次强调要把握好战略定位、空间格局、要素配置，充分发挥规划对区域发展的引领作用。

总书记的指示以及中央城市工作会议的要求,对当前规划工作提出了新的任务,也为规划制度改革指明了方向。

2. 多规合一的趋势

当前,我国空间规划体系中存在各规划间缺乏有效衔接问题,由于多个部门对同一城市空间有各自规划引导和控制要求,彼此间又缺乏协调,造成了空间规划的相互冲突,导致了开发管理上混乱和建设成本增加。据统计,目前有法律、行政法规依据的规划有186个,规划过多,一定程度上造成了"泛规划主义",迫切需要通过"多规合一"对发展和改革部门的国民经济与社会发展规划、住建部门的城乡建设规划、国土部门的土地利用规划、环境保护部门的环保规划等进行统筹协调,形成多位一体、多规融合的空间规划体系,使其具有高度的综合性、科学性和可执行性。

3. 地方发展的诉求

近年来各地普遍反映城市总体规划、风景名胜区总体规划审批进度缓慢,报批过程时间跨度较大,甚至还存在个别规划报批将近10年还未完成批复的情况,或刚刚批复不久的规划又面临到期修编的问题,造成很多地方"无规可依",迫于发展压力,只能无规建设,一定程度上造成了规划建设管理失控等诸多问题。这些问题的积累也在客观上要求风景名胜区规划体制改革步伐要逐步加快[1]。

4. 自身存在的问题

作为保护好、建设好、管理好风景名胜区的重要手段和必要前提,风景名胜区总体规划日益暴露出诸多与地方实际不相适应性的问题。一方面,我国风景名胜区发展面临自身特殊的困境,风景名胜区工作常常处于保护与开发的对立状态,多种利益机制驱动渗透的繁乱局面,使得理想的风景名胜区规划理念很难实现;另一方面,我国风景名胜区规划起步相对较晚,规划理论与技术规范存在相对缺失的问题,相关的制度不够完善,往往造成规划滞后于实际管理的尴尬状态。此外,风景名胜区建设是风景名胜区事业的重要内容,能否规划好、控制好风景名胜区建设是决定风景名胜区工作成败的关键。而风景名胜区总体规划因为其内容相对宏观的特性,不可避免的出现细节失控,使得管理者对风景名胜区建设控制往往表现出力不从心,指导风景名胜区详细规划编制及其他规划管理工作时显得操作性不强。

3.5.2 改革的内容

1. 主要内容

根据国务院要求,2015年住房和城乡建设部开展了风景名胜区规划制度改革。

---

[1] 何剑萍. 怎样搞好风景区规划 [J]. 云南林业调查规划设计, 2000(1): 49-53.

2015年1月22日，住房和城乡建设部印发《关于部分国家级风景名胜区超法定期限未报批总体规划情况的通报》（建城[2015]14号），对31处超2年法定期限未报批总体规划的风景名胜区进行通报，并要求立即整改。

2015年6月26日，住房和城乡建设部下发《关于印发国家级风景名胜区总体规划大纲和编制要求的通知》（建城[2015]93号），进一步规范风景名胜区总体规划编制，突出总体规划重点，增强总体规划的统一性和规范性。

2015年8月26日，住房和城乡建设部办公厅印发《关于抓紧做好国家级风景名胜区总体规划编制和修改工作的通知》（建办城函[2015]775号），对22处未报送审批总体规划的风景名胜区进行通报批评，同时对18处长期不编制总体规划的风景名胜区退回重新编制。

2015年9月14日，住房和城乡建设部印发《国家级风景名胜区规划编制审批办法》（2015年第26号部令），进一步规范了风景名胜区规划编制审批工作。

2. 具体内容

（1）内容要求。风景名胜区总体规划应当严格按照《国家级风景名胜区总体规划大纲和编制要求》进行编制，既要精简内容、突出重点、统一格式，又要加大深度，增强针对性、可实施性和对详细规划的指导性，便于执行和监督，避免原则性、通用性表述或者直接抄袭技术规范内容。规划文本内容由原来的15章整合精简为7章（图3-3），图纸由24张精简为11张（图3-4），表格也精简为3张。

■ 章节调整

修改前		修改后	
第一章	总则	第一章	规划总则
第二章	风景区范围与性质	第二章	保护规划
第三章	风景资源分类与评价	第三章	游赏规划
第四章	功能布局与土地利用	第四章	设施规划
第五章	保护培育规划	第五章	居民点协调发展规划
第六章	风景游赏规划		
第七章	典型景观规划	第六章	相关规划协调
第八章	道路交通规划	第七章	近期规划实施
第九章	旅游服务设施规划		
第十章	居民社会调控及经济发展引导规划		
第十一章	城市发展协调规划		
第十二章	环境影响评价与规划		
第十三章	基础工程规划		
第十四章	近期保护与建设规划		
第十五章	实施规划的措施建议		

图3-3 国家级风景名胜区总体规划章节调整

图纸调整

修改前	修改后
01 区位分析图	图0-1 区位关系图
02 景观分析图	图0-2 综合现状
03 综合现状图	图0-3 规划总图
04 风景资源分布图	图1-1 风景名胜区和核心景区界线坐标图
05 风景资源评价图	（包括1-1-1、1-1-2两幅分图）
06 规划界线调整图1	图2-1 分级保护规划图
07 规划界线调整图2	图3-1 游赏规划图
08 规划界线总图	图4-1 道路交通规划图
09 规划总图	图4-2 游览设施规划图
10 土地利用现状图	图5-1 居民点协调发展规划图
11 土地利用规划图	图6-1 城市发展协调规划图
12 分级保护规划图	图6-2 土地利用规划图
13 植物景观规划图	
14 道路交通规划图	
15 旅游服务设施规划图	
16 居民点现状图	
17 居民点调控规划图	
18 城市发展协调构架图	
19 城市发展协调控制规划图	
20 给水工程规划图	
21 排水工程规划图	
22 电力电讯工程规划图	
23 核心景区界线坐标图1	
24 核心景区界线坐标图2	

图 3-4 国家级风景名胜区总体规划图纸调整

（2）成果要求。总体规划一般包括规划文本、规划图纸、规划说明书三部分内容。规划文本和规划图纸合并成册，规划说明书单独成册。规划文本应当以法规条文方式书写，直接表述规划结论，避免解释性、过程性、描述性、原则性的内容，正文字数一般不超过8000字。确因风景名胜区范围过大或分区过多的，可适当予以增加。

（3）规划边界。编制总体规划确定的风景名胜区范围原则上应当与经审定的风景名胜区设立或上版规划审批范围保持基本一致。编制总体规划涉及风景名胜区范围边界较大调整或者局部敏感区域调整的，应当编制风景名胜区范围调整专题论证报告，分析范围调整的合理性、必要性和可行性，并组织专家严格审查、论证，确定必要、合理、可行后，方可结合总体规划编制进行调整。范围既要能够在地形图上标出，又要便于实地识别和标界立桩。

（4）保护规划。分级保护规定应当有效控制不同级别保护区域的管理与利用强度，分级保护范围应当与核心景区范围相衔接。一级保护区为核心景区，属于严格禁止建设范围，严禁各类开发建设行为。根据资源价值确定核心区范围，包括生态价值、文化价值和景观价值❶。应进行底线管理，应保尽保。二级保护区属于严格限制建设范围，仅限于总体规划确定的相关设施建设。总体规划未明确的，一律不得建设，范围不宜过大。应进行控制管理，只允许开展规划确定的保护游览服务设施建设。三级保护区属于控制建设范围，各项设施建设应当以详细规划为依据，通过规划、建设、管

---

❶ 魏民. 试论风景名胜区资源的价值 [J]. 中国园林，2003（3）：25-28.

理的制度和措施，处理好资源保护与地方社会经济发展的关系。应进行协调管理，属于社会经济发展的协调区，需要通过详细规划编制，引导建设、控制建设。科学划定三级分区（图3-5），集中体现了《条例》"科学规划、统一管理、严格保护、永续利用"十六字方针，做到疏堵结合、协调发展。重要资源本体和生态环境保护措施应当遵循各类资源和生态环境特点和保护原则，具有针对性和可操作性。提出的保护指标或目标要求应当与国家相关技术标准或保护规定相衔接。

图 3-5　国家级风景名胜区三级保护分区

（5）游赏规划。要在严格保护资源和游客安全的前提下，根据资源属性、空间分布与景观特点，划分景区，提出游览活动区域和类型，展示自然文化景观。游客容量指标要能够为风景名胜区高峰期游客调控和建立门票预约制度提供支撑。要结合各景区的属性和特点，合理营造景观特色与风貌，完善解说系统，提高游客对风景名胜区性质、作用及其价值的认识，发挥风景名胜区的旅游休闲、精神文化、环境教育等功能❶。

（6）设施规划。1）道路交通规划：保护自然生态环境和景观风貌，尽可能减少对地质地貌的改变，避免套用城市道路和停车场的建设方式。涉及索道等重大建设工程项目的，应当进行专题论证。2）游览设施规划：严格控制区内的设施数量、用地和建设规模。风景名胜区紧邻城镇的，旅游床位应当主要依托外围城镇安排。提出国家级风景名胜区徽志的设置和展示要求。3）基础工程规划：给水排水、环卫、电力电讯设施的布局、配置和技术要求，要落实资源与环境保护要求，符合风景名胜区的特点和实际，禁止照搬城市基础设施建设方式。综合防灾设施（防火、抗震、防洪、地质灾害、游客安全等）要从资源环境保护和游客安全两个层面统筹考虑和布局。

（7）居民点协调发展规划。1）维护居民合法权益：妥善处理和协调资源保护与居民生产生活的关系。2）强化核心景区管控：村镇要从严格控制新增建设活动、生产活动和人口规模，并根据实际逐步向外疏解。

（8）相关规划协调。1）城市规划协调：明确妥善协调风景名胜区保护与城市发展、

---

❶ 李斌成，李睿煊. 风景视觉资源及专家评价系统 [J]. 西北农林科技大学学报（社会科学版），2001（1）.

风景名胜区资源完整性与外围周边区域协调发展的关系。涉及城市规划范围的，宜划定风景名胜区的外围保护地带。2）土地利用规划协调：做好与当地土地利用总体规划协调衔接，严格保护耕地和林地，严格控制建设用地规模。3）其他相关规划和管理规定协调：加强与生态环境、水资源、林地、自然保护区、文物、宗教、旅游等相关规划协调，避免规划矛盾，促进规划实施。涉及世界遗产地的，可增加世界遗产保护规划协调，推进世界遗产保护管理规划的落实。

综上所述，风景名胜区总体规划改革的方向十分明确，就是精简内容，突出重点，注重规划管控和规划实施环节的对接，细化管控要求，编制深度越来越趋向于控制性详细规划的深度。

3.5.3 改革关键点

1. 细化总体规划编制内容

《条例》规定了6个方面的内容：1）风景资源评价；2）生态资源保护措施、重大建设项目布局、开发利用强度；3）风景名胜区的功能结构和空间布局；4）禁止开发和限制开发的范围；5）风景名胜区的游客容量；6）有关专项规划。

《国家级风景名胜区编制审批办法》（以下简称《办法》）在《条例》相关规定的基础上，进行了适当的细化，规定了8个方面的内容：1）界定风景名胜区和核心景区的范围边界，根据需要划定外围保护地带；2）明确风景名胜资源的类型和特色，评价资源价值和等级；3）确定风景名胜区的性质和定位；4）提出风景名胜区保护和发展目标，确定风景名胜区的游客容量、建设用地控制规模、旅游床位控制规模等；5）确定功能分区，提出基础设施、游览服务、风景游赏、居民点的空间布局；6）划定分级保护范围，提出分级保护规定；明确禁止建设和限制建设的范围，提出开发利用强度控制要求，提出重要风景名胜资源专项保护措施和生态环境保护控制要求；7）确定重大建设项目布局，提出建设行为引导控制和景观风貌管控要求，确定需要编制详细规划的区域，提出详细规划编制应当遵从的重要控制指标或者要求；8）编制游赏、设施、居民点协调、相关规划协调等专项规划。

可以看出，内容要求细化后，在规划编制中就强化了控制内容及要求，如用地规模、床位控制、容量控制、开发强度控制（禁止开发、限制开发范围）、生态环境保护控制、风貌控制等，此外还要分级保护，明确禁止建设范围、限制建设范围等。

2. 明确详细规划编制内容

《条例》对于风景名胜区详细规划编制并未作出明确要求，只是提出详细规划应当根据核心景区和其他景区的不同要求编制，确定基础设施、旅游设施、文化设施等建设项目的选址、布局与规模，并明确建设用地范围和规划设计条件。

《办法》不仅规定了风景名胜区编制详细规划的定位，而且还规定了详细规划应当包括的内容。

编制国家级风景名胜区详细规划应当符合国家级风景名胜区总体规划。总体规划确定的主要入口区、游览服务设施相对集中区等涉及较多建设活动的区域应当编制详细规划。详细规划应当包括：1）明确规划范围和规划区域的定位，分析总体规划相关要求；2）确定规划目标，提出发展控制规模；3）评价规划范围的资源、环境和用地条件，确定规划布局和建设用地的范围边界；4）提出建设用地范围内各地块的建筑限高、建筑密度、容积率、绿地率、给水排水与水环境等控制指标及建筑形式、体量、风貌、色彩等设计要求；明确重要项目选址、布局、规模、高度等建设控制要求，对重要建（构）筑物的景观视线影响进行分析，提出设计方案引导措施；5）编制综合设施、游赏组织、居民点建设引导、土地利用协调等专项规划。

风景名胜区详细规划主要是建设为主的规划，大多涉及诸多建设项目，甚至是规模性建设项目，因此，风景名胜区内不是所有区域都需要编制详细规划。风景名胜区核心景区属于严格禁止建设区域，本身就不宜开展相关建设，应严格保护，也就没必要开展详细规划的编制，此外，详细规划的内容深度和细化控制性要求应更加明确。

3. 资质的要求

《条例》对于风景名胜区规划编制的资质没有明确规定，提出编制风景名胜区规划，应当采用招标等公平竞争的方式选择具有相应资质登记的单位承担。

《办法》对于规划编制的资质要求提出了明确的规定，编制国家级风景名胜区总体规划应当由具有甲级资质的城乡规划编制单位承担；编制国家级风景名胜区详细规划应当由同时具有乙级以上城乡规划编制单位资质和风景园林工程设计专项资质的单位承担。

这里需要指出的是，近年来国家大力推进简政放权，一再进行行政审批、行政许可、资质审查审批的简化、下放、取消等一系列重大改革，从长远来看，对于单位的资质要求应当是逐步予以取消，同时应该逐步强化个人的资格。因此，从这个方面上讲，未来对风景名胜区规划编制单位的资质要求也应该逐步取消，而应转为更加强调个人的规划编制资格。

4. 规划评估

《条例》对于风景名胜区规划到期前2年，要求规划的组织编制机关应当组织专家对规划进行评估，作出是否重新编制规划的决定。

《办法》除了对于规划到期前2年要求评估，并且规定风景名胜区规划组织编制机关应当至少每5年组织专家对规划实施情况进行一次评估、评估报告应当及时报国务院住房城乡建设主管部门。《办法》要求更为细化，增加了中期评估的环节。

2017年4月11日，住房和城乡建设部办公厅印发《关于开展国家级风景名胜区总体规划评估工作的通知》（建办城函[2017]255号），要求规划即将到期的风景名胜区启动规划评估工作，同时提出风景名胜区总体规划评估报告框架。

当前风景名胜区与城市交叉重叠现象较为突出，加上社会经济发展极为迅速，风景名胜区规划期限又相对较长，规划实施过程中确实容易出现新问题，出现诸多与规划不符的矛盾或问题，因此，规划到期前评估不仅应成为规定动作，增加规划中期的评估也十分必要。

3.5.4 重要问题

《办法》第15条规定：编制国家级风景名胜区总体规划，确需对经审定的风景名胜区范围进行较大调整或者安排索道、缆车等重大建设工程项目的，风景名胜区规划组织编制机关应当组织专家进行专题论证，形成专题论证材料。

《条例》第17条规定：风景名胜区规划应当按照经审定的风景名胜区范围、性质和保护目标，依照国家有关法律、法规和技术规范编制。

这里可能会产生异议：《条例》要求规划编制时风景名胜区范围应当按照申报设立时或者上版规划确定的范围进行，而《办法》规定对范围调整可以进行专题论证，那么风景名胜区的范围是否可以在规划编制过程中变更？

应该说，风景名胜区的范围是在风景名胜区设立的时候就确定的，而不是在规划编制环节中确定的。规划编制或修编必须依据经审定的范围，也就是说要按照设立时的范围或者上版规划范围来进行编制，不能随意调整。因此，《办法》在这方面确实和《条例》有一定的不符，也有可能出现一些问题。

1. 专题论证结果的合理性存在质疑

根据《办法》规定，如果风景名胜区范围要进行调整，那么需要召开专家论证会，对范围调整进行专题论证，论证结论如果是可以调整范围，那么在规划编制时就可以进行范围的调整吗？这容易造成专家论证结果与国务院审定的国家级风景名胜区范围不一致的矛盾。此外，规划编制报批过程中涉及专家参与的环节较多，在地方政府面前，专家很有可能是弱势群体，一定程度上容易成为地方政府"猎捕"的对象。

2. 通过诉讼程序形成社会问题

如果风景名胜区因范围调整造成对物权人的利益补偿不到位从而产生相关的问题，容易迫使物权人通过司法程序寻求相应补偿，一旦形成这样的局面，无论是通过行政复议还是行政诉讼，将会造成地方政府进行范围调整的行政行为因缺乏相关法律依据而形成违法行为，从而导致地方政府甚至是制度制定单位或部门的形象受损。

3.6 规划审查要点

3.6.1 住房和城乡建设部审查

主要包括了部内的政策性审查和专家的技术性审查，审查重点应关注以下几个方面的问题：

1. 资源评价

具体包括风景名胜区性质表述、资源评价、景源定级等内容是否合理。

如前所述，风景名胜区规划制度改革的一项主要内容就是精简内容，尤其是文字内容，规划文本由原先3.5万左右的规划文字压缩到8000字以内，其中就包括压缩了大量的资源评价的文字内容，这就要求规划编制单位要用极为简练的语言概括风景名胜区的性质与资源特色，能够突出重点，直观、简练、准确地对资源价值进行高度浓缩，突显其突出普遍价值。

> **实践案例　关于风景名胜区性质与资源特色表述**
>
> 有些风景名胜区的总体规划对于性质与资源特色内容这样表述："以宗教文化为特色，集观光揽胜、宗教朝圣、科普教育、休闲运动、养生度假等功能为一体的国家级风景名胜区。"这种对于风景名胜区性质与资源特色的表述，一是过于简单，风景名胜区的性质与特色基本无法区分；二是此类表述对于许多其他风景名胜区都适用，根本无法体现自身风景名胜区的突出景观特色与资源价值。

2. 范围调整

风景名胜区总体规划范围划定和上版总规或申报设立时的范围相比是否有所调整，如果进行了调整，调整的理由是否充分，是否进行了专题论证，当前规划范围划定是否合理。

风景名胜区总体规划编制中最重要的内容就是规划范围的确定，而规划范围应是刚性内容，原则上不能随意调整。但考虑到风景名胜区外部条件的巨大变化，同时兼顾风景名胜区自身发展的诉求，规划范围可以进行适当的调整，但原则上不能进行较大变动，且调整的理由一定要充分，必须进行专题论证。

3. 分级保护

是否严格按照国家级风景名胜区总体规划编制要求，明确一级保护区为"核心景区 - 严格禁止建设范围"，二级保护区为"严格限制建设范围"，三级保护区为"控制建设范围"，分区划定是否合理，是否提出了明确的要求和相关保护措施，在三级分区中的项目设施安排是否合理，是否满足了三级分区提出的相应要求。

在规划编制的时候,必须要开展分区划定的专题研究,一般情况下应按照圈层式方法划定保护分区,增强保护分区的层级性。一级保护区即核心景区,属于严格禁止建设范围,严禁各类开发建设行为,不得安排重大工程建设项目,应根据资源价值确定核心区范围,包括生态价值、文化价值和景观价值。一级保护区应进行底线管理,应保尽保。二级保护区属于严格限制建设范围,仅限于总体规划确定的相关设施建设,总体规划未明确的,一律不得建设,且范围不宜过大。二级保护区应进行控制管理,只允许开展规划确定的保护游览服务设施建设。三级保护区属于控制建设范围,应考虑编制详细规划,各设施建设应当以详细规划为依据,通过规划、建设、管理的制度和措施,处理好资源保护与地方社会经济发展的关系。三级保护区应进行协调管理,属于社会经济发展的协调区,需要通过详细规划编制,合理引导和控制建设行为(表3-2)。

风景名胜区三级保护分区定位与管控要求 表3-2

分区名称	定位	管控要求
一级保护区	核心景区 严格禁止建设范围	仅限必要的资源保护、游步道、观景休憩、游客安全和生态厕所设施; 严禁机动交通进入; 不得安排旅宿床位
二级保护区	严格限制建设范围	严格限制与风景游赏无关的建设; 限制机动交通进入; 严控旅宿床位和接待设施
三级保护区	控制建设范围	通过详细规划,有序控制各项建设,协调居民社会活动、与景观环境相协调、可适度安排特色主题游览、休闲度假、健康疗养等服务设施; 调控机动交通

实践案例 关于风景名胜区外围保护地带的划定

当前的风景名胜区总体规划编制,许多风景名胜区划定了外围保护地带,也有很多风景名胜区纠结到底要不要划定外围保护地带。那么外围保护地带到底该不该划定?

《国家级风景名胜区规划编制审批办法》中第十条第一款明确规定:"界定风景名胜区和核心景区的范围边界,根据需要划定外围保护地带。"因此,编制规划时,不是一定要划定风景名胜区外围保护地带,而是要根据实际需要进行划定。一方面,《条例》并未对风景名胜区外围保护地带进行相关规定,也就是说外围保护地带的概念非法定概念;另一方面,只有涉及城市规划区域的,规划文本应当提出与城市规划协调的内容和措施,风景名胜区外围区域具有重要影响的,规划文本应当明确划定外围保护地带的范围,并提出相应保护控制与协调发展的要求和措施。其他不涉及城市规划区域的,原则上可以不划定外围保护地带。

> 由于外围保护地带非法定概念，如果在规划中强制划定外围保护地带，并且该规划一旦经国务院审定批准实施，规划中对外围保护地带的相关规划要求及内容的合法性将存在一定的争议。在规划实施规程中，一旦涉及外围保护地带内的争议问题，甚至是诉讼或复议问题，地方政府将很难拿出相应的法律依据，以支撑根据规划内容所作出的具体行政行为。

4. 游客容量

是否科学统计并规范使用游客容量概念，包括日游客容量和日极限游客容量以及重要景区景点的日游客容量、日极限游客容量（日极限游客容量是指以风景名胜区和重要景区景点的日游客容量为基础，综合考虑游客安全保障、组织管理保障等因素，测算提出游客高峰期整个风景名胜区和重要景区景点允许接纳的日最大游客数量），游客容量的计算是否准确、客观。

关于风景名胜区游客容量的测算方法，对于风景名胜区的日游客容量数据，应根据《风景名胜区规划规范》GB 50298—1999 中游客容量计算方法及指标进行测算❶；对于风景名胜区的日极限容量数据，应根据风景名胜区近年来当日接待的最大游客数量为参考进行测算。

> **实践案例　关于风景名胜区游客容量的概念**
>
> 风景名胜区总体规划改革前，在 225 处风景名胜区的游客容量统计过程中，共有 184 处有日容量数据（或相关数据），日容量和极限容量数据均有的只有 4 处，总体规划中所出现的游客容量的概念也是五花八门，表述居然多达 42 种（日合理游人量、一次性游人量、日高峰环境容量、瞬间游人容量、门槛容量、平均日游人容量、适宜容量、控制容量、计算日游客容量、校核日游客容量、容量 min、适宜环境容量 max、日饱和容量、日超饱和容量、最佳和最大游人容量、日生态环境容量、控制接待容量、风景区合理环境容量、日游览游人容量、日生态游人容量、极限瞬时容量、游客合理容量、日最大接待量、日游人适宜容量、合理容量、日环境容量、瞬时适宜容量、最大容量、日最大容量、最大游人容量、日极限环境容量、现状日环境容量、合理环境容量、日合理环境容量、适宜环境容量max、日控制游人量、日容量、日允许环境容量、日旅游环境容量、极限容量、日极限容量、年游客容量）。由于规划编制初期游客容量概念不统一，造成游客

---

❶ 国家质量技术监督局，中华人民共和国建设部. 风景名胜区规划规范.1999.

> 容量概念太多，较为复杂，很多概念停留在理论研究层面，对于一般公众来讲不好理解，规划实施起来的难度可想而知，此外，很多概念的出现也显得必要性不足。

5. 建设活动和设施

规划安排的重大建设项目的必要性、可行性和合理性以及对景观资源与生态环境影响是否进行了专题论证，床位规模、建设用地规模与建设控制要求是否一致，是否明确需要编制详细规划的重点区域，是否提出详细规划编制应当遵从的重要控制指标和要求。

6. 其他

是否明确风景名胜区和核心景区范围标界立桩的期限要求。风景名胜区范围坐标图与核心景区范围坐标图是否分开表示。道路交通、游览服务设施、居民点调控图是否以分级保护规划图为底图进行绘制等。

7. 规划成果

是否精练规划文本内容，增强内容针对性，直接表述规划结论，压缩文本字数，最大限度避免通用性、原则性、解释性、过程性的表述。是否明确和强化与城乡、土地、生态环境、水资源、林地、文物、宗教、旅游以及自然保护区等相关特定区域的规划和管理规定的协调。

3.6.2 相关部委审查

主要由国家发展改革委、国土资源部、环境保护部、水利部、林业局、旅游局、文物局、宗教局从各自部门角度提出审查意见。

1. 国家发展改革委审查要点

是否与国民经济和社会经济发展规划、主体功能区规划以及国家大的方针政策等内容相衔接。

2. 国土资源部审查要点

是否反映风景名胜区土地利用现状情况，是否与风景名胜区所在地的城市、县、乡镇土地利用总体规划相衔接，用地分类是否科学合理。耕地面积是否减少及相关理由。

3. 环境保护部审查要点

风景名胜区规划范围是否与自然保护区交叉重叠。是否明确生态环境保护具体措施，生态环境保护要求及指标应逐步提高（如规划中水环境质量保护等级的制定不应低于现状水环境质量等级）。相应的标准表述是否规范。

4. 国家林业局审查要点

风景名胜区规划范围是否与自然保护区、森林公园、林场交叉重叠，是否有省级、地方林业主管部门的相关意见，是否有相关林权人的书面意见，是否明确风景名胜区内林地的保护等级。

5. 水利部审查要点

是否与水资源保护规划、重要流域规划、水利工程规划相衔接，涉及在相关水域开展的建设项目、水利工程（或旅游项目）是否进行了充分论证，是否强化涉水旅游项目的管理，于地下水的开采是否经过充分论证，是否明确必须取得相关部门的许可后方可实施，涉及防洪的内容是否有相关要求，并编制相关预案。

6. 国家旅游局审查要点

风景名胜区内旅游设施或旅游活动是否与《旅游景区质量等级评定与划分》等相关标准相衔接。

7. 国家文物局审查要点

是否与文物保护规划相衔接，文物保护的范围和内容以及文保要求是否明确，文物环境影响评价是否完备。

8. 国家宗教局审查要点

是否明确风景名胜区内宗教活动场所，是否严格落实宗教活动场所的有关管理规定。

3.6.3 国务院审查

1. 范围调整

规划范围较上版规划或风景名胜区设立时是否有调整，调整是否有足够的理由。

2. 坐标数据

风景名胜区范围坐标数据是否清晰、准确，是否是用经纬度坐标规范表述，且四至坐标是否都在规划图纸中清晰体现。

3. 资源表述

规划文本对于资源的分类表述是否与风景名胜资源类型表内容一致。

4. 居民点协调

居民点调控类型分类及数据是否与居民点协调发展规划图相一致。

5. 重大建设项目布局

涉及风景名胜区或风景名胜区内安排的重大建设工程项目是否论证充分，设置是否必要，是否在说明书中表述清楚。

6. 相关游览设施布局

码头、停车场等设施（尤其是位于核心景区的设施）规划设置的必要性是否论述清晰，布局是否和风景名胜区分级保护要求相符合，其数量、规模是否有明确表述或清晰解释。

7. 较为敏感的名词解释

尽量避免规划中出现的高尔夫球场、体育公园、训练基地、跑马场、烧烤区、度假区、开发区、新区、产业园区、自贸区、采石区、采矿区等名词，如确需设置是否进行详细解释。

8. 数据计算

包括风景名胜区内人口测算、游客容量测算等涉及相关数据测算内容是否科学合理，说明书或基础资料汇编的补充说明是否详实。

9. 规划年限

新版总规的规划起始年限是否与上版规划到期年限相衔接。

3.7 值得注意的问题

3.7.1 关于风景名胜区规划的复议和诉讼

◆ 对于风景名胜区规划内容可不可以进行复议或诉讼

任何政府或政府部门因修改风景名胜区规划造成对公民、法人或其他组织财产损失的，应当依法给予相应的补偿。但不管是风景名胜区总体规划还是风景名胜区详细规划，一经审批即刻具有法律效力，任何单位和个人不得以任何名义进行复议或者诉讼。最高人民法院已以明传电报的方式将要求下发各级人民法院，各级人民政府或法院不会受理风景名胜区规划（包括总体规划、详细规划）相关诉讼的请求。经批准的风景名胜区规划应进行公示，任何单位和个人均有查阅风景名胜区规划的权力。

3.7.2 关于在风景名胜区内设立开发区

◆ 风景名胜区管委会和开发区管委会可不可以两块牌子一套人马

《条例》规定：禁止违反风景名胜区规划，在风景名胜区内设立各类开发区。风景名胜区是经中央或地方人民政府审定公布的需要进行保护和管理的特定地域，因此，为保持资源与环境的真实性和完整性，应对其范围内的具有较强开发利用强度的行为与活动进行严格控制。凡不符合规划要求的，不得进行开发建设。对符合规划的，应按照有关规定报经批准后，并按照规划确定的要求，在限定的地域范围内开展，同时要严格落实自然生态保护措施。

这里所指的开发区是指各级人民政府或部门批准设立的，具有明确地域范围的和较高开发利用强度的各种高新技术开发区、旅游度假区、各类工业园区等。这些开发区与保护风景名胜区原始生态与环境的要求不符，与风景名胜区的性质、功能、地位和作用也是完全相悖的❶。因此，开发区管委会和风景名胜区管委会合署办公（或两块牌子一套人马）属于典型的违法行为。

3.7.3　关于风景名胜区规划范围的确定

◆ 风景名胜区规划编制范围是否可以与申报设立范围不一致

《条例》规定：风景名胜区规划应当按照经审定的风景名胜区范围、性质和保护目标，依照国家有关法律、法规和技术规范编制。因此，总规编制范围必须与申报设立时的范围相一致，不能够前大后小。

国家级风景名胜区申请设立，是由省级人民政府向国务院提出申请，可以理解为是省级人民政府向国务院作出的一项庄严承诺，承诺可以把申报范围内的风景资源保护好。申报成功后，如果在编制总体规划的时候进行缩小，将违背当初申报设立时对国务院作出的承诺，应坚决避免。

3.7.4　关于生态保护红线的划定

◆ 对于风景名胜区规划范围内的生态保护红线如何划定

当前，由国家发展改革委和环境保护部牵头开展的划定并严守生态保护红线工作正在进行。生态保护红线是指国家依法在重点生态功能区、生态环境敏感区和脆弱区等区域划定的更为严格的管控边界，是保障与维护国家和区域生态安全必须严守的底线。生态保护红线所包围的区域为生态保护红线区，具体包括为保障和提升生态系统服务功能而必须严格保护的水源涵养区、生物多样性维护区、水土保持区、防风固沙区、洪水调蓄区等空间范围。

对于当前风景名胜区生态保护红线划定，应严格按照生态保护红线划定要求，根据风景名胜区和世界自然遗产资源特点，科学研究风景名胜区和世界自然遗产生态保护红线范围划定。尤其是以自然景观为主的风景名胜区，要将一级保护区即核心景区、世界自然遗产地的核心保护范围划入生态保护红线，做到应保尽保、坐标准确、边界清晰。

当前我国生态保护红线划定工作正在稳步开展，但由于我国保护地类型多样，生态保护红线的管控要求较难明确，还应根据各自保护地相关法律法规从严管理。

---

❶ 李如生.风景名胜区保护性开发的机制与评价模型研究[D]，东北师范大学博士学位论文，2011.

第 4 章　建设制度

当前，我国现正处于社会经济发展的高速阶段，工业化和城市化进程正在逐步加速，一些地方为了追求经济利益，盲目在风景名胜区内进行开发建设，造成了对风景名胜资源的严重破坏。与此同时，各地上报的风景名胜区内重大建设项目数量逐年增多，规模也逐渐增大，给我国风景名胜资源保护工作带来极大压力。为保持风景名胜资源的真实性和完整性，迫切需要中央政府在宏观层面上，对风景名胜区内具有较强开发利用强度的行为与活动进行严格控制，以保护我国稀缺的风景名胜资源。在风景名胜区内开展相关建设应当坚持保护优先、开发服从保护的原则，依法批准的风景名胜区规划是风景名胜区利用、建设和管理的依据。

4.1　相关背景

风景名胜区规划内容能否完全落实，主要在于风景名胜区内相关建设项目的安排。各项建设如果能够合理安排，则风景名胜区的保护与发展就会取得"双赢"的效果。反之，风景名胜区必将遭到无可挽回的破坏，从而失去其生存与发展的基础，原先规划勾勒的美好蓝图亦将化为泡影。因此，建设的安排就成为实现总体规划目标的关键，抓好风景名胜区的建设管理，实有"牵一发而动全身"的效果。

在国家级风景名胜区内开展重大项目建设，其规划选址核准事项是《条例》中的明确要求，也是必须严格执行的强制性规定。然而，一些地方不顾城乡建设和发展的客观规律，随意违反风景名胜区规划，不履行核准许可程序，盲目建设，导致土地浪费和建设布局失调，对风景名胜区的内的重点建设区域或地段不编制详细规划，随意批租土地进行建设的行为屡见不鲜❶。为保持风景名胜资源的真实性和完整性，迫切需要中央政府在宏观层面上对风景名胜区内具有较强开发利用强度的行为与活动进行严格控制。

《城乡规划法》第32条规定：城乡建设和发展，应当依法保护和合理利用风景名胜资源，统筹安排风景名胜区周边乡、镇、村庄的建设。风景名胜区的规划、建设和

---

❶　郑淑玲. 当前风景名胜区保护和管理的一些问题 [J]. 中国园林，2000（3）.

管理，应当遵守有关法律、行政法规和国务院的规定。《条例》第28条规定："在风景名胜区内从事本条例第二十六条、第二十七条禁止范围以外的建设活动，应当经风景名胜区管理机构审核后，依照有关法律、法规的规定办理审批手续。在国家级风景名胜区内修建缆车、索道等重大建设工程，项目的选址方案应当报省级住房城乡建设主管部门或直辖市风景名胜区主管部门核准。"

在《条例》实施之前，《国务院对确需保留的行政审批项目设定行政许可的决定》将"风景名胜区建设项目选址"作为行政许可项目予以保留，该项许可的实施机关为县级以上人民政府建设行政主管部门。之后，《建设部关于纳入国务院决定的十五项行政许可的条件的规定》对国家级风景名胜区内重大建设项目选址核准的条件作了规定。

4.2 重大建设工程项目

风景名胜区内的建设内容最为重要的当属重大建设工程项目，但截至目前，无论是《条例》还是其他规范性文件均未对风景名胜区内重大建设工程项目给出明确的定义或范畴。根据近年来国家级风景名胜区重大建设工程项目核准情况来看，应包括国家级风景名胜区规划范围内各类大型建设项目和核心景区内重点建设项目。具体包括以下5类：

一是涉及风景名胜区规划范围的。涉及国家级风景名胜区规划范围的公路、铁路、桥涵、隧道、机场、港口、码头、输油管道、高压输变电线路、水电站、水库、塘坝等交通、通讯、电力、水利基础设施。这类建设项目不一定全部位于风景名胜区规划范围，多以线性形式穿越，部分涉及风景名胜区范围。

二是在风景名胜区规划范围内的。国家级风景名胜区规划范围内的索道、缆车、轨道交通、规划一级道路、酒店建筑（含培训中心、会议接待中心等）、文体与游乐设施、游客接待中心、出入口建（构）筑物等风景名胜区主要基础设施和公共服务、旅游接待设施。

三是在风景名胜区核心景区范围内（一般）。国家级风景名胜区核心景区范围内的特级景点建（构）筑、一级景点建（构）筑、主要游览车（步）行道和特别区位的永久性商业服务建筑、公厕等直接影响国家级风景名胜区资源价值和景观形象的建设项目。

四是在风景名胜区核心景区范围内（特殊）。国家级风景名胜区核心景区范围内的宗教寺庙建筑、宗教露天构筑物和部队管理的非军事用途工程直接影响国家级风景名胜区资源价值和景观形象的建设项目。

五是其他类型。国家级风景名胜区规划范围内投资规模3000万元人民币以上的其他建设项目和住房城乡建设厅（或直辖市风景名胜区主管部门）认定的与风景名胜区保护管理关系密切的其他有关建设项目。

此外，在国家级风景名胜区规划范围内，新建、改建、扩建项目和各类工程主体修缮等项目也应纳入该范畴。

这里需要指出的是，虽然国家级风景名胜区内重大建设工程项目至今尚未给出明确的定义或范畴，但我们还是可以从《条例》和《条例释义》中找到相关的依据。《条例》第28条对国家级风景名胜区内重大建设工程项目作了描述，指出缆车、索道等重大建设工程项目。《条例释义》国家级风景名胜区内重大建设工程主要是指：1）公路、索道与缆车、水库；2）大型文化、体育与游乐设施；3）旅馆建筑；4）由国务院建设主管部门认定的其他重大建设工程。

4.3　选址核准的变化情况

截至目前，风景名胜区内建设项目选址核准共经历了4个阶段（表4-1）：

第一阶段。2004年7月1日《国务院对确需保留的行政审批项目设定行政许可的决定》（国务院412号令）第106项规定，风景名胜区建设项目选址核准由县级以上人民政府建设行政主管部门进行核准❶。

这里所指的建设项目选址核准，包括了国家级风景名胜区重大建设工程项目、国家级风景名胜区非重大建设工程项目、省级风景名胜区重大建设工程项目、省级风景名胜区非重大建设工程项目选址核准共计4项。

第二阶段。2006年12月1日《条例》（国务院第474号令）第28条规定，国家级风景名胜区内重大建设工程项目选址核准，应报国务院建设主管部门核准❷。

《条例》将国家级风景名胜区重大建设工程项目、国家级风景名胜区非重大建设工程项目、省级风景名胜区重大建设工程项目、省级风景名胜区非重大建设工程项目选址核准这4项里面的1项，即国家级风景名胜区重大建设工程项目选址核准在制度建设上上升到了国家层面，写入了国务院行政法规，为该类项目选址核准提供了法律依据。但另外的3类选址核准并未取消，仍然保留，只是这3项核准是没有相关的法律法规依据的。

第三阶段。2010年7月4日《国务院关于第五批取消和下放管理层级行政审批项

---

❶ 建设部政策法规司.建设行政许可工作手册[M].北京：知识产权出版社，2004：6-7.
❷ 国务院法制办农业资源环境保护法制司，建设部政策法规司，城市建设司.风景名胜区条例释义[M].北京：知识产权出版社，2007：75-76.

目的决定》(国发[2010]21号)第25项,取消了风景名胜区建设项目选址审批❶。

国发[2010]21号文件取消的事项是没有相关法律法规依据的审批事项,即取消的是国家级风景名胜区非重大建设工程项目、省级风景名胜区重大建设工程项目、省级风景名胜区非重大建设工程项目选址核准这3项没有相关法律法规依据的。而有国务院《条例》依据的国家级风景名胜区重大建设工程项目选址方案核准事项仍然保留。

第四阶段。2014年10月23日《国务院关于取消和调整一批行政审批项目等事项的决定》(国发[2014]50号)第21项,在国家级风景名胜区内修建缆车索道等重大建设工程项目选址方案核准,下放至省级人民政府住房城乡建设行政主管部门❷。

国发[2014]50号文件将最后一项保留的核准事项也下放至省级主管部门了。

风景名胜区建设工程项目核准变化情况表　　　　表4-1

阶段	许可项目	审批机关	设立依据	备注
第一阶段（2004年）	风景名胜区建设项目选址核准	县级以上人民政府建设行政主管部门	《国务院对确需保留的行政审批项目设定行政许可的决定》(国务院第412号令)	包括国家级重大建设项目、非重大建设项目,省级重大建设项目、非重大建设项目选址核准4类
第二阶段（2006年）	国家级风景名胜区内重大建设工程项目选址核准	国务院住房城乡建设行政主管部门	《风景名胜区条例》(国务院第474号令)	国家级非重大建设项目、省级重大建设项目、非重大建设项目未取消
第三阶段（2010年）	取消了风景名胜区建设项目选址审批	国务院住房城乡建设行政主管部门	《国务院关于第五批取消和下放管理层级行政审批项目的决定》(国发[2010]21号)	取消了国家级非重大建设项目、省级重大建设项目、非重大建设项目这3类没有条例依据的
第四阶段（2014年）	在国家级风景名胜区内修建缆车索道等重大建设工程项目选址方案核准	省住房城乡建设行政主管部门或直辖市风景名胜区主管部门	《国务院关于取消和调整一批行政审批项目等事项的决定》(国发[2014]50号)	将国家级重大建设项目选址核准下放至省级主管部门

2004~2014年10年期间,风景名胜区建设项目选址核准事项共有4项行政许可,其中3项取消,1项保留,这唯一一项保留的也下放至省住房城乡建设行政主管部门或直辖市风景名胜区主管部门。为此国务院专门下发《关于修改部分行政法规的决定》(国务院令第666号),明确将《条例》第二十八条和第四十二条中"国家级风景名胜区内重大工程建设项目选址核准"审批事项的审批主体由"国务院建设主管部门"修改为"省、自治区人民政府建设主管部门和直辖市人民政府风景名胜区主管部门"(图4-1)。

---

❶ 中华人民共和国中央人民政府网站. http://www.gov.cn/zhengce/content/2010-07-12/content_1448
❷ 中华人民共和国中央人民政府网站. http://www.gov.cn/zhengce/content/2014-11-24/content_9238

修改前	修改后
第二十八条 在风景名胜区内从事本条例第二十六条、第二十七条禁止范围以外的建设活动，应当经风景名胜区管理机构审核后，依照有关法律、法规的规定办理审批手续。 在国家级风景名胜区内修建缆车、索道等重大建设工程，项目的选址方案应当报国务院建设主管部门核准。	第二十八条 在风景名胜区内从事本条例第二十六条、第二十七条禁止范围以外的建设活动，应当经风景名胜区管理机构审核后，依照有关法律、法规的规定办理审批手续。 在国家级风景名胜区内修建缆车、索道等重大建设工程，项目的选址方案应当报省、自治区人民政府建设主管部门和直辖市人民政府风景名胜区主管部门核准。

修改前	修改后
第四十二条 违反本条例的规定，在国家级风景名胜区内修建缆车、索道等重大建设工程，项目的选址方案未经国务院建设主管部门核准，县级以上地方人民政府有关部门核发选址意见书的，对直接负责的主管人员和其他直接责任人员依法给予处分；构成犯罪的，依法追究刑事责任。	第四十二条 违反本条例的规定，在国家级风景名胜区内修建缆车、索道等重大建设工程，项目的选址方案未经省、自治区人民政府建设主管部门和直辖市人民政府风景名胜区主管部门核准，县级以上地方人民政府有关部门核发选址意见书的，对直接负责的主管人员和其他直接责任人员依法给予处分；构成犯罪的，依法追究刑事责任。

图 4-1　风景名胜区条例修改内容

国家级风景名胜区重大建设工程项目选址核准事项下放后，为加强行政审批事项下放后的衔接工作，2014 年 12 月 17 日，住房和城乡建设部办公厅下发了《关于做好国家级风景名胜区内重大工程建设项目选址方案核准工作的通知》（建办城函 [2014]53 号），要求各省级人民政府住房城乡建设行政主管部门或直辖市风景名胜区主管部门加快配套制度建设，优化核准程序，提高核准效率。并要求各地采取切实有效的措施，加强事中、事后监管，对违反规划要求、未按规定程序报批的建设项目，应按照国家有关法规政策进行严肃处理。同时，要求核准前进行通报，事后进行备案。2015 年 12 月后，根据国家审计署要求，各省级建设主管部门和直辖市风景名胜区主管部门只进行事后备案，不再进行事前的告知了。

4.4　选址核准的要点

国家级风景名胜区内重大建设工程项目选址核准应该把握以下原则：

一是符合《条例》要求——主体合法

国家级风景名胜区重大建设工程项目选址核准原先报住房和城乡建设部核准，现在报省级主管部门核准，不能越级、跳级核准或该核准不核准。未经省、自治区住房城乡建设部门或直辖市风景名胜区主管部门核准，就由县级以上地方人民政府有关部门核发选址意见书的，应对直接负责的主管人员和其他直接责任人员依法给予处分，构成犯罪的，应依法追究其刑事责任。

二是符合规划规定——依据合法

规划是项目核准的必要条件，经核准的国家级风景名胜区重大建设工程项目，必须具有经国务院批准的风景名胜区总体规划或住房城乡建设部批准的风景名胜区详细规划为依据，风景名胜区规划未经批准的，不得在风景名胜区内进行各类建设活动，同时，禁止在国家级风景名胜区核心景区内开展与风景资源保护无关的建设项目❶。

三是符合核准程序——程序合法

省级住房城乡建设主管部门或直辖市风景名胜区主管部门进行政策性审查、组织专家审查、形成审查结果、提出核准意见，这是项目核准的法定程序。很多省都根据各自省内的条例形成了相应的规章，从程序上进行规范。原先省级住房城乡建设主管部门或直辖市风景名胜区主管部门对国家级风景名胜区内重大建设工程项目没有核准权，须报住房和城乡建设部核准，现在省内有了核准权，必须要规范核准程序，所有国家级风景名胜区内的重大建设工程项目一律应按照省内办法或标准程序进行核准，并且应对核准的建设项目承担法律责任，原则上谁审批谁负责❷。

四是符合国家大的方针战略——内容合法

国家级风景名胜区重大建设项目选址方案核准工作在现实中往往不能一刀切，一些符合国家大的方针战略的项目但未能及时纳入规划的应适当考虑予以支持。如西气东输、南水北调和涉及国家大的战略安全、区域安全、能源安全、重大民生工程、列入党中央国务院战略性发展规划重要文件中的建设项目，应予以相应支持。

五是符合相关的国际公约——规则合法

有些风景名胜区属于世界遗产地，应遵守相关的国际公约。世界遗产是中国政府向国际社会的庄严承诺，承诺在世界遗产地范围内，中国政府有责任、有义务、有能力将世界遗产资源保护好、传承好。因此，在世界遗产地范围内开展重大建设工程项目更应格外谨慎，确需开展的必须按照相关要求报联合国教科文组织世界遗产中心进行备案。

---

❶ 郑刚涛. 风景名胜区周边城市化地区规划设计探讨——基于风景名胜区保护与发展角度 [J]. 江苏城市规划，2008（5）: 20-23.
❷ 安超. 有效规范风景名胜区重大建设项目选址核准工作 [J]. 中国园林，2014（8）: 105-107.

4.5 选址核准的程序及内容

4.5.1 核准程序

按照《条例》要求，国家级风景名胜区内重大建设工程项目选址，由市县级建设主管部门或风景名胜区主管部门将建设项目选址方案报经省住房城乡建设主管部门或直辖市风景名胜区主管部门核准后，由县级以上人民政府有关部门核发选址意见书。

4.5.2 审核内容

1. 各级风景名胜区主管部门审核内容

1）是否符合国务院《条例》有关规定；2）是否具有风景名胜区总体规划或详细规划依据，是否符合规划的相关要求；3）是否符合有关国际公约及国家相关法律法规和政策文件的规定；4）项目申请材料是否完整；5）项目的必要性及可行性是否充分；6）项目涉及的区域范围、规模、人数、期限以及具体实施方案；7）项目对风景名胜资源和环境的影响程度评估；8）项目的管理措施、污染防治和水土保持方案及应急措施与预案；9）项目经费用于风景名胜区景观环境恢复的资金、措施及实施责任；10）承担项目设计任务的设计单位的相应资质；11）其他应当审核的相关内容。

2. 相关专家审核内容

1）项目建设是否具有风景名胜区规划依据；2）项目建设的必要性及可行性；3）项目的选址与风景名胜区规划的关系；4）项目的用地面积、建筑面积、容积率、建筑规模、密度、高度、体量、布局、色彩、风格等是否符合规划对该区域的控制性要求；5）项目选址对风景名胜区资源和景观环境的影响；6）制定的项目施工期间及施工后的管理措施、污染防治和水土保持方案和应急措施与预案是否可行。

4.5.3 核准条件

原则上核准同意国家级风景名胜区重大建设项目应当具备以下条件：

一是符合国务院《条例》有关规定；

二是具有风景名胜区规划依据，并符合规划相关要求；

三是符合国际公约及国家有关相关法律法规、重大方针政策、标准规范和政策文件的规定；

四是具有国家级风景名胜区管理机构同意该项目建设的书面报告；

五是具有省、自治区住房城乡建设厅或直辖市风景名胜区主管部门组织的关于同意该建设项目的专家论证意见；

六是具有住房城乡建设部委派专家关于同意该项目建设的论证意见。

据不完全统计，2007～2014年，住房和城乡建设部共受理国家级风景名胜区重大建设项目选址核准137项，其中，原则同意107项，不同意26项，另有4项不属于国家级风景名胜区重大建设工程项目选址核准范畴。

4.6 值得注意问题

4.6.1 与国家基本建设程序的衔接

我国建设领域涉及内容广泛，涉及部门繁多，各自领域内的建设程序各有不同，但不管什么样的建设工程，涉及什么部门，都离不开国家基本建设程序的范畴。

国家基本建设程序主要由20个阶段组成（图4-2），分别是：可行性论证、融资、资金申请报告、选址、立项审批、土地（房屋）征收阶段、土地整理和土地储备、建设用地审批、建设工程规划许可、施工前的准备、招标投标、政府采购、施工许可、施工实施（开工建设）、竣工验收、移交使用（如果是商品房，还有销售阶段）、物业管理、维修养护、拆除的阶段。这20个阶段组成了国家基本建设程序，且这20各阶段是一个环节接一个环节的，涉及的行政审批和行政许可事项众多，而国家级风景名胜区重大建设工程项目选址核准，就是其中的一项行政许可。

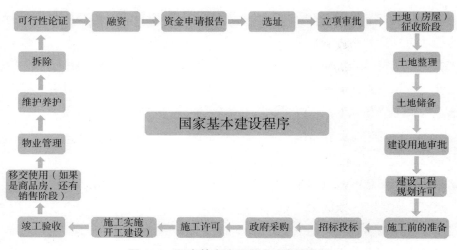

图4-2 国家基本建设程序的主要阶段

这里需要明确的是，国家级风景名胜区内重大建设工程项目选址核准是前置于国家基本建设程序的。而风景名胜区建设项目选址核准与国家基本建设程序紧密相关的主要有4个阶段（图4-3），分别为：立项审批阶段、申请用地阶段、开工建设阶段和竣工验收阶段。

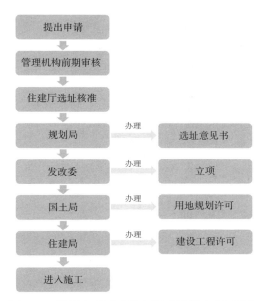

图 4-3　风景名胜区建设项目建设程序主要流程

1. 立项审批阶段（建设项目选址意见书）

在立项审批阶段，是省住房城乡建设主管部门或直辖市风景名胜区主管部门的建设项目选址方案核准在前，市县规划局核发选址意见书在后。拿到核准意见和选址意见书之后，再到发展改革委进行立项审批。省住房城乡建设主管部门或直辖市风景名胜区主管部门的选址意见和市县规划局的建设项目选址意见书，是进行立项审批的前提条件。

这里需要提示的内容有两点：

一是"不是所有的建设项目都要求开展可行性研究论证"。2004 年 7 月 16 日《国务院关于投资体制改革的决定》（国发 [2004]20 号）规定，只有政府直接投资的项目才要求开展可行性研究论证。其他形式的投资项目，如政府参股的、政府以奖代补的、政府转移支付的、政府贷款贴息的项目，以及全部由企业投资的项目，一律不再开展可行性研究论证，只要求提供项目申请报告。

二是"不是所有的建设项目都要去领选址意见书"。2008 年 1 月 1 日《城乡规划法》实施之后，如果是由发展改革委批准核准，并且是在国土部门以划拨方式获得土地的，则必须到相关规划部门领取选址意见书，以其他的形式开展的建设项目不需要申请选址意见书。

因此，只有在省级住房城乡建设部门或直辖市风景名胜区主管部门办理通过了风景名胜区内重大建设项目选址方案核准，并且在规划部门和其他相关部门办理了选址意见书，同时准备好了可行性研究报告或资金申请报告，才能到发展改革部门去办理立项审批手续，立项之后，再办理用地等相关审批手续。

2. 申请用地阶段（建设用地规划许可证）

我国土地供应方式主要有两种，分别是划拨供地和出让供地。不管是划拨还是出让，规划部门都要提出相应的规划条件。

如果涉及公共利益的建设项目（如办公楼、道路、气象站等），主要是以划拨方式获得土地，由规划部门提出规划条件，根据国土资源部《划拨用地目录》和2015年3月1日下发的《不动产登记暂行条例》，到国土部门办理相关手续和国土建设用地使用的初始登记。

如果涉及非公共利益的建设项目（如酒店、宾馆、温泉度假村等），主要以出让方式获得土地，仍然是由规划部门提出规划条件，再由国土部门将规划部门在规划用地许可中提出的规划条件纳入土地出让合同，没有纳入的，土地出让合同自动无效。根据合同内容，建设单位向国土部门缴纳土地出让金，完成土地流转，之后再到国土部门办理国土建设用地使用权的初始登记，初始登记完毕后进入到开工建设阶段。

在申请用地阶段，规划部门核发建设用地规划许可证是必要条件，且必须是县级以上的规划局核发的用地规划许可证（区规划分局无权核发，开发区的规划分局也无权核发）。区规划分局或开发区规划分局核发规划用地许可证的前提条件必须是接受了市规划局的委托，接受委托后才可以核发，接受委托后核发的规划用地许可证才有效。因为用地审批、规划审批的权力都在市、县政府的规划部门，不是区或开发区的规划部门，但通过委托的形式可以由区或开发区的规划部门代发。

3. 开工建设阶段（建设工程规划许可证）

办理完建设用地规划许可之后，应再回到规划部门，办理建设工程规划许可证。凡是建设项目位于城市规划区范围内的，一律都需要办理建设工程规划许可证。建设工程规划许可证就是对11个规划条件作出规定，包括高度、体量、色彩、结构、容积率、开发强度、开发密度、绿化率、光照间距、安全间距、消防间距等。取得建设工程规划许可证后，才可以办理施工许可。

4. 竣工验收阶段

自2000年1月1日起，所有的建设工程（包括房屋工程、市政工程、机场工程、铁路工程、人防工程、土木工程、港口工程，以及除了家庭装修之外的其他工程），建设行政主管部门不再负责竣工验收，而是由建设单位进行竣工验收。建设单位应组织勘察设计单位、施工单位、监理单位进行竣工验收，提交竣工验收报告，竣工验收报告15天之内向所在地的县级以上人民政府建设行政主管部门备案，备案时不仅要有竣工验收报告，还要有规划部门的规划认可文件、公安消防部门的消防验收文件、环保部门的建设项目环评验收文件、园林绿化验收文件、气象部门的防雷验收等相关文件。

没有竣工验收备案的，不能够移交使用，不能办理产权登记。

综上所述，我国风景名胜区内的建设项目管理工作，仅仅依靠选址方案核准还远远不够，由于选址方案核准事项没有深入到建设项目的审批、建设、监管、验收阶段，缺乏对国家基本建设程序和风景名胜区建设关系的研究，没有将两者进行有效衔接，一定程度上造成了风景名胜区内的建设出现了诸多问题，中央政府层面在选址方案核准选址后往往只能依靠单一的遥感监测进行监管。因此，急需研究制定《风景名胜区建设管理办法》，将风景名胜区建设项目选址方案核准与国家基本建设程序衔接好，从而有效规范风景名胜区内的建设行为。

实践案例　关于风景名胜区建设项目选址与国家基本建设程序

2015年5月28日《福建省风景名胜区条例》出台，较好地把风景名胜区建设项目选址核准与国家基本建设程序相衔接。

第26条：风景名胜区内经核准的建设项目，应当依法履行下列基本建设程序后，方可开工建设：

建设单位或者个人持建设项目核准文件，向所在地人民政府城乡规划主管部门申请办理建设项目选址意见书和建设用地规划许可证。

建设单位或者个人取得建设用地规划许可证后，依法向所在地人民政府城乡规划主管部门申请办理建设工程规划许可证。

建设项目依法需要办理施工许可证的，由取得建设工程规划许可证的单位或者个人向所在地人民政府住房和城乡建设主管部门申请办理建设工程施工许可。

4.6.2　相关的土地问题

风景名胜区内的土地既包括国有土地也包括集体土地，如果要在风景名胜区内集体土地上开展建设，一定要将集体土地变为国有土地，完成征收程序，才能在国有土地上搞建设。因为《土地管理法》规定，在农村集体土地上搞建设，只能搞4种建设（图4-4）：一是乡镇企业建设（如轮胎厂、汽水厂、养猪场、构件厂等）；二是农村公益设施建设（如养老院、孤儿院、医院、学校等）；三是农村公共设施建设（如灌溉设施、道路、桥梁、农业看护用房等）；四是农民在自己宅基地上开展的自家住宅建设。

这里需要指出的是，设立风景名胜区时候尽量不要改变原有土地性质，尽量避免走征收程序，因为很可能因为改变土地性质造成对相关权益人补偿不到位，从而引起社会不稳定等问题。此外，由于风景名胜区用地分类与城乡规划用地分类、土地规划

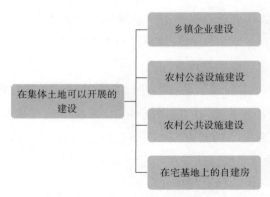

图 4-4　集体土地上可以开展的建设内容

用途分类存在差异，因此如何将风景名胜区规划用地与城乡规划用地、土地规划用途分类有效衔接，关系到未来风景名胜区规划建设管控一系列重要问题的关键。新修编的《风景名胜区规划规范》已将三类规划用地分类进行了初步对接（表4-2）。

风景名胜区规划用地分类调整表　　　　表 4-2

城乡规划用地分类		风景名胜区规划用地分类		土地规划用途分类		备注
用地代号	用地名称	用地代号	用地名称	用地代号	用地名称	
E	非建设用地	甲	风景游赏用地	一级类	农用地、其他土地	风景游赏用地不改变城乡用地分类和土地利用分类确定的用地性质
E2 E9	农林用地 其他非建设用地			二级类	耕地、林地、园地、草地、水域、自然保留地	
H9	其他建设用地	乙	游览设施用地	一级类 二级类	建设用地 其他建设用地	
A B	公共管理与公共服务设施用地 商业服务业用地			三级类	风景名胜设施用地	
H1	城乡居民点用地	丙	居民社会用地	一级类 二级类	建设用地 城乡建设用地	风景区居民点详规可参城市、镇、村庄建设用地分类
H11 H12 H13 H14	城市建设用地 镇建设用地 乡建设用地 村庄建设用地			三级类	城镇用地 农村居民点用地	
H2	区域公用设施用地	丁	交通与工程用地	一级类	建设用地	
S、U	道路与交通设施用地与公用设施用地			二级类	交通水利用地	
E2	农林用地中林地	戊	林地	二级类	林地	
E2	农林用地中园地	己	园地	二级类	园地	
E2	农林用地中耕地	庚	耕地	二级类	耕地	

续表

城乡规划用地分类		风景名胜区规划用地分类		土地规划用途分类		备注
用地代号	用地名称	用地代号	用地名称	用地代号	用地名称	
E2	农林用地中牧草地	辛	草地	二级类	牧草地	
E1	水域	壬	水域	一级类	其他用地	
				二级类	水域 自然保留地	
H2 H3 H4、H5	区域交通设施用地 区域公用设施用地 特殊用地 采矿用地	癸	滞留用地	二级类	二级类城乡建设用地中：采矿用地、其他独立建设用地 二级类交通水利用地中：公路用地、管道运输用地等 二级类其他建设用地中：特殊用地、盐田 二级类自然保留地	

4.6.3 关于下放和备案

国家级风景名胜区内重大建设工程项目选址核准事项下放后，为有效规范国家级风景名胜区重大建工程项目选址核准工作，2014年12月17日《住房城乡建设部办公厅关于做好国家级风景名胜区重大建设项目选址方案核准工作的通知》（建办城[2014]53号），通知的核心内容是：事前告知、事后备案。2015年12月1日后，各省级住房城乡建设主管部门或直辖市风景名胜区主管部门只进行事后备案，不再进行事前告知了。

这里需要说明的有两个问题：

一是备案就是事后的告知，不是变相的许可或审批，备案与否不影响核准事项的生效。即如果某个国家级风景名胜区内的重大建设工程项目，经省级住房城乡建设主管部门和直辖市风景名胜区主管部门核准通过了，核准当日即时生效，如果事后由于种种原因未报住房城乡建设部备案，不影响核准事项的生效。

二是部门规章不能够设立行政许可。根据《行政许可法》规定："法律可以设定行政许可。尚未制定法律的，行政法规可以设定行政许可。必要时，国务院可以采用发布决定的方式设定行政许可。实施后，除临时性行政许可事项外，国务院应当及时提请全国人民代表大会及其常务委员会制定法律，或者自行制定行政法规。❶" 如果省级层面需要设立行政许可，必须由省人大在设立地方性法规的时候进行明确。国务院相关部门的部门规章和地方政府的规章一概不得设立行政许可，只能由全国人大的法律来设立，由国务院的行政法规来设立，由省级人大的地方性法规来设立。国务院相关

---

❶ 建设部政策法规司. 建设行政许可工作手册 [M]. 北京：知识产权出版社，2004：578-579.

部门规章和地方性规章一概不得设立行政许可。同样，简政放权、放管结合、优化服务，不是一放到底，国家事权下放到省级层面，省级层面如果没有相关法律或国务院文件为依据，则不能继续下放。

4.7　风景名胜区基础设施建设及投资情况

4.7.1　建设现状

风景名胜区基础设施主要包括基础工程设施、资源保护设施、游览服务设施三大类。基础工程设施主要包括道路交通、供水供电、污水收集与处理、环境卫生等设施；资源保护设施主要包括景点建设维护、古树名木与森林植被保护、地质灾害防治、森林防火、资源保护监测等设施；游览服务设施主要包括游客中心、安全、科研与宣传教育、管理用房等设施。

4.7.2　主要问题

1. 三大类基础设施建设普遍滞后

据调查，目前全国244处国家级风景名胜区基础设施欠账很多，不完善、不配套、建设水平低、超承载力使用等问题非常突出，严重不适应当前保护发展的要求，不能满足旅游业不断发展和游客量快速增长的客观需要。分析表明，85%的国家级风景名胜区基础工程设施严重不足、70%的资源保护设施不完善、80%游览服务设施处于低水平建设状态。

2. 东西部地区差异很大

据统计，全国国家级风景名胜区中，东部地区或者少数知名度较高、发展较为成熟的风景名胜区因地方财力较好或者自身收入较高，基础设施建设比较完善，而中西部经济欠发达地区的风景名胜区，起步晚、底子薄、自我发展能力弱，基础设施建设处于起步阶段，不少处于"批而未建"的状态，严重制约了风景名胜区的发展。

3. 欠发达地区风景名胜区基础设施建设资金缺口大

据调查分析，目前东部地区风景名胜区基础设施建设资金需求每处每年为500万~800万元，依靠地方财政和景区门票收入基本能够满足需求。中西部地区风景名胜区基础设施建设资金需求量较高，每处每年为3000万~5000万元，而地方财政投入和景区门票收入又相对较少，无法满足基础设施建设需求。

4.7.3　投资情况

据统计，2013年全国225处国家级风景名胜区基础设施投资总额为184.8亿元，其中中央直接投资为 7400 万元❶。2012 年，国家级风景名胜区基础设施投资总额为 193.3 亿元，其中中央直接投资为 1.47 亿元❷。2013 年国家级风景名胜区基础设施投资总额比 2012 年增加 7.4 亿元，增幅 3.69%❶。2013 年中央投资总额比 2012 年减少 7300 万元，减幅 49.66%，中央投资按照国家发展改革委、住房城乡建设部等七部门印发的《国家"十二五"文化和自然遗产保护设施建设规划》进行安排。而在"十三五"期间，中央预算内投资约 4 亿元，专门用于风景名胜区保护利用设施建设。

4.7.4 原因分析及国外做法

1. 中央对国家级风景名胜区基础设施建设的直接投资相对较少、覆盖面也较小

"十一五"期间，国家级风景名胜区基础设施投资总额为 725.6 亿元，而中央预算内直接投资仅为 6.1 亿元，约占投资总额的 0.8%，共涉及 36 处国家级风景名胜区。"十二五"前三年（2011～2013 年），国家级风景名胜区基础设施投资总额为 603.8 亿元，而中央预算内直接投资为 2.46 亿元，仅占 0.4%，共涉及 24 处国家级风景名胜区。中央投资的不足也从一定程度上导致风景名胜区基础设施建设资金对门票收入的高度依赖，造成门票价格不断攀升，逐步背离其公益属性。

2. 东部与中西部地区国家级风景名胜区的基础设施建设情况差异较大

初步调查表明，约 30% 国家级风景名胜区的基础设施建设比较完善，主要位于东部发达地区或者属于知名度较高、发展较为成熟的风景名胜区。约 70% 国家级风景名胜区的基础设施不配套、不完善、低水平建设、超承载力使用等问题比较突出，主要位于中西部地区或东部地区欠发达城市，制约了风景名胜区在拉动地方经济发展、促进旅游消费、优化产业结构等方面的作用。这种制约状况在游客数量上得到一定程度的反映，以 2013 年游客数量为例，东部地区 11 个省份 78 处国家级风景名胜区的游客量为 4.18 亿人次，而中西部地区 20 省份 142 处国家级风景名胜区的游客量为 3.07 亿人次。

3. 新设立的风景名胜区基础设施普遍较差

据调查，国务院 2009 以来批准设立的 38 处国家级风景名胜区中，除 3 处位于经济发达地区或省会城市的风景名胜区基础设施较为完善外，其余 35 处均位于中西部欠发达地区，基础设施薄弱。地方政府投资和风景名胜区自有资金也严重不足。

4. 部分地方所做的工作

在推进风景名胜区基础设施建设、筹集资金方面部分地方开展了积极探索，出台

---

❶ 中华人民共和国住房和城乡建设部. 中国城乡建设统计年鉴—2013[M]. 北京：中国统计出版社，2014：60-65.
❷ 中华人民共和国住房和城乡建设部. 中国城乡建设统计年鉴—2012[M]. 北京：中国统计出版社，2013：552-563.

了一些政策措施。贵州省人民政府颁布《贵州省风景名胜区内项目特许经营管理暂行办法》，将基础设施建设纳入特许经营范围，探索解决风景名胜区基础设施投入不足问题。重庆市人民政府颁布《重庆市风景名胜区项目经营权管理办法》、山东省人民政府颁布《泰山风景名胜区服务项目经营管理办法》，新疆维吾尔自治区财政、发改和建设三部门联合出台《新疆维吾尔自治区风景名胜区资源有偿使用费和风景名胜区门票收入管理办法》。浙江省财政每年安排5000万元专门用于支持风景名胜区规划编制、资源保护与设施建设。

5. 国外做法

我国风景名胜区与国外国家公园相对应。据研究，国外发达国家通常做法是由联邦政府或者中央财政资金承担国家公园基础设施建设资金的主体，不足部分采取市场融资等其他手段补充。以美国为例，其国家公园基础设施建设资金均由联邦政府承担（占70%以上），不足部分由公园门票收入、特许经营收入以及国会批准成立的国家公园基金会资助等方式进行补充。据调查，目前美国国家公园的基础设施已经比较完善，联邦政府仍然安排25亿美元用于基础设施建设、更新和维护及资源保护❶。以发展中国家为例，印尼国家公园基础设施建设资金也是以中央财政为主、市场渠道为辅。2006年印尼中央财政投入1655万美元，用于50处国家公园的基础设施建设和资源保护，其他渠道资金为1536万美元。

4.7.5　资金需求及发挥成效

1. 资金测算

鉴于东部发达地区的风景名胜区的基础设施已比较完善，且基本能够保证资金需求。测算主要考虑中西部地区风景名胜区的基础设施建设需求。根据风景名胜区总体规划确定的分期建设规划和投资估算，按照中西部区风景名胜区基础设施资金平均需求，75%（约169处）的国家级风景名胜区需要安排基础设施建设资金约676亿元人民币。按照中央投资、地方配套、社会融资相结合的原则，考虑到中西部地区地方财力不足，应加大中央资金规模，降低地方配套规模，鼓励市场融资，采取1∶1∶1的比例进行测算，则中央财政每年需要安排国家级风景名胜区基础设施建设资金规模约为225亿元。

2. 预期成效

一是改善游览条件，扩大游览面积，更好地发挥风景名胜区功能综合、关联度大、带动性强的特点，发挥风景名胜区在发展服务产业、促进产业升级、拉动旅游发展、

---

❶　住房城乡建设部 调查与研究（2015年第2期）

调整经济结构、拉动消费、扩大内需、带动经济增长等方面的作用和潜力。据调查，因基础设施不足的限制，全国国家级风景名胜区可供游览的区域中，尚有40%的面积未被科学利用。加大基础设施投资和建设可以进一步挖掘旅游发展潜力，提升环境承载力。

二是中西部地区能够以风景名胜区为切入点形成新的增长极。研究表明，风景名胜区，特别是中西部地区风景名胜区基础设施投入每增加1倍，能够带来10~15倍的经济效益。按照2011年国家级风景名胜区为地方直接和间接创造经济价值1253.2亿元为基础进行测算，则加大基础设施投资预计能够为地方带来1万亿元的经济价值。

三是推动贫困地区走特色城镇化发展道路。欠发达地区城镇化发展的制约因素多、难度大、进展慢。欠发达地区依托风景名胜区的带动功能，在外围建设发展旅游服务小城镇，有助于实现从第一产业向第三产业的跨越发展，增强自我造血功能和资源环境保护能力，实现农民就地就近就业和增收致富，形成各具特色的城镇化发展模式。

四是促进社会文明和进步。改善风景名胜区基础设施有助于发挥风景名胜区在弘扬民族文化、开展科研教育、丰富人民群众文化生活、传播精神文明等方面的社会服务功能，促进信息交流、文化传播和当地人口素质的提高，使风景名胜区成为"两型"社会、和谐社会、生态文明和美丽中国建设的重要示范区。

4.7.6 面临的困难

一是风景名胜区基础设施建设没有纳入中央预算内投资计划，造成风景名胜区基础设施建设缺乏稳定的资金保障，制约了风景名胜区基础设施建设的系统性、计划性。

二是此前中央财政全国每年安排的国家级风景名胜区保护补助仅为2300万元，资金总量少、点多面广，难以发挥出综合效益，且2013年以后中央财政取消了对国家级风景名胜区的保护补助资金。中央财政投入不足导致风景名胜区基础设施建设资金对门票收入的高度依赖，造成风景名胜区门票价格不断攀升，背离公益属性，引起社会公众的强烈不满。

三是大幅增加的游客量对风景名胜区基础设施建设带来前所未有的挑战和压力。据统计，2007~2011年，全国国家级风景名胜区游客量增长约47.5%。2011年全国国家级风景名胜区共接待游人6.03亿人次，占当年全国旅游接待总人次的21.8%[1]。这意味着国家级风景名胜区已成为满足我国日益增长旅游需求的主要场所，成为我国旅游业发展的主要载体。

2012年我国人均GDP达到6100美元[2]。研究表明，一国人均GDP超过6000美元

---

[1] 中华人民共和国住房和城乡建设部. 中国城乡建设统计年鉴2007—2011[M]. 北京：中国统计出版社.
[2] 刘世锦，林家彬，苏阳. 中国文化遗产事业发展报告2012[M]. 北京：社会科学文献出版社.

时，意味着该国已步入休闲旅游时代，公众的旅游需求将呈井喷式增长，而我国风景名胜区基础设施的现状却难以适应公众强烈的出行需求。

4.7.7 发展的方向

1. 加大中央投资支持力度

国家级风景名胜区的设立和总体规划均由国务院审批，国家级风景名胜区的保护和基础设施建设涉及中央事权和财权，中央资金安排应当为风景名胜区基础设施建设提供必要支持。

2. 制定和实施专项规划

继续执行好《国家"十三五"文化旅游提升工程保护设施建设规划》，协调发展改革委在"十三五"期间加大对国家级风景名胜区基础设施的投资安排。同时，联合发展改革委开展十三五规划前期研究，争取"十三五"期间专门制定国家级风景名胜区基础设施建设规划，落实中央投资长远安排。

3. 完善政策

一是研究建立包括基础设施在内的国家级风景名胜区项目特许经营管理办法，推进风景名胜区基础设施建设特许经营，支持地方借助社会资本加强基础设施建设，弥补中央投资不足；二是制定出台国家级风景名胜区门票和资源有偿使用管理办法，实现门票收入和资源有偿使用费的专款专用，增强地方在基础设施建设方面的自我造血能力；三是结合城市基础设施投融资体制改革，加强风景名胜区基础设施建设投融资模式研究，借助国家开发银行等相关金融机构的政策，为风景名胜区基础设施建设提供信贷支持。

4. 加强指导

督促地方认真执行国务院批准的国家级风景名胜区总体规划，依照规划提出风景名胜区基础设施建设项目库，安排建设时序，结合资金安排有序推进风景名胜区基础设施建设。

十八大报告将生态文明建设提升到战略层面，与经济建设、政治建设、文化建设、社会建设并列，构成中国特色社会主义事业"五位一体"的总体布局。党章中对此作出了这样的阐述："树立尊重自然、顺应自然、保护自然的生态文明理念，坚持节约资源和保护环境的基本国策，坚持节约优先、保护优先、自然恢复为主的方针，坚持生产发展、生活富裕、生态良好的文明发展道路。"这说明，在社会经济发展的同时，必须考虑生态环境保护，在项目建设的同时，也必须时刻考虑对风景名胜资源的影响。

第 5 章　管理制度

搞好风景名胜区工作，核心是保护、前提是规划、关键在管理。实现严格保护和合理利用的和谐统一，关键是如何将各项管理的制度落到实处，如何持续不断地完善各项管理制度。统一管理是由风景名胜区的性质所决定的，也是国家赋予风景名胜区管理机构的一项职责，同时也是风景名胜区各项管理的核心，没有统一管理，其他一切管理必然难以奏效，因此统一管理是风景名胜区制度的重中之重。

5.1　管理机构

5.1.1　管理机构的性质

1. 管理机构的变化

1985年国务院颁布的《风景名胜区管理暂行条例》(以下简称《暂行条例》) 规定："风景名胜区依法设立人民政府，全面负责风景名胜区的保护、利用、规划和建设。风景名胜区没有设立人民政府的，应当设立管理机构，在所属人民政府的领导下，主持风景名胜区的管理工作。"按照《暂行条例》规定，只要成立了风景名胜区，就可以设立地方人民政府，但并未规定是哪一级别的人民政府，即风景名胜区管理机构可以是一级政府。这种情况现实中确实存在，如五台山、韶山、武陵源国家级风景名胜区，他们的区一级政府就是风景名胜区管理机构，区长就是风景名胜区管理局局长。同时《暂行条例》还规定，风景名胜区管理机构也可以是地方政府的派驻机构，管理机构由所在地人民政府成立。也就是说在《条例》出台之前，只要设立了风景名胜区就可以成立管理机构，也可以成立人民政府。

2006年《条例》规定："风景名胜区所在地县级以上地方人民政府设置的风景名胜区管理机构，负责风景名胜区保护、利用和统一管理。❶"按照《条例》规定，成立风景名胜区不能够再设立相应的地方人民政府了，风景名胜区管理机构也不能再是一级政府了，管理机构必须由地方人民政府来设立，地方人民政府是风景名胜区管理机构的上级单位。但《条例》并未对地方人民政府设立风景名胜区管理机构的级别作强制性规定。

---

❶ 国务院法制办农业资源环境保护法制司，建设部政策法规司，城市建设司. 风景名胜区条例释义[M]. 北京：知识产权出版社，2007：15-16.

2. 管理机构的本质

风景名胜区管理机构对风景名胜区进行管理，不同于受行政机关委托而行使部分行政职能的组织机构。风景名胜区管理机构行使管理权力的前提是《条例》中有明确的规定和授权的内容，不能超越《条例》的具体规定行使其管理职责或进行其他活动。因此，风景名胜区管理机构的性质属于法律、法规授权的，具有管理公共事务职能的组织。其职能应当与在风景名胜区内的具有经营行为的企业相区分，从而实现政企分开。

5.1.2 管理机构的类型

我国现有244处国家级风景名胜区，绝大多数都设立了统一的管理机构。从已经设立的机构来看，国家级风景名胜区管理机构在名称、性质、职能内涵、行政级别、隶属关系等方面均有多种不同形式，有些即便在同一个省内的国家级风景名胜区管理机构的设置方式也不尽相同。概括而言，我国国家级风景名胜区管理机构的设置情况大致可归纳为以下4种类型（图5-1）：

1. 政府型机构

政府型机构是指根据风景名胜区的地域范围，按照行政区划，成立以风景名胜区及部分周边过渡地带为行政辖区的地方政府（一般为县级），负责风景名胜区内一切行政事务的管理，即风景名胜区管理机构就是一级政府。例如湖南省南岳衡山、武陵源和山西省五台山风景名胜区管理机构的设置都属于这种类型。

政府型管理机构的优势在政府直接管理，有行政执法权，执法地位明确，执法依据相对充分，能够调动多种行政管理手段，风景名胜区的统一管理措施能够得到比较顺利的贯彻落实。但其缺点是各地将风景名胜区政府完全等同于一般的地方政府，设置了大量与风景名胜区性质和管理无直接关系的机构和人员，风景名胜区政府的社会管理职能过多，财政负担也相对较重。

2. 准政府型机构

准政府机构类型一般隶属上级政府或由上级政府委托当地政府代管，大多属事业单位，由地方政府赋予其一定的行政管理职能，以强化其综合管理和统一管理的职能。例如黄山、泰山风景名胜区管理机构就是这种类型。

此类管理机构能够强化综合管理职能，适应风景名胜区资源管理综合的特点，能够在法律的框架下尽可能赋予一级政府的职能，并减少不必要的机构。准政府机构统一管理以强化风景名胜区调整利益分配、统筹发展的职能，易于强化事权统一。与政府型管理机构相比，准政府机构的优点是机构相对精简，工作重点突出，景区管理的专业特色和技术特色相对较强。但同时也面临作为执法主体实施统一管理的法律依据不足，法律地位不明确等问题。此外，由于这类机构多属于事业单位，需要自行解决行政经费差额（甚至完全自收自支），一些风景名胜区不仅对下属的经营单位实行企业化管理，而且管理机构整体都实行企业化管理运作，存在一定程度的政事不分、政企不分的问题，管理执法的公正性受到质疑，客观上削弱了其应有的政府管理职能。

3. 协调议事型机构

协调议事机构类型的基本形式是风景名胜区所在地地方政府主要领导牵头、各有关职能部门为成员组成风景名胜区管理委员会，委员会办公室设在某个主要职能部门。管理机构一般以管委会形式为主，管委会主任为地方政府分管领导，副主任为各有关职能部门领导。例如广西桂林漓江的管理机构设置就属于此类，桂林漓江风景名胜区管委会由桂林市人民政府设立，分管副市长担任管委会主任，桂林市园林局、水利局、旅游局、交通局、建设局等职能部门作为管委会的成员单位，管委会办公室设在园林局。

这种形式的管理机构虽然表面上行政规格很高，但多数实际上只是一个松散的协调议事机构，而具体办事机构（办公室）又是一个非专门的兼职机构，只具备相应的行业管理职能，有些甚至某一行业管理的话语权也很有限，一旦出现问题容易出现各委办局之间推诿扯皮，风景名胜区的统一管理难以得到真正的落实[1]。

4. 统一管理缺失型机构

目前，仍有少数国家级风景名胜区尚未建立统一管理机构，处于"批而未建"的状态，也有个别国家级风景名胜区曾经建立的统一管理机构事实上已经解体，处于"建而未管"的状态。此种类型主要存在两种情况：一种情况是风景名胜区范围跨越省级行政区域，风景名胜区跨省协调的机制都很难建立，更无法实行统一的管理[2]。例如，三峡风景名胜区、黄河壶口瀑布风景名胜区就属于这种情况，这两个风景名胜区分别跨越重庆、湖北两省（市）两省，山西、陕西两省设立，风景名胜区的管理仍由两省分而治之。另一种情况是风景名胜区虽然处于同一个省的范围内，但风景名胜区地域范围过大，跨越的地级行政区域较多，涉及的城镇、人口和工农业生产活动复杂，统一管理无从实施。云南省三江并流风景名胜区就属于这种情况，三江并流风景名胜区面积约 4 万平方公里，核心景区约 1 万平方公里，规划范围涉及多个地区，包括众多市、县、镇。江西的武功山风景名胜区地跨三市，也属于此种类型。

个别国家级风景名胜区在审定公布之初曾经建立了针对整个景区范围的统一管理机构，后来又因种种原因调整变换了机构隶属关系及管理范围，已经不具备统一管理的职能。以本溪水洞为例，本溪水洞风景名胜区由以水洞为主的 5 个景区组成，风景名胜区设立初期曾建立了隶属于本溪市政府的"本溪水洞风景名胜资源管理局"，负责

---

[1] 安超. 我国风景名胜区管理体制研究. 中华建设，2012（09）：24-26.

[2] 柴海燕. 风景名胜区行政割据现象的产权分析[J]. 地域研究与开发，2005（5）：77-80.

对风景名胜区的统一管理。现在这一机构已经转变成隶属于本溪市旅游局的"水洞风景区管理处",具体管理范围缩小到水洞一个景区,整个风景名胜区的管理机构事实上已经很难统一。

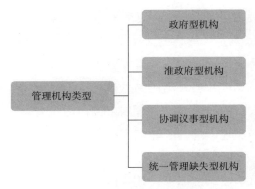

图 5-1　风景名胜区管理机构的类型

5.1.3　管理机构的权力

风景名胜区管理机构主要具有 4 项权力,行政许可权、行政管理权、行政命令权和行政处罚权(图 5-2):

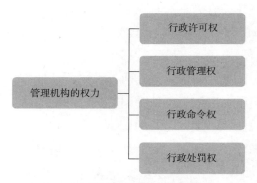

图 5-2　风景名胜区管理机构的权力

1. 行政许可权

《条例》第 28 条赋予了风景名胜区管理机构对风景名胜区内建设活动的行政许可的前置审核权[1]。凡在风景名胜区内进行建设活动的,首先应当经过风景名胜区管理机构的核准同意,未经同意的,其他相关部门不得办理相关审批手续。对于国家级风景

---

[1] 张昕竹. 论风景名胜区的政府规制 [J]. 社会经济体制比较,2002(2):76-81.

名胜区内的重大建设工程项目，未经风景名胜区管理机构同意的，省住房城乡建设主管部门和直辖市风景名胜区主管部门不得对其进行核准。

2. 行政管理权

风景名胜区管理机构有组织进行科普活动、合理利用资源、改善游览设施条件、保障游客游览安全、收取门票、确定经营项目的经营者（特许经营管理）等行政管理权力。

3. 行政命令权

任何单位和个人违反《条例》相关规定，风景名胜区管理机构有权对其单位和个人行使行政命令权，如责令停止违法行为、责令恢复原状、责令拆除、责令改正、责令停止施工等。值得注意的是，行政命令权不同于行政处罚权，行政命令不能写入行政处罚决定书中，一旦写到行政处罚决定书中，行政处罚决定书视为有瑕疵，自动无效。

4. 行政处罚权

风景名胜区管理机构拥有的行政处罚权只包括罚款和没收违法所得，除此之外，没有其他行政处罚权力。风景名胜区管理机构没有行政强制执行权，没有权力将违规建筑、违法建筑进行强制拆除，在风景名胜区内的违法建筑必须由风景名胜区管理机构申请地方人民法院来进行强制拆除，管理机构自身无权拆除。在申请法院强拆之前，管理机构一定要责令当事人或相关单位自行拆除。如果直接申请法院强制拆除，则法定程序上存在问题。责令当事人或相关单位自行拆除，是申请法院强制拆除的前置条件和必要程序。

这里需要指出，《行政强制法》实施之后，只有责令停产、停业属于行政处罚，除此之外，都属于行政命令，一定要单独作出行政命令责任书，不能写到行政处罚决定书内，如果写到行政处罚决定书内，行政处罚决定书将被视为无效。

5.1.4 热点问题

1. 关于管理公共事务职能的组织

◆ 哪些是具有管理公共事务职能的组织

风景名胜区管理机构的本质是管理公共事务职能的组织，根据全国人大法工委的立法解释，除风景名胜区管理机构外，管理公共事务职能的组织还包括：保监会、电监会、银监会、证监会，以及国家水利部下属的7大流域机构，如长江水利委员会、黄河水利委员会、淮河水利委员会、海河水利委员会、珠江水利委员会、松辽水利委员会以及太湖流域管理局等。

2. 关于风景名胜区管委会和开发区管委会

◆ 风景名胜区管委会和开发区管委会在法律性质上是什么关系

经济开发区管委会、物流园区管委会、街道办事处等都属于政府派驻机构，而风景名胜区管理机构属于具有公共事务管理职能的组织。

《城乡规划法》第 30 条规定：在城市总体规划、镇总体规划确定的建设用地范围之外，不得设立各类开发区和城市新区。《条例》第 27 条规定：禁止违反风景名胜区规划，在风景名胜区内设立各类开发区❶。因此，如果开发区设在风景名胜区范围内，那么开发区管委会与风景名胜区管理机构存在"两块牌子一套人马"的行为属于典型的违法行为。

3. 关于行政机关和行政机构

◆ 风景名胜区管理机构属于行政机关还是行政机构

各级人民政府、各级人民政府的组成部门、各级人民政府的直属机构属于行政机关，个别风景名胜区管理机构属于行政机关（如前所述，如五台山、韶山、武陵源等）。但是，各级人民政府的办事机构（例如中央政府的办事机构国务院侨办、台办、港澳办等）、各级人民政府的事业单位（例如中央政府的事业单位中科院、社科院等）不是行政机关，没有行政处罚权，而风景名胜区管理机构是有处罚权的。因此，行政机关和具有公共管理职能的组织才有处罚权。

行政机构包括行政机关的内设机构（如住建局是行政机关，住建局下面所设的办公室、老干部科、建设工程勘察设计科、施工许可科、人事科、财务科）、行政机关的派驻机构（例如经济开发区、新区、软件园区、物流园区管委会）、政府部门的派驻机构（公安局是行政机关，派出所是行政机构，公安分局是派驻机构；市国土局是行政机关、区里的国土分局是行政机构；市规划局是行政机关，区里的规划分局是行政机构）。行政机构没有执法权。

5.1.5　管理机构的定位和职责

1. 管理机构的定位

2006 年 12 月 31 日《条例》实施之前，原来风景名胜区管理机构是一级政府的可以继续行使政府职能，保持不变。《条例》实施之后，风景名胜区管理机构一定不能再是政府型管理机构了，风景名胜区管理机构可能是政府的派驻机构，可能是政府的直属机构，也可能是作为政府职能的代管机构。如果风景名胜区管理机构是政府的派驻机构、直属机构或代管机构，则极有可能属于事业编制，风景名胜区管理机构可以是事业编制，有自己的法人主体，按照事业单位来进行管理，现实中这样的情况确实不在少数，并且有些是全额拨款事业单位，有些是差额拨款的事业单位，有些是自收自支的事业单位，情况较为多样。但是风景名胜区管理机构不宜完全按照事业单位的类

---

❶ 全国人大常委会法制工作委员会经济法室，国务院法制办农业资源环保法制司，住房城乡建设部城乡规划司、政策法规司. 中华人民共和国城乡规划法解说 [M]. 北京：知识产权出版社，2008：77-78.

型进行管理，因为如果完全按照事业单位进行管理（例如按照自收自支的事业单位进行管理），那么风景名胜区管理机构还拥有行政处罚权，可以进行罚款，而罚款则变成了管理机构的创收，这样法律上讲不通。因此，风景名胜区管理机构应该是全额拨款的事业单位，或者是参公管理全额拨款的事业单位，或者是全额拨款拥有行政执法权的事业单位，不能是自收自支的或者差额拨款的事业单位。事业单位改革之后，应该属于公益一类,风景名胜区管理机构原则上不应具有营业性收入、不能参与经营性行为。而门票收入、资源有偿使用费属于行政事业性收费，应由管理机构收取，并全额上缴地方财政，实行收支两条线。

2. 管理机构的职责

风景名胜区管理机构不得从事以盈利为目的的经营活动，不得将规划、管理和监督管理等行政管理职能委托给企业或个人。现实中，大多数风景名胜区管理机构直接负责风景名胜区内的具体管理工作，但有的管理机构还同时加挂经营公司的牌子，以"一套人马、两块牌子"的形式既从事管理工作，又从事企业经营。少数风景名胜区管理机构甚至委托某个企业经营风景名胜区，由管理机构对企业进行监督。由于风景名胜区管理机构属于法律法规授权的管理公共事务职能的组织，其性质决定了不得从事以盈利为目的的经营性活动，因此必须实现政企分开，因为风景名胜区管理机构保护资源的公共性和企业追求利润最大化的营利性之间对立是显而易见的。❶

风景名胜区管理机构政企不分的弊端较多，一是将管理机构混同于一般经营机构，将风景名胜区的保护和管理职能与风景名胜区的开发和利用职能混为一体，管理机构受利益驱动，其行政职能必然萎缩，经营职能膨胀在所难免，这样就失去了从社会公共利益出发严格公平执法的可信性，削弱了管理机构的行政管理职能。二是使地方政府将管理机构完全等同于一个企业，下达产值任务、限定上缴款项、摊派各种费用、征收各种税费，或从门票款设定收费项目分成。三是造成政府职能与经营职能混淆，行政管理项目与经营管理项目混淆。事实上，许多破坏景区的人工建筑物和经营设施，就是管理机构直属的经营性企事业单位自行规划、批准、建造的。政企不分是助长违法干预、滋生腐败现象的温床。只有把管理机构的经营职能剥离出去，才能杜绝管理机构的经济利益驱动源，才能使管理机构从风景名胜区长远发展、整体发展的角度履行管理职能❷。

同时，应当将风景名胜区管理机构从事以营利为目的的经营活动和非以盈利为目的的经营活动区分开来。并不是所有的经营活动管理机构都不得从事，而是不得从事以营利为目的的经营活动。例如，风景名胜区管理机构为了宣传和保护风景名胜资源，

---

❶ 张晓.加强规制.北京：社会科学文献出版社，2006：33-42，231-234.
❷ 陈勇，吴人韦.风景名胜区的利益主体分析与机制调整[J].规划师，2005（5）：8-11.

方便游客游览，制作一些宣传画册、DVD光盘、导游图、风景名胜区的自然文化知识书籍向游客销售等活动，虽然属于经营活动，但这种经营性行为是风景名胜区管理机构为了履行宣传保护风景名胜资源、保护民族民间传统文化，开展的健康有益的游览观光和文化娱乐活动，这是由管理机构普及历史文化和科学知识的职责决定的，并不被《条例》所禁止。

关于风景名胜区管理机构不得将规划、管理和监督等行政管理职能委托给企业或者个人行使的问题，由于企业或者个人作为市场主体，其目标是实现自身利益的最大化，因此要求企业或者个人以符合资源保护的根本出发点，做好规划、管理和监督工作是不现实的。经营权出让绝不是行政管理权的出让，应避免不当的经营权出让造成实际上的管理权游离于政府的行政管理之外，避免经济利益最大化倾向。风景名胜区规划、管理、监督等行政职能是属于具有公共行政性质或者政府职能范围内的事务，要保持客观性和中立性，必须而且只能由代表政府行使管理权的风景名胜区管理机构来行使。例如，规划实施，审核建设活动，查处违法行为，规划实施监督执法，土地利用和生态环境保护监督执法，科学考察和科学研究实验活动的组织开展，景区内各类经营项目的许可，风景名胜区门票管理和游人数量的调控，景区供水、供电、供气骨干管网和骨干道路网的控制等。

3. 管理机构的人员

风景名胜区管理机构的领导和工作人员，不得在风景名胜区相关的企业兼职。风景名胜区管理机构的工作人员是承担风景名胜区内的具体行政管理职能的人员，不论是管理机构的领导还是一般工作人员，都不能在风景名胜区的企业兼职。否则，其既是履行监督管理职能的管理者，又是受监督的市场主体，这不符合社会主义市场经济体制的要求，也不符合依法行政的要求。风景名胜区管理机构工作人员在企业兼职，本质上是利用公权力为他人和自己不正当谋利的行为，容易滋生腐败，损害了公平、正义的行政原则，也破坏了市场经济公平竞争秩序。因此，管理机构的工作人员既不能兼职风景名胜区企业工作，也不能以入股、名誉顾问等间接方式参与经营或分红。

5.1.6 管理机构的发展方向

1. 明确管理机构规格

按照《条例》规定，县级以上人民政府设置风景名胜区管理机构，负责风景名胜区的保护、利用和统一管理工作。因此，应统一规定国家级风景名胜区管理机构的名称、最低行政级别和隶属关系，且应明确赋予风景名胜区管理机构主要行政职能，以突出风景名胜区的特殊功能、重要地位，以及风景名胜区作为重要保护地的管理不同于一般行政区域管理的特殊性。管理机构应为专职负责风景名胜区管理工作的事业单位,由所属地方人民政府授予其对风景名胜区范围内的规划建设、土地利用、生态环境保护、人口和社会治安实施综合执法的行政管理职能。

跨地级行政区域的国家级风景名胜区,由所在省(自治区、直辖市)建设行政主管部门直接负责风景名胜区的规划管理,由相关的地级人民政府分别设立管理机构负责各自辖区范围内风景名胜区的具体管理。跨省级行政区域的国家级风景名胜区,由国务院建设行政主管部门直接负责风景名胜区的规划管理,由相关的各省(自治区、直辖市)人民政府分别设立管理机构负责各自辖区范围内风景名胜区的具体管理。

2. 推行特许经营、实行政企分开

在科学准确地界定授权经营的前提条件和监督标准的基础上,逐步推行特许经营制度,使风景名胜区内开发项目和经营项目公开招标,择优授权经营项目。风景名胜区管理机构必须与所属经营性企业彻底脱钩,严格区分风景名胜区的行政管理和经营管理,明确属于经营类项目的种类。

从风景名胜区管理机构剥离出来以风景名胜区经营性资产入股组建的国有企业,无论属于哪级政府和哪个行业部门,除承担国有经营性资产的保值增值责任外,还必须与其他企业一样,服从风景名胜区管理机构的统一管理。驻风景名胜区的其他单位以其所属设施开展经营活动的,也必须取得风景名胜区管理机构的特许。因此,还应建立风景名胜区景观资源保护的动态监督考核指标体系,准确界定授权经营企业必须满足的对风景名胜区保护投入资金数量、具体责任、监督处罚标准。

3. 稳定资金渠道

建立规范稳定的风景名胜区保护管理资金来源渠道,切实保障风景名胜区保护管理的资金的持续性投入,逐步实施规范化的财政投入方式。

一是切实保证风景名胜区的门票收入用于景区管理和保护。政企分开后,风景名胜区管理机构应合理核定人员编制,管理机构工作人员视同国家公务员,管理机构不再从事经营创收活动,也不再承担财政上缴任务。由于管理机构已不再拥有下属企业的经营利润收入,风景名胜区的门票收入,应全额用于风景名胜区管理保护工作,不得挪作他用。具体可采用收支两条线、专款专用的管理方式,加强监管。

二是实行风景名胜资源有偿使用制度,征收资源有偿使用费,用于风景名胜区管理保护工作。按照目前大多数风景名胜区门票收入水平,如果没有一定的财政投入,门票收入即使全部返还给管理机构,也仅能维持低水平的看护管理,无法满足风景名胜区内人口的搬迁安置补偿、环境治理和监测设施仪器购置等工作的带来的大量资金需求。在财政无力大量投入的情况下,就应该开辟可行的补充渠道并尽量使之规范化。

4. 加强国家宏观层面管理力度

进一步完善住房和城乡建设部、各省级住房城乡建设行政主管部和直辖市风景名胜区主管部门管理机构建设，加大工作投入、加强管理力度。充分调动和发挥行业协会、学会和科研机构的力量，使风景名胜区管理办公室实体化。同时，利用网络、遥感等信息化技术，建立全国风景名胜区管理信息系统，加强信息化建设，实现各风景名胜区和主管部门之间即时的信息交流和动态反馈，提高管理工作效率，并可在此基础上开展区域性的监测核查、景区容量信息服务和动态调控等工作。

5.尝试集权式保护管理体制

探索国家级风景名胜区集权式管理模式。将风景名胜区交由地方政府进行管理，的确存在减轻高级别政府财政负担、调动地方积极性等优势，但从长远发展角度看，弊大于利。低级别的地方政府往往从局部利益和地方政绩出发，容易造成风景资源的过度利用。由中央政府履行管理职能，或由中央政府委托省级政府管理，统一行使管理职能，加大管理力度，甚至统一规划管理标准、统一拨付经费的规范式、集权式管理模式，是我国风景名胜区管理体制发展的方向。

5.2　门票和资源有偿使用

5.2.1　风景名胜区门票

1.基本情况

风景名胜区门票是指，风景名胜区管理机构向进入景区的游客收取的游览费用。风景名胜区管理机构是出售风景名胜区门票的法定主体。

1）门票的性质

游客进入风景名胜区，在享受风景名胜资源的同时，不可避免的会对风景名胜资源造成一定的影响，为了保护好风景名胜资源，以便更多的游客能够享受这些风景名胜资源，需要对进入风景名胜区的游客收取一定的费用，用于保护风景名胜区内的资源，维护风景名胜区内的设施。因此，门票的性质属于行政事业性收费，不是经营性收入，其性质决定了风景名胜区管理机构对风景名胜区门票的专营权。风景名胜区门票是风景名胜区实行有效保护和管理的重要经济来源，是政府对风景名胜资源实行统一管理的重要手段，门票收入不属于经营性内容。门票的收取和管理应由政府主导，体现的是国家对重要资源的管理，因此不能将风景名胜区资源和门票专营权出让或转让给企业❶。

2）门票产生的过程

从各地的实践看，正是因为绝大多数风景名胜区管理机构有力地行使了门票专营

---

❶ 陈春泉，陆利军，陈国生．从利益相关者理论视角看风景区的发展机制[J]．开发研究，2008（4）：59-62.

权,才为风景名胜区的保护提供了资金保障,也才为风景名胜区的可持续发展奠定了基础。在风景名胜区事业发展初期,门票还带有明显的计划经济色彩,门票价格很低,基本上属于公益性质。随着国家旅游经济日益快速发展,门票价格在近些年有了较大幅度的增长,在一定程度上缓解了属地管理下风景名胜区资金紧张的状况,从这方面讲,可以说是为风景名胜资源的保护和永续利用提供了一定的条件。

3)门票的经营

企业和公司所代表的私立性以及从事经济行为的组织性质,决定了其不能行使门票专营权。如果将门票收入作为公司的经营收益,或将门票作为股份上市,实质上是风景名胜资源采用市场化运作的方式上市❶。在社会主义市场经济条件下,公司合法追求利益最大化,上市公司保证股民的利益,必然经营风景名胜资源,创造利润。由其主管将很有可能出现开发利用第一,而风景名胜资源得不到有效保护的局面。

2. 门票价格情况

1)门票价格的基本情况

《条例》规定:"门票价格依照有关价格的法律、法规的规定执行"。风景名胜区门票价格的申报、核准、审批应按有关法规履行行政报批程序。根据有关程序,风景名胜区管理机构调整门票价格要上报当地物价部门核准之后,经过当地人民政府、人大专门机构审定,并举行由地方各界代表组成的听证会听取意见和建议,在此基础上予以批准实施。与此同时,风景名胜区门票的管理还应接受地方政府、人大、政协、物价部门以及社会公众的监督。

目前全国风景名胜区的门票价格差异较大(图 5-3),一些著名的风景名胜区,特别是列入《世界遗产名录》的风景名胜区,因游客接待量和保护管理任务较大,所需保护资金也较大,因此,景区门票价格相对较高;一些发展起步较晚、知名度不高的风景名胜区,门票价格则相对较低。截至 2016 年,在全国 225 处国家级风景名胜区的调查中,门票价格在 200 元以上的有九寨沟、武夷山、武陵源、黄山 4 处,占 2.2%,其中最高价格为武陵源 295 元。在已统计的 160 处国家级风景名胜区中,门票价格在 150

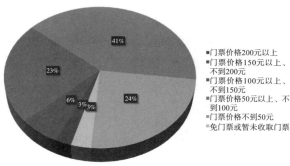

图 5-3 风景名胜区门票价格占比

---

❶ 陈明松. 风景资源"炒股上市"问题和风景资源与景观环境的法制建设初议论 风景园林,2005(2):56-58

元以上、不到 200 元的有 10 处，占 6.25%；100 元以上、不到 150 元的有 37 处，占 23.1%；50 元以上、不到 100 元以下的有 65 处，占 40.6%；不到 50 元的有 39 处，占 24.4%；免门票或暂未收取门票的有 5 处，占 3.12%。

2）门票价格较高的主要原因

近年来，风景名胜区门票价格虽有所控制，但一些风景名胜区仍然存在门票价格偏高、调价幅度过大、频率过快等问题，引起社会强烈反映。究其原因是多方面的：

一是门票收入成为多数风景名胜区获取保护资金的主要渠道。中央财政自 1984 年设立了国家级风景名胜区保护补助资金，专项用于国家级风景名胜区资源保护、规划编制、基础设施建设等工作。目前，国家级风景名胜区数量比 1982 年了增加了 5.5 倍，保护管理任务以及所需的人财物更是成倍增加，但中央财政资金的安排仅从最初的每年 1000 万元增加至每年 2300 万元，远远不能满足风景名胜区发展需要和资源保护需求，严重制约着风景名胜区保护、规划、利用和管理工作。2013 年后中央财政取消了该项补助资金，在地方层面，除少数经济发达省份外，多数省份则没有安排专项资金用于风景名胜区保护。

二是一些地方将风景名胜区门票收入作为地方财政的重要补充。按照《条例》规定，风景名胜区的门票收入应当专门用于风景名胜资源的保护和管理以及风景名胜区内财产的所有权人、使用权人损失的补偿。但是，在实际执行中，一些地方没有做到专款专用，除了用于资源保护外，还用于其他方面。以北京八达岭—十三陵国家级风景名胜区为例，八达岭、十三陵两处景区的门票收入每年分别按 40%、20% 的比例上缴区县财政。此类情况在其他风景名胜区也较为普遍。

三是少数风景名胜区之间相互攀比。一些风景名胜区的门票价格调整不以国家有关规定的原则为依据，而是紧盯其他景区的门票价格高低，并且以门票价格最高的风景名胜区为标杆，从而导致一个风景名胜区门票价格上涨，同类型风景名胜区门票的跟风涨价。

四是经营管理不规范。一些风景名胜区将观光车、缆车、游船等服务项目同门票捆绑销售，导致价格偏高，进一步加重了游客负担。

3）遏制门票价格增长采取的相关措施

一是 2005 年以来，国家发展改革委连续下发了《关于进一步规范游览参观点门票价格管理工作的通知》（发改价格 [2005]12 号）、《关于建立游览参观点门票价格及相关信息报告制度的通知》（发改办价格 [2006]1867 号）、《关于进一步做好当前游览参观点门票价格管理工作的通知》（发改价格 [2007]227 号）、《关于整顿和规范游览参观点门票价格的通知》（发改价格 [2008]905 号）、《关于做好法定节假日期间游览参观点门票和道路客运价格管理工作的通知》（发改价格 [2010]841 号）等文件，推进了游览参观点门票价格管理的规范化、制度化。各级风景名胜区管理部门基本能够按照国家有关规定，严格控制门票价格的不合理上涨。

二是为积极做好风景名胜区和城市公园门票价格的管理，近年来，住房和城乡建设部配合发展改革委、财政部等有关部门开展了大量工作。2008年，会同发展改革委、财政部等6部门联合下发了《关于整顿和规范游览参观点门票价格的通知》，对包括风景名胜区和城市公园在内的游览参观点的门票价格进行了全面清理整顿和规范。2010年8月，根据《风景名胜区条例》规定和《国务院关于加快发展旅游业的意见》精神，针对"中国丹霞"成功申遗后存在的调高门票价格的倾向，住房和城乡建设部下发通知，要求"中国丹霞"世界自然遗产地涉及的7处国家级风景名胜区，严格执行国家有关景区门票价格管理的规定，不得擅自随意提高门票价格。

三是住房城乡建设部还积极指导和督促地方园林主管部门在地方财力、人力以及相关管理条件允许的情况下，对城市公园以及城市范围内或紧邻城市的风景名胜区逐步实施免费开放，方便城市居民休闲健身，强化社会公益性。据统计，全国90%以上的城市公园实行了免费开放；浙江杭州西湖、湖南长沙岳麓山、江苏南京中山陵等一些城市型国家级风景名胜区实行了免费开放。对暂不具备免费开放条件的城市型风景名胜区和城市公园，基本实施了年票、月票制度，大幅降低了风景名胜区和公园门票价格的实际水平。

3.门票收入管理情况

从收取主体上看，据不完全统计（图5-4），风景名胜区门票由风景名胜区管理机构实行统一收费、统一检票的有103处，占全国风景名胜区总数的64.4%；由风景名胜区内的不同管理部门分别独立收取或者其他部门参与分成5处，占3.12%；管理机构或者当地政府下属国有独资（或者控股）企业收取的有25处，占15.6%；转让门票专营权给企业或者个人的有27处，占16.9%。

从管理方式上看，有110处风景名胜区门票收入采取收支两条线的形式纳入地方财政预算内管理，占68.8%。门票收益全额上缴地方财政管理部门后的管理存在三种情况：一是全额上缴地方财政，由地方财政全额返还景区，地方财政对门票收益进行监督；二是全额上缴地方财政，风景名胜区用款向上级主管或同级财政部门申请，经审核后拨付；三是地方按比例留存后返还管理机构。

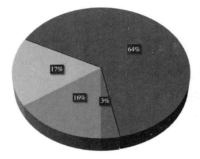

图5-4 风景名胜区门票收取主体占比

从所占比例上看（图5-5），门票占全部收入比例超过70%以上的有81家，占整个风景名胜区的50.6%，其中，有20处占全部收入比例为100%；超过50%不到70%的有41处，占25.6%；不到50%的有38处，占23.7%；可见，门票收入仍是绝大多数风景名胜区的最主要经济来源。

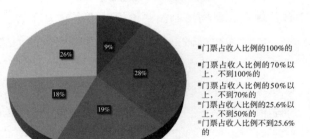

图5-5 风景名胜区经济收入占比

4. 门票使用情况

《条例》规定："风景名胜区的门票收入和风景名胜资源有偿使用费，实行收支两条线管理"，"风景名胜区的门票收入和风景名胜资源有偿使用费应当专门用于风景名胜资源的保护和管理以及风景名胜区内财产的所有权人、使用权人损失的补偿。"据统计，风景名胜区门票收入支出一般主要用于以下方面：

1）一般经营管理性支出。（1）行政事业经费支出，包括人员工资、职工福利、社会劳动保障、奖励奖金等；（2）经营成本支出，包括业务费、固定资产折旧、接待费、宣传费等；（3）资源保护费用支出，包括资源保护、园林绿化、护林防火、环卫、科研等；（4）基础建设费用，包括基础设施建设、维护、旅游服务项目开发等。

2）纳税。大多数风景名胜区门票收入均需纳税，据统计风景名胜区中有139处门票收入需要纳税，占全国风景名胜区总数的86.9%，主要税种是营业税。由于各地情况的差异，风景名胜区的缴纳营业税的税率差别较大，从3.3%~5.4%不等。风景名胜区缴纳的其他税种还包括企业所得税、城建税（按营业税7%上缴）、教育附加税（按营业税的3%上缴）、土地使用税、房产税等。涉及的其他缴费有交通基金、城市维护费等。

3）其他。部分上缴作为地方财政分成；个别风景名胜区的部分门票收入作为企业收益用于利润分配、还贷款利息、利益相关人补偿、填补企业内部亏损（如宾馆、饭店、旅行社）等。

5.2.2 资源有偿使用费

1. 基本情况

风景名胜区内的经营者应当缴纳风景名胜资源有偿使用费，资源有偿使用费是指风景名胜区内依托风景名胜资源进行经营活动的单位和个人，按照有关规定或者合同约定，从经营收入中提取一定比例向风景名胜区管理机构缴纳的费用。

1）风景名胜区管理机构应当与经营者签订合同，依法确定各自的权力义务。经营者应当缴纳风景名胜区资源有偿使用费。商业经营其本身的价值取向是利益最大化，为了风景名胜保护的整体利益，需要对商业经营的个别利益予以约束和调节，以实现公众利益的最大化。这种约束既体现在经营者应当遵守保护风景名胜资源的规则，也包括经营者应当缴纳的风景名胜区资源有偿使用费。

2）由于风景名胜区内的具体经营项目具有不同的行业特点，而风景名胜区规划是就风景名胜区整体层次的，因此，在对具体经营项目的约束性上还存在针对性不足的问题。这就要求风景名胜区管理机构作为合同的一方主体，与经营者签订经营合同，通过合同明确双方的权力义务。合同中应当特别针对具体项目的特点，依据风景名胜区规划，对经营者保护风景名胜资源的义务作出详细的、明确的约定。

3）经营者经营是依托或者利用了风景名胜资源，因此应当向国家上缴一定比例的资源有偿使用费，这就像国有企业利用国有资产创造了利润，国家自然要分配其中的一部分。风景名胜资源有偿使用费与门票在性质和功能上是相同的，都是因为使用了风景名胜资源而缴纳的，都是专门用于风景名胜区的保护、管理以及对风景名胜区内有关权利人损失的补偿。

2. 地方立法情况

目前，已有部分省（自治区、直辖市）根据《条例》出台了风景名胜资源有偿使用费专项地方性法规或者政府规章，如《新疆维吾尔自治区风景名胜区资源有偿使用费和风景名胜区门票收入管理办法》（新财非税 [2011]35 号）、《泰山风景名胜区服务项目经营管理办法》（山东省人民政府令第 205 号）、《无锡市风景名胜区工程项目风景名胜资源费征收办法》（锡政规 [2012]2 号）、《西双版纳州人民政府关于征收风景名胜区资源有偿使用费实施办法（暂行）》（西政办发 [2008]37 号）、《黔东南州风景名胜区资源有偿使用费征收管理办法》（黔东南府办发 [2011]122 号）、《大理白族自治州苍山风景名胜资源有偿使用费征收和门票收入使用管理办法》（州人民政府 2012 第 20 号公告）等。

3. 实际征收情况

根据调查统计情况，在调查的 160 处国家级风景名胜区中，赞成征收资源有偿使用费的有 103 处，占 64.38%；明确表示反对征收的有 15 处，占 9.38%。其中，有 26 处已经开始征收了风景名胜资源有偿使用费，占反馈总数的 16.25%（约 1/6），分别是：安徽黄山、花亭湖、江苏太湖、浙江普陀山、江西仙女湖、武功山、福建泰宁、山东泰山、崂山、河南云台山、桐柏山淮源、湖南武陵源、岳阳楼洞庭湖、沩山、广东白云山、广西桂林漓江、陕西骊山、云南石林、滇池（西山）、贵州黄果树、龙宫、织金洞、四川峨眉山、重庆金佛山、长江三峡（张飞庙）、青海青海湖风景名胜区。

根据对已经征收的 26 处风景名胜区统计结果，以 2012 年为例，资源有偿使用费额占年度总收入比例超过 10% 的有 8 处，占已征收风景名胜区总数的 30.8%，分别是：

长江三峡张飞庙（32.8%）、白云山（25%）、黄果树（18.21%）、武功山（17.25%）、崂山（13.7%）、泰山（13.15%）、滇池西山（10.33%）、泰宁（10%）；资源有偿使用费额占2012年度总收入比例低于1%的有6处，占已征收景区总数的23.1%，分别为普陀山（0.8%）、花亭湖（0.8%）、龙宫（0.7%）、太湖（0.15%）、沩山（0.13%）、峨眉山（0.1%）。

4. 征收范围

在征收范围上，根据已征收风景名胜区情况大致分为以下几类：（1）游览经营项目，如索道、缆车、电梯、游乐场、海（湖）上游览、漂流等；（2）交通经营项目，如观光车、游览车、电动车、停车场、游船等；（3）服务经营项目，如住宿、餐饮、旅游商品、导游、娱乐服务等；（4）个别建设项目；（5）土地使用出租、物业出租、经营网点摊位租赁等；（6）门票（如仙女湖、武陵源、泰宁从门票收入中按10%的比例提取）。

5. 征收方式

在征收方式上，也大致可以分为以下几种情况：（1）费率制，如骊山华清池和兵马俑、普陀山（按旅馆住宿营业收入的5%征收）；（2）根据售票量计算（如黄山对索道票每张收10元）、接待量征收（如桂林漓江），或者按照门票收入额一定比例收取；（3）核定方式，如石林、滇池西山、泰山（对客运、索道采取比例核定）、峨眉山（办理《景区经营许可证》时一同核定征收）；（4）招拍挂方式，如泰山对民俗服务经营网点采取招投标，再如云台山对观光巴士、索道、游船进行特许经营招标（按收入的5%征收）；（5）协商方式，如桐柏山淮源、花亭湖（只对水上客运项目）；（6）查账方式，如金佛山；（7）招商合作开发方式，如长江三峡张飞庙（以近五年经营性收入的平均数作为参考，根据投资比例确定费基，按月一次性支付）。

6. 管理和使用情况

已经征收资源有偿使用费的26处风景名胜区中，有11处经省（市、县）发改或者物价部门批准，占42.3%；有8处经县级以上地方政府批准，占30.8%，其中泰山征收资源有偿使用费经山东省政府批准；其他的依据法规规章及有关文件，自行决定收取。除骊山、太湖外，其他均由管理机构统一收取资源有偿使用费。19处风景名胜区资源有偿使用费纳入财政管理，占73.1%，其他由收取单位自行支配。

5.2.3 存在的问题

《条例》对门票和资源有偿使用费的收取、管理有明确的规定，然而在地方却未能完全执行到位，根据调查统计结果，以下问题表现得较为突出：

1. 门票价格差异明显

从调查结果看，全国风景名胜区的门票价格差异较大，一些著名风景名胜区，以部分世界遗产地为代表，门票价格相对较高；一些发展起步较晚、知名度不高的风景名胜区，门票价格则相对较低。同时，风景名胜区的门票价格也存在较大的地区差异。另外，游客量对门票价格表现出一定的相关性，其中门票价格 200 元以上 4 个风景名胜区中，2012 年游客量均在 300 万以上；而一些门票价格偏低而资源价值并不低的风景名胜区，如广西花山，年均游客量仅在 2 万左右。

2. 社会关注度高

1）一些风景名胜区存在门票价格偏高、调价幅度过大、频率过快等问题，引起社会强烈反映。在价格调整方式上，缺乏听证程序和必要的监督，没有充分听取公众意见，没有考虑群众特别是中低收入游客的承受能力。另外，因少部分知名热门景区公众关注度高，放大效应尤其明显。2011 年，就连香港国民教育促进会主席姜玉堆先生也曾致函习近平主席《关于香港国民教育及青少年工作若干意见》中也反映内地"景点门票昂贵的令人吃惊及难以承受"。

2）社会媒体对"景区"和"风景名胜区"概念认识存在误解。因为当前我国旅游地名称类型繁多，体系复杂，加之"景区"概念过泛，凡是可以参观游览的区域都称为"景区"。一般游客及媒体很难区分风景名胜区与 A 级景区以及其他一般旅游景区的区别，很多门票较高的景区并非风景名胜区，如山东西霞口（230 元）、曲阜三孔联票（185 元）、敦煌莫高窟（160 元）、乌镇联票（150 元）、平遥古城（120 元）等，就连被广泛关注的凤凰古城也根本不在凤凰国家级风景名胜区范围内，所反映的凤凰风景名胜区门票价格高的问题也有被曲解的成分。

3. 有关规定执行不到位

1）门票违规交由企业收取。《条例》第 37 条明确规定，"进入风景名胜区的门票，由风景名胜区管理机构负责出售"。门票性质属于行政事业性收费，是一种资源性收费，不能交由企业收取，也就不应被纳入成为企业经营性收益。实践中，门票交由或者转让给企业收取的情况不在少数，具体表现在按照企业一般经营所得进行纳税、被当作企业利润进行分成等。

2）门票管理不规范。《条例》第 38 条第明确规定，"风景名胜区的门票收入和风景名胜资源有偿使用费，实行收支两条线管理。风景名胜区的门票收入和风景名胜资源有偿使用费应当专门用于风景名胜资源的保护和管理以及风景名胜区内财产的所有权人、使用权人损失的补偿。"因此，门票作为政府非税收入，应全额纳入财政预算管理，实行专款专用。据统计，有超过 31.1% 的风景名胜区门票收入仍未按照要求纳入财政统一管理。在门票使用方面，事业性开支所占比例很大，资源保护性支出偏小，"养人"、"吃饭"特征明显。

4. 资源有偿使用费认识存在偏差

1）对资源有偿使用费性质和定位缺乏清晰认识。资源有偿使用费是针对依托风景名胜资源从事经营活动并获取收益的经营者所征收的事业性费用，目的是用于资源保护管理及权利人损失补偿。从目前征收情况看，违规将门票交由企业收取并错误将门票纳入作为征收对象情况较多存在，将门票收入和资源有偿使用费混为一谈。

2）误认为征收资源使用费会推高门票价格。门票收入和资源有偿使用费有本质的区别，两者是平行关系，不存在相互交叉重复。首先，在征收对象上，门票是向游客收取的，资源有偿使用费是向景区内经营者征收的；其次，在目的上，游客购买门票是为了游览，经营者支付有偿费是为了取得景区内经营资格或对垄断性公共资源使用所做的补偿；最后，资源有偿使用费不会转嫁到门票价格上，根据《条例》第37条、第39条的规定，门票是由管理机构负责出售，管理机构不得从事经营性活动，针对景区内一般经营者征收的资源有偿使用费不会逆向转嫁给游客，自然不会推高门票价格，同时游客对这些游览衍生服务还有消费选择权。与之相反，征收资源有偿使用费可以增加保护管理经费来源，减少对门票收入的依赖，从而可以推动减低门票价格。

5. 各地资源有偿使用费做法不一

因当前缺乏国家统一的规章制度，《条例》有关规定过于原则，各地征收资源使用费做法差别很大，还有不少风景名胜区在征收过程中存在明显违规情形，亟待出台规章规范予以纠正。比如，在征收范围上随意性较大，征收方式上也缺乏规范性和严肃性，管理上更是不到位，很多地方做法虽称作"资源有偿使用费"，而本质上并不属于真正意义上资源有偿使用费范畴。从已经征收的26处风景名胜区情况看，实际效果并不理想，收取的费用数额偏少，占总收入比例很低，大部分在10%以下，其弥补保护管理经费不足的作用发挥有限，并未能实现这一制度设计的目的和初衷。

5.2.4 发展的方向

基于上述统计结果和问题分析，建议尽快出台《国家级风景名胜区门票收入和资源有偿使用费管理办法》、《国家级风景名胜区项目特许经营管理办法》，其内容条款修改和设计中，应重点做好以下工作：

1. 突出风景名胜区门票的公益属性

风景名胜区门票价格实行政府定价或者指导价，体现并回归社会公益性。严格执行《风景名胜区条例》规定，将风景名胜区门票和资源有偿使用费的收入定性为政府非税收入，不对门票按票面价格征收营业税，也不将门票和资源有偿使用费作为利润征收所得税，减轻风景名胜区管理机构的保护资金负担。

2. 增加风景名胜区保护管理资金来源

一方面根据《条例》要求，推动对利用风景名胜资源获得收益的经营活动征收有偿使用费，弥补经费不足，规定专项用于风景名胜区保护管理及权利人损失补偿。另一方面就是直接加大中央财政投入，增加国家专项资金额度，同时扩大"十三五"期间自然文化遗产项目库（文化旅游提升工程项目库）的覆盖面。

3. 强化风景名胜区门票管理，减少地方对门票收入的依赖

严格落实《条例》第38条规定，规范门票管理秩序，整顿、纠正企业收取风景名胜区门票的做法，将门票收入纳入财政专户，专项用于资源保护和管理，杜绝截流、挪用。

4. 加强风景名胜区项目经营监管

按照《条例》规定，积极推进风景名胜区内的索道、观光车、游船等交通或服务项目采取公开招标等方式公开、公平地确定经营者，引入竞争机制，降低服务价格，提高服务质量。规范经营项目收费与门票脱钩，禁止打包或者捆绑出售，以便于门票的规范化管理与监督。

5. 合理确定风景名胜资源有偿使用费征收范围和方式

结合当前风景名胜区发展阶段和各地实际情况，研究确定征收资源有偿使用费经营项目合理范围，目前重点为风景名胜区内缆车、索道、观光车、宾馆等利润较高领域及其他明显依托风景名胜资源从事经营从中获利的项目等，对一般经营项目或风景名胜区内居民个体经营行为区分对待。在征收方式，也不能采取"一刀切"做法，建议以"费率制"作为一般计费方式，确定合理的费率幅度范围，以"核定制"为补充，明确征收周期。同时，以招拍挂等公平竞争方式作为获得风景名胜区内经营资格的基本途径，限定经营合同最长时限，逐步建立、规范风景名胜区内特许经营制度，并与风景名胜资源有偿使用费做好制度衔接。

6. 考虑部分特殊地区或者人群的利益及诉求

风景名胜区发展极不平衡，所处不同地域、不同发展阶段，情况也千差万别，不能一刀切。指导地方特别是中西部地区、经济欠发达地区及少数民族地区结合当地实际情况，出台有关配套制度，落实门票和资源有偿使用费有关规定。鼓励、引导经济相对发达地区，发展相对成熟的风景名胜区逐步降低门票价格，个别有条件的可以试点免费。此外，还应充分考虑群众诉求和承受力，对残疾人、老年人、学生和现役军人等特殊人群依照有关规定实行优惠票价。

5.2.5 热点问题

1. 关于风景名胜区门票与其他门票的区别

◆ 风景名胜区门票与一般旅游景区、游乐场门票的区别是什么

从表象上看，风景名胜区门票具有一定的经营性成分，但这既不是风景名胜区门票的全部内涵，也不是门票的主要成分。国家风景名胜区的自然与历史文化遗产作为特殊而独特的资源，不是当代人的产品或作品，也不是某个人、某团体、企业或利益

集团投资制作或生产出的商品。游客在风景名胜区内的游览行为，是通过对景观的感悟达到愉悦精神、陶冶品格、补充知识和锻炼体魄的过程。因此，风景名胜区门票应该是游客在风景名胜区内进行精神文化消费过程中，对自然与文化遗产的支付意愿和补偿形式，同时也是对风景名胜区管理机构对资源进行管理保护和提供相应社会服务成本的有偿支付形式。这种以特殊的精神文化形式构成的消费支付模式，完全不同于商业市场上的商品交换形式。风景名胜区门票与旅游娱乐中心、休闲度假区、游乐园等场所的经营性门票的根本区别在于，风景名胜区门票属国家或政府职能部门向游客收取的专项收费，属于行政事业性收费。风景名胜区门票专营权是按特有的规制，由国家或政府赋予风景区职能部门的权属。不能简单地将其与宏观市场条件下的旅游产业、商业贸易经营权并置等同，更不能与目前在风景名胜区内由管理机构授予旅游服务性行业的经营权相提并论。

尽管目前有关国家风景名胜区门票的专项法律法规尚不健全，但门票专营权的执行主体自始至终是国家或政府依法派驻风景名胜区的管理机构，门票价格的调整始终由风景名胜区职能部门按法定审核程序报批，门票收益则接受政府财政及有关监督部门的统一监管。因此由风景名胜区管理机构行使门票专营性是不容置疑的。

2. 关于门票经营权转让

◆ 风景名胜区门票经营权能否转让

当前，有以"所有权与经营权分离"为借口，将门票专营权从风景名胜区管理部门分离出去的提法和做法是不正确的。鉴于国家风景名胜区门票的性质、功能以及特点，风景名胜区职能管理部门作为执行主体与门票专营权是对应的，不可分割。由于企业所代表的利益以及从事经济行为的组织性质，由风景名胜区管理机构依法行使的门票专营权是各种所有制企业无权取代的。

在目前风景名胜区特定的现实条件下，门票专营权的核心是所有权，因此，不能用经营权取代门票专营权。门票专营权一旦与政府职能管理部门分离，风景名胜区的所有权将被虚化，从而也在根本上改变了风景名胜区门票的性质。所以，采取种种借口用企业经营权取代风景名胜区门票专营权，不仅在概念上是错误的，在操作上也不符合国家现行的政策法规。

某些省个别风景名胜区将门票专营权通过合作协议方式转让给民营或国企公司之后，风景名胜区出现规划管理失控，资源保护与育林防灾经费匮乏，其结果导致风景名胜区管理部门被架空，无法行使其相应的职能，有的管理机构处于解体或瘫痪的状态。这一教训是深刻的，由于错误行为所付出的资源代价也将在今后逐步显现出来。

有关风景名胜区门票专营权出让转让的问题引起了国家有关部门、社会公众以及专家的高度关注。风景名胜区门票是政府对风景名胜资源实行统一管理的重要手段，门票收入是风景名胜区实行有效保护和管理的重要经济来源，也是风景名胜区实行特许经营和委托经营的重要前提，不属于经营内容，不能将风景名胜资源和门票专营权出让或转让。对于已经出让、转让风景名胜区门票专营权的错误行为，各级政府应尽快加以纠正和规范。

按现代资源管理发展趋势的要求，风景名胜区的相关法律法规仍然滞后，鉴于当前国家风景名胜区门票专营权出现的问题，国家有关部门应尽快出台相应的政策法规，进一步强化规范现行的门票管理制度。与此同时，各级政府部门和有关单位还应在实践过程中根据发现的新情况、新问题及时加以总结，使政策法规不断地加以完善。对于国家风景名胜区的现行管理体制和资源保护的政策法规，仍须得到有力的贯彻执行，以确保当前国家、地方以及公众的利益不受侵害。

3. 关于风景名胜区内的特许经营

◆ 风景名胜区内的特许经营范畴都包括什么，具体方式有哪些

根据《条例》规定，风景名胜区内的交通、服务等项目，应当由风景名胜区管理机构依照有关法律、法规和风景名胜区规划，采用招标等公平竞争的方式确定经营者。风景名胜区管理机构应当与经营者签订合同，依法确定各自的权利义务。特许经营的项目主要包括：索道、缆车、电瓶车、游船、游艇、飞行器、停车场等交通项目和餐饮、住宿、商品销售、演艺、游乐、广告经营、影视制作、摄影摄像服务等项目。

风景名胜区特许经营可以采取以下方式：一是在一定期限内风景名胜区管理机构授予经营者投资新建或改建扩建、运营交通、服务等项目设施，期限届满移交风景名胜区管理机构。二是交通、服务等项目完成建设后，由风景名胜区管理机构授予经营者在一定期限内运营该交通、服务等项目。三是风景名胜区管机构与经营者约定的其他方式。

5.2.6 境外国家公园门票和我国风景名胜区门票比较

1. 境外国家公园门票

美国国家公园管理局根据立法确立的原则制定门票定价指南，对国家公园门票收费标准，国会有专门的立法，确定哪些地方不能收费，收费的地方应遵循什么样的原则，有的还确定了最高限额[1]。美国各地的国家公园和世界遗产，对游客有的收费，有的免费。国家公园体系（约400处）中，约有1/3的景点收取门票。门票费用一般 3～25 美元不等，一周内有效，也就是说一周内可以不限次进出该国家公园。

美国现行的定价指南规定，所有国家公园门票最高不能超过 20 美元，年卡费用最

---

[1] 李如生. 美国国家公园与中国风景名胜区比较研究 [D]. 北京：北京林业大学，2005.

高为50美元。美国很多规模很大的国家公园门票统一保持在20美元左右。以美国黄石公园为例，开车进入的票价为每车25美元，年卡为25美元，且不限进入次数。

大峡谷、黄石、约瑟米提等国家公园等属于门票价格最高的国家公园。门票价格往往根据游客的交通工具确定，例如，在大峡谷，一辆私家车25美元，独步或骑车的游客，每人12美元。1998年制订的价格，一般来说，至今没有大的变化，相反，据说自2001年"9·11事件"后，由于来访者大量减少，有些单位为了扩大客源，主动降低了门票价格。

美国国家公园的主要资金来源：（1）联邦财政拨款。在美国，24部联邦法律，62种规则标准和执行命令保证了美国国家公园体系作为国家遗产资源在联邦经常性财政支出中的地位，确保了国家公园主要的资金来源，使国家公园管理机构能够维持其非营利性公益机构的管理模式；从2001～2006年，国家公园管理局每年财政预算从9.19亿元逐年增加到10.69亿元。2010年为22.66亿元，其中，设施维护和运行所占比例最大，占31.1%。（2）门票和设施服务使用费。所得收入80%归所属公园，20%在国家公园管理局的领导下分配给那些不收费或低收入的公园。（3）公园特许经营收益。1965年美国国会通过特许经营法，要求在国家公园体系内全面实行特许经营制度，即公园的餐饮、住宿等旅游服务设施向社会公开招标，经营上与国家公园无关，只需交纳特许经营费，而国家公园本身不能从事任何营利性的商业活动。（4）其他收入。2000年国会立法通过允许公园管理者向在国家公园内从事商业摄影、电影外景拍摄和声音录制等活动收取费用，以弥补公园开支。（5）社会捐赠。如来自一些个人、团体和公司的捐助。国会授权内务部秘书可以接受与国家公园保护目标一致的捐赠❶。

《意大利保护地框架法》有两项有关国家公园的规定。一是财政保障。财政部设立"环境保护以及国家公园、自然保护区保护规划"专项资金、"环境部机构改革"专项资金、"国家公园和自然保护区总则"专项资金。财政部将通过政令的形式，在政府预算中做出明确的规定，以保障国家公园的预算资金。二是推行税收优惠政策，鼓励向国家公园捐助资金。在1986年第917号共和国总统令规定：向国家、公共机构和被正式承认的私人社团和基金会的捐项，不以营利为目的，可直接用于开展和促进环境资产保护的活动。纳税人收入减税最多可达纳税人享受减税总额的25%。

2. 境外国家公园和我国风景名胜区门票比较

美国国家公园收费20～30美元，与美国一般劳工的收入相比是微不足道的。如据2001年抽样调查，全美国劳工周薪所得为597美元，相当于月薪2500多美元，也就是说，即使25美元一张门票，也只占其月薪的1%。何况其他阶层的收入不知要高

---

❶ 安超. 美国国家公园特许经营制度及其对中国风景名胜区转让经营的借鉴意义[J]. 中国园林，2015（2）：28-31.

出多少倍，就显得门票支出微乎其微。

与美国相比，我国风景名胜区门票价格偏高是不争的事实。例如，美国黄石国家公园的门票价格仅占月人均可支配收入的0.3%，而我国作为发展中国家，其风景名胜区的门票价格与人均月可支配收入明显不相称。例如，黄山风景名胜区门票2007年价格为202元，占当地居民月人均可支配收入的15.4%；占我国城镇居民月人均可支配收入的17.6%；占我国农村居民月人均可支配收入的58%。两者对比，我国风景名胜区的门票价格与月人均可支配收入之间的比值显然偏高。

在法国、英国、北欧等的国家公园收费虽在绝对值上高于中国的风景名胜区，但门票价格占人均月收入的比例仅在1%左右。

通过中美风景名胜区、国家公园门票价格的分析比较，我们可以得出如下结论：我国风景名胜区资金来源过度依赖门票，门票价格总体偏高（相对人均可支配收入），定价时过多地考虑其经济效益，忽视风景名胜区门票的社会效益和公益性，门票调控手段单一，门票价格监督体制也相对不够健全。

5.2.7 新西兰国家公园经营制度借鉴

保护部（DOC）是新西兰保护地的管理部门，其职责包括：管理自然和历史遗产，以及海洋环境；物种和生态系统方面的工作；管理国家公园、高地郊野公园、森林公园、保护区、海岸岛屿、历史地段；建设和维持户外游憩设施；在公众保护领域与旅游从业者、其他商业认识合作；领导保护方面的科学研究；信息共享和公众参与：包括与原住民、社区、非政府组织、商业组织、保护委员会和中央及地方政府的合作；倡导保护自然和历史遗产。

新西兰保护部十分重视与各类组织的合作管理关系的建立和运营。在最新一次的保护部机构改革中，更加强化了合作管理职能。保护部认为商业和各种类型的合作会在保护中扮演十分重要的角色。通过合作管理，既可以加强保护部对自然资源的管理力度，也可以帮助与保护部进行合作的各类企业和机构在其各自领域内成为关心环境、保护环境的领导力量。据我们了解，参与合作管理的企业，如喷气船运营商等，都十分重视与保护部的合作，因为通过这种合作，可以帮助他们建立起非常好的公众形象，从而促进其企业或机构的发展。

保护部所建立的合作管理关系十分广泛，与保护部建立合作管理的机构包括各类俱乐部、科研机构、银行、企业、基金会等，保护部也通过某一具体项目的形式来与不同的机构建立合作管理关系。合作管理的内容也十分多样，包括生物多样性保护方面的合作管理，如保护部与新西兰kiwi银行就保护kiwi鸟建立的合作关系；在设施维护方面的合作，如保护部与Dulux New Zealand公司合作管理，进行木屋和其他游憩设施、历史遗迹的保护；还包括在开展志愿者项目、提供游憩机会等方面的合作。

综上所述，我国风景名胜区设立之初，由于特定的历史背景和条件，长期以来，一方面国家设立风景名胜区管理机构对国家的公共资源实行管理；另一方面受当时我国经济发展状况的限制，国家对风景名胜区的财政拨款非常有限，无法为风景名胜区管理和保护经费提供资金保障，加之目前风景名胜区尚未建立国家资金、社会资金和公众资金共同承担的资金保障和监管体系，其结果是不经意地将风景名胜区推向旅游市场，导致目前全国风景名胜区在很大程度上倚重"门票经济"。

自 1984 年以来，我国中央财政对风景名胜区保护性资金投入相对较少，2003～2010 年中央财政每年拨款一直维持在 1000 万元不变，用于风景名胜区的资源保护和建设。经过 35 年的发展，目前我国国家级风景名胜区的数目已增加至 244 处，风景名胜区保护管理工作急剧增加，人力、财力和物力的投入大大增加，我国中央财政对于国家风景名胜区的投入远远不能满足风景名胜区保护和管理工作的需要，需要中央政府加大风景名胜区保护管理的持续性投入，以带动地方政府的财政投入和社会资本的加入，共同保护好风景名胜和世界遗产资源。

第 6 章 监管制度

妥善处理严格保护与合理利用之间的关系的关键，就是既要做到资源保护优先、开发服从保护，又要实现保护与开发利用的和谐统一。保护风景名胜资源，简单、机械的思维和方式是不可取的。加强风景名胜区的监督管理，不是简单地否定建设、否定发展，让风景名胜区原有的经济、文化发展水平固化、停滞，将某一时刻的一切原貌冻结起来，而是应当在经济、文化发展的新境界中实现保护。因此，监管制度的制定与实施体现了风景名胜区行业管理水平的高低。

6.1 执法检查

为进一步贯彻落实《条例》，强化风景名胜区监督管理，继 2003~2007 年建设部开展全国风景名胜区综合整治工作之后，住房和城乡建设部于 2012 年开始，连续 4 年组织开展了全国国家级风景名胜区执法检查。

6.1.1 基本情况

1. 工作概况

执法检查严格依据《条例》第 35 条规定的授权依法开展："国务院建设主管部门应当对国家级风景名胜区的规划实施情况、资源保护状况进行监督检查和评估，对发现的问题，应当及时纠正、处理。"2012~2015 年，住房和城乡建设部办公厅每年发文作出部署，明确工作任务、统一执法标准、严肃纪律要求、规范检查行为，全面开展执法检查工作。执法检查由住房和城乡建设部城市建设司负责牵头，会同驻部纪检组、法规司、人事司、机关党委、稽查办（城管局）等有关单位，组织省级主管部门和部分国家级风景名胜区管理机构领导及有关专家组成检查组具体实施。检查内容主要包括风景名胜区制度建设、规划管理、建设管理、服务管理和形象宣传 5 大方面，对照《条例》规定和风景名胜区管理各项制度要求设定评分标准和操作细则。检查结果分为"优秀"、"良好"、"达标"和"不达标"4 类，同时，检查结果予以公开通报，接受公众监督❶。

---

❶ 住房和城乡建设部.住房城乡建设部关于印发全国风景名胜区事业"十三五"规划的通知.

2. 检查结果

根据 2012～2014 年部每年执法检查通报及 2015 年初步拟定的结果，在 223 处被检查的风景名胜区（2 处风景名胜区因地质条件原因没有检查）中：安徽黄山等 58 处风景名胜区被评为"优秀"，占被抽查景区的 26%；北京八达岭—十三陵等 66 处风景名胜区被评为"良好"，占被抽查景区的 29.6%；河北承德避暑山庄—外八庙等 75 处风景名胜区被评为"达标"，占被抽查景区的 33.6%；山西五台山等 24 处风景名胜区被评为"不达标"，占被抽查景区的 10.8%（图 6-1）。

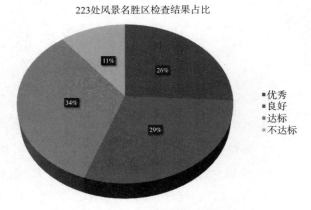

图 6-1　风景名胜区执法检查结果

3. 整改验收情况

检查以抽查方式开展，对被责令整改的风景名胜区实行年度滚动复查验收。在 223 处被检查的风景名胜区中，先后有 89 处风景名胜区（含 2015 年确定的结果）被责令限期整改，占全部被抽查景区的 39.9%，其中包括不达标责令整改的风景名胜区 24 处和虽基本达标、但仍存在一些问题被责令限期整改的风景名胜区 65 处。

在 89 处被责令整改的风景名胜区中，2013～2015 年执法检查已对 32 处进行了复查抽检，其中整改到位、验收达标的 25 处；整改不彻底、继续整改的 3 处；整改不到位、验收仍不达标的 4 处。暂时未及复查的 57 处（含 2015 年建议责令整改还未公布的 21 处）风景名胜区。

6.1.2　工作成效

1. 保护管理工作成效

1）各级风景名胜区管理机构制基本建立，《条例》赋予的法定监管职责基本得到落实。在省级层面，风景名胜区行政主管部门机构职能得到加强，河北、山西、江西、湖南 4 个省级主管部门单独设置了直属单位，配合机关单位（城建处或规划处）开展工作。北京、江苏、浙江、四川、重庆、贵州、云南 7 个省级主管部门单独成立了风景处。除河南、广西 2 个省级主管部门风景名胜区业务归口为规划处管理外，其余 17 个省级主管部门风景名胜区业务归口为城建处，其中安徽、福建 2 省分别加挂了风景名胜区管理办公室和风景园林办公室（表 6-1）。在风景名胜区层面，超过 70% 风景名胜区建立了相应的管理机构，50% 以上的为职能清晰的独立管理机构。

风景名胜区省级主管部门情况一览表　　　　　　　　　　　　　表 6-1

厅局名称	处室名称	类型	备注
北京市园林绿化局	公园风景区处	机关处室	
天津市建委	城建处	机关处室	
河北省住建厅	1. 城建处 2. 风景园林与自然遗产管理中心	1. 机关处室 2. 直属单位	1. 负责风景名胜区的审查报批和监督管理。 2. 负责规划编制审查、技术规范和导则拟定、信息数据库建设和动态监测、申报审核前期工作等
山西省住建厅	1. 城建处 2. 世界遗产和风景名胜区监管中心	1. 机关处室 2. 直属单位	1. 负责全省风景名胜区的规划审查报批和保护、利用、建设的监督管理工作。 2. 承担风景名胜区保护、利用的监督管理的事务性工作；承担风景名胜区规划、详细规划和重大建设项目前期审查的具体工作；动态监测全省风景名胜区规划实施和工程项目建设情况；管理全省风景名胜区信息数据库和监管信息系统；承担风景名胜资源的调查登记和组织鉴定工作
内蒙古住建厅	城建处	机关处室	
辽宁省住建厅	城建处	机关处室	
吉林省住建厅	城建处	机关处室	
黑龙江省住建厅	城建处	机关处室	
江苏省住建厅	风景园林处	机关处室	
浙江省住建厅	风景名胜区管理处	机关处室	
安徽省住建厅	城建处 （风景名胜区管理办公室）	机关处室	合署办公
福建省住建厅	城建处 （风景园林办公室）	机关处室	合署办公
江西省住建厅	1. 规划处 2. 世界自然遗产和风景名胜区管理中心	1. 机关处室 2. 直属单位	1. 承担全省风景名胜区、世界自然遗产项目和世界自然与文化双重遗产项目的有关工作。 2. 保护、利用和管理风景名胜区资源，促进风景名胜区事业健康发展。负责全省风景名胜区保护、规划和建设的监督管理工作
山东省住建厅	城建处	机关处室	
河南省住建厅	规划处	机关处室	
湖北省住建厅	城建处	机关处室	
湖南省住建厅	1. 城建处 2. 世界遗产与风景名胜保护研究中心	机关处室 直属单位	
广东省住建厅	城建处	机关处室	
广西壮族自治区住建厅	规划处	机关处室	
海南省住建厅	城建处	机关处室	
重庆市园林局	风景名胜区管理处	机关处室	
四川省住建厅	风景园林处	机关处室	

续表

厅局名称	处室名称	类型	备注
贵州省住建厅	风景名胜区管理处	机关处室	
云南省住建厅	风景名胜区管理处	机关处室	
陕西省住建厅	城建处	机关处室	
甘肃省住建厅	城建处	机关处室	
青海省住建厅	城建处	机关处室	
宁夏回族自治区住建厅	城建处	机关处室	
新疆维吾尔自治区住建厅	城建处	机关处室	
西藏自治区住建厅	城建处	机关处室	

2）风景名胜区管理法规制度框架体系基本形成。河北等19省（自治区、直辖市）出台有省级风景名胜区管理条例（办法）等地方性法规或者政府规章。90处国家级风景名胜区具有单项保护法规或规章，占国家级风景名胜区总数的40%。80%以上的国家级风景名胜区制定有比较完善内部管理规章制度。

3）总体规划编制报批加快推进，详细规划覆盖率逐步提高，风景名胜区内建设活动得到了较好的管控。86.2%的国家级风景名胜区能够按照《条例》规定编制（或修编）完成总体规划并上报审批。52处风景名胜区共编制报批了193处详细规划。

4）建设活动基本能依规有序开展，风景名胜区内建设审批程序和制度日渐完善。70%以上风景名胜区内建设项目基本符合规划，建设项目选址均能按照规定履行审批核准手续，建设管理工作比较规范。各地建设管控模式也不断创新，浙江、湖南、福建、江西等省住房城乡建设厅按照《条例》要求对建设项目实行分类审查报批各类，并加强批后监管。

5）服务管理基本到位，环境卫生、安全管理、经营活动及游览秩序良好。大部分景区门票能依法规范管理，有154处风景名胜区门票收入能按照《条例》规定采取收支两条线的形式纳入地方财政预算内管理，占68.8%。景区环境卫生状况得到改善，部分风景名胜区管理日渐精细化，如黄山、九华山风景名胜区整合提升改造处污水处理设施，实现垃圾处理无害化等。安全措施落到位，游览秩序普遍较好，特别是对森林防火、水上项目、游客拥堵等工作重点制定了安全预案，并做好重大节假日游客管理应急预案。

6）大部分能按照要求设置国家级风景名胜区徽志标牌、界碑界桩，形象宣传逐步规范。75%的风景名胜区能重视徽志设置和宣传展示，在景区内显著位置设定风景名胜区徽志标识，树立界碑界桩，在广告宣传、展览展示以及出版物中都能较为规范的使用"国家级风景名胜区"名称。

2. 执法检查工作成效

1) 加快推动了总体规划编制报批进度。通过执法检查及整改，辽宁大连金石滩等20多处长期未依法编制完成总体规划的风景名胜区完成了编制报批工作。山东青岛崂山、陕西宝鸡天台山等10多处总体规划期限届满的风景名胜区启动了修编并完成了报批工作。

2) 查处了大部分违法违规建设项目。4年中，共核查卫星遥感监测疑似新增加建设图斑3000多处，发现违规建设项目240多个。针对核查结果及处理意见，多数风景名胜区能够积极对违规建设进行查处和整治，落实建设项目依法报管理机构审核的规定，安徽琅琊山国际旅游度假中心等140多处违法违规建设项目得到了有效查处和妥善处理。

3) 纠正了破坏景区资源、破坏生态环境等违法行为。检查共发现开山、采石、开矿、开荒、修坟立碑等各类破坏资源及景观活动300多处，大部分得到有效制止和查处，比如江苏云台山完成炮台顶采石口等生态环境整治及景观修复、贵州红枫湖关停了违规烟花爆竹厂等。

4) 整顿了涉及门票、安全、景区管理权等游览经营秩序。四川西岭雪山、河南王屋山等20多处风景名胜区将管理权、门票收取权等收归政府（管理机构）行使，纠正了政企不分、出让景区资源等违规行为。督促广西桂林漓江冠岩洞景区等30多处风景名胜区采取有效措施，消除了安全隐患。督促并指导广东梧桐山等10处风景名胜区规范景区内经营服务行为，合理设置、调整并完善游览路线，整顿了经营服务管理秩序。

5) 强化了地方政府及有关部门资源保护意识和责任。除少数外，2012~2014年在执法检查被通报责令整改的68处风景名胜区中，大部分能积极落实整改意见，河北秦皇岛—北戴河、湖北陆水、山西五台山、福建清源山、广东罗浮山等18处风景名胜区所在地市（区、县）加强与上级主管部门的沟通，主动向住房和城乡建设部汇报整改方案及工作进展情况，不同程度地推动问题解决。

6.1.3 存在的问题

1. 部分风景名胜区管理机构职能落实不到位

在89处被责令整改的风景名胜区中，共有54处存在管理体制不顺、机制不健全、职能薄弱或者不到位等问题，占被责令整改风景名胜区总数的60.7%，占全部国家级风景名胜区总数的24%。有的不依法设立或者虚设管理机构或机构级别过低，难以承担风景名胜区执法、部门协调、乡镇统一管理等职能。有的风景名胜区管理机构与企业职能边界模糊，有些甚至直接将风景名胜区整体或部分职能出让给企业，有的存在多头管理，交叉区域的项目建设管理混乱。

2. 总体规划编制报批相对缓慢，详细规划建设活动区域覆盖率低

截至目前，仍有部分国家级风景名胜区超法定期限未完成总体规划编制报批工作，

占全部国家级风景名胜区总数的8%。详细规划编制报批情况相对更加滞后，全国共有173处风景名胜区从未编制报批过详细规划，占全部国家级风景名胜区总数的76.9%。经批准的风景名胜区建设项目详细规划覆盖率非常低，远滞后于实际工作和风景名胜区发展的现实需求。

3. 跨区域、跨流域及城市规划交叉的风景名胜区管理难度大

一是跨地区（省、市、区、县）的风景名胜区规划编制报批滞后、管理分散，保护及监管职责难以落实。比如长江三峡风景名胜区跨重庆、湖北两省（市），四川剑门蜀道风景名胜区分布在3市8区（县），总体规划报批进展相对缓慢。

二是跨流域的风景名胜区建设管控力度不够，问题突出。在89处存在违法违规问题被责令整改的风景名胜区中，湖泊、海滨、河流等类型比较普遍，所占比重较大，其中海滨型的7处、河流型的13处、湖泊型的11处，共约占被通报责令整改风景名胜区总数的31.3%。

三是由于风景名胜区规划与城镇规划不衔接，重合交叉区域内城镇建设项目蚕食风景名胜区的现象日益突出，比如一些城市型风景名胜区城市建设已经渗入和占用风景名胜内部分区域，土地使用性质已造成实质性变更，已逐步被城市化。

4. 风景名胜区范围内村镇发展及建设活动缺乏有效控制和引导

村镇发展及建设活动与风景名胜区保护矛盾突出，风景名胜区管理机构偏重于核心景区建设管理，忽略了对核心景区外围及周边缓冲区的保护与监管，对景区内村庄、集镇缺乏有效管控手段，甚至有些景区对范围内村镇无管理权，此类问题比较普遍。比如湖南炎帝陵管理机构只负责炎帝陵5平方公里核心区域管理，风景名胜区范围边界内其他约100平方公里区域管理缺位。浙江的莫干山风景名胜区规划面积36平方公里，实际管理只有2.95平方公里。

5. 地方政府轻保护重开发，违法行政问题突出

部分地方政府对风景名胜区工作重视程度不够，以旅游开发为工作导向，没有风景名胜资源保护意识。有的将风景名胜区等同于一般的旅游景区，在景区内大搞开发，建设随意性较大。有的对风景名胜区内规划建设活动按照一般城乡规划区域进行审批和管理，不履行风景名胜区内规划建设项目报批手续。以北京为例，北京市园林绿化管理局是风景名胜区的主管部门，但其行政许可权，即在国家级风景名胜区内的重大工程建设项目选址核准的权利却交由北京市规划委员会执行，违反了《条例》对于重大建设工程选址核准的规定，核准主体和程序均违反《条例》规定。

6. 风景名胜区在部分景区宣传中被弱化、淡化

违法违规建设屡禁不止，建设项目一旦建成拆除难度大，特别是一些重大建设工程项目的问题尤为突出，如丹通高速公路穿越辽宁青山沟风景名胜区、泉三高速公路

泉州支线和福厦高速铁路穿越清源山风景名胜区、郑尧高速公路穿越石人山风景名胜区、福银高速公路项目穿越崆峒山风景名胜区等违规项目，不依法履行风景名胜区重大建设工程项目报批手续，建成后难以有效查处。同时，一些风景名胜区还存在对住房城乡建设部在执法检查中提出的整改意见落实不到位、消极整改等问题。

个别风景名胜区公共宣传过于商业化，存在世俗化、低俗化、庸俗化倾向，弱化、淡化"国家级风景名胜区"法定名称，大力倡导旅游开发，忽视保护和公益性，对社会公共认知和认同造成混乱、干扰或者误导。

实践案例　进行约谈的风景名胜区存在的主要问题

2016住房城乡建设部针对此前连续4年开展的执法检查结果组织了复查验收，发现仍有部分景区整改不到位。因存在较严重问题且长期得不到解决，对5省（自治区）的8处景区进行了约谈。存在的问题如下：

1. 贵州榕江苗山侗水风景名胜区

对住房和城乡建设部建城函[2015]281号和建办城函[2015]1110号文件整改意见落实不到位，2015年被列入濒危名单并经多次督办仍消极整改；管理机构职能薄弱、三宝千户侗寨景区内村镇建设活动脱离监管等问题未得有有效解决；整改期间仍在风景名胜区内开展河岸硬化施工，破坏自然岸线、生态环境和景观资源。

2. 西藏纳木错—念青唐古拉山风景名胜区

对住房和城乡建设部建城函[2014]308号、建城函[2015]281号、建办城函[2015]1110号文件整改意见落实不到位，2015年被列入濒危名单并经多次督办仍消极整改；管理机构职能不到位，自2009年设立以来长期不编制报批总体规划，企业在实施管理，建设活动缺乏有效管控，存在的问题未得到有效解决。

3. 西藏土林—古格风景名胜区

对住房和城乡建设部建城函[2015]281号、建办城函[2015]1110号文件整改意见落实不到位，2015年被列入濒危名单并经多次督办仍消极整改；自2009年设立以来未完成总体规划编制报批、建设活动缺乏有效管控、对地面进行大量水泥硬化、游览秩序混乱，管理水平低下等问题未得到有效解决。

4. 河南嵩山风景名胜区

对住房和城乡建设部建城函[2012]250号文件整改意见落实不到位，政府与企业职能边界不清，将部分景区管理等行政职能交由给港中旅公司行使，管理机构职能不到位并难以依法实施统一有效管理，违规出让转让风景名胜资源进入企业资产，村镇建设活动缺乏有效管控等问题未得到有效解决。

5. 河南石人山风景名胜区

对住房和城乡建设部建城[2013]135号文件整改意见落实不到位，管理机构职能薄弱，风景名胜区范围内村镇建设活动缺乏有效管控，超规定期限未完成总体规划编制报批等问题未得到有效解决；新发现存在开山违规建设9层大体量住宅等问题。

6. 安徽巢湖风景名胜区

对住房和城乡建设部建城[2013]135号、建城函[2014]308号文件整改意见落实不到位，存在的问题未得到有效解决；管理体制仍然不顺，《风景名胜区条例》规定的法定监管职能不到位；超规定期限未完成总体规划编制报批，风景名胜区内建设活动缺乏有效管控；违法出让景区土地建售商品房，在2013年和2014年两次通报后仍未停止；开山采石屡禁不止，风景名胜区内新增风电机组等破坏自然生态环境和景观资源。

7. 贵州红枫湖风景名胜区

对住房和城乡建设部建城[2013]135号、建城函[2014]308号文件整改意见落实不到位，经多次督办仍消极整改。《风景名胜区条例》规定的法定监管职能缺位、监管不力，风景名胜区内建设活动缺乏有效管控，环境脏乱差，风景名胜资源价值显著退化。

8. 辽宁大连海滨—旅顺口风景名胜区

对住房和城乡建设部建城[2013]135号、建城函[2014]308号文件整改意见落实不到位，经多次督办仍消极整改。管理机构职能薄弱，管理体制不顺，风景名胜区内建设活动缺乏有效监管，风景名胜资源价值显著退化。

6.1.4　相关建议

1. 推动地方政府落实保护监管责任

一是地方政府及有关部门应切实履行《条例》赋予的法定监管职责，理顺风景名胜区管理体制，强化管理机构职能，妥善解决"政出多门"的问题，依法实现对风景名胜区统一有效管理❶。二是各相关省级主管部门应加强工作指导和监管力度，协调地方政府及有关部门做好跨区域、跨流域风景名胜区保护管理工作，建立协调机制，妥

---

❶　朱观海. 风景名胜区认识及开发误区辨析[J]. 中国园林，2003（2）.

善处理管理中的矛盾和问题，强化对风景名胜区的管理职能和主导地位。三是强化对风景名胜区管理机构的监督检查，促使其能够按照《条例》依法办事、严格执法。

2. 加快总体规划编制报批进度

一是对超法定期限仍未编制完成总体规划的风景名胜区，应加大督查力度，协调相关部门帮助解决报批中的难点和困难。二是完善总体规划和详细规划的审查审批工作，优化审批流程和环节，发挥专家作用，提高工作效率。三是做好规划审批进一步改革，简化总体规划文本内容，增强规划刚性和可操作性，进一步研究下放国家级风景名胜区详细规划审批权，将详细规划的重要控制性指标纳入作为总体规划的强制性内容。

3. 做好风景名胜区规划协调、建设管控和引导

督促地方严格执行风景名胜区内建设项目审批有关规定，建立健全建设活动审批、监管制度。对于风景名胜区与城乡规划、城镇规划建设区重合交叉的区域，通过科学编制规划，使风景名胜区规划和城镇规划相互协调，将功能分区、规划布局等规划内容进行合理衔接，逐步理顺两者之间的关系，确保在有效保护风景名胜资源的前提下，城镇发展的合理需要也能得到实现。

4. 加大违法违规问题查处力度，督促后续落实整改

加大对违法违规建设活动、违规出让风景名胜区资源及管理权等各类违反《条例》规定行为的查处力度，继续开展整改跟踪督办，对检查结果中被责令整改的风景名胜区和被责令整改而被复查或者复查未通过的风景名胜区实行全覆盖，针对重点景区重点问题逐项督办，逐项验收，直至整改全部到位。

5. 强化风景名胜区监管措施和手段

一是强化日常监管，定期组织巡查、专项检查和自查自纠，并充分利用卫星遥感等技术，做到对违法违规问题的早发现、早处理。二是建立通报约谈机制，通过挂牌督办方式，督促问题严重的风景名胜区进行整改落实。三是发挥查办案件的警示震慑作用，及时公开曝光典型案例。四是充分发挥住房和城乡建设部城乡督察员作用，提高工作参与度。

6. 实行黄牌警告和红牌退出机制

根据住房和城乡建设部《国家级风景名胜区管理评估和监督检查办法》，建立国家级风景名胜区黄牌警告和退出机制，实行濒危名单管理。对于列入濒危名单的国家级风景名胜区给予黄牌警告，责令限期整改并重点督办。濒危整改期限届满，经组织专家评估整改不到位且风景名胜资源价值丧失的，报请国务院建议予以撤销。同时，建立并启动有关配套问责机制。

7. 规范国家级风景名胜区形象建设，加强宣传培训

指导地方以国务院审批的名称为准，规范国家级风景名胜区命名及管理机构名称，

加强标识标牌设置；依照《国家重点风景名胜区标志、标牌设立标准》要求，加强风景名胜区标识标牌徽志建设。同时，加强对《城乡规划法》、《条例》等法律法规和政策的宣贯，特别是提高各级主管领导和风景名胜区管理者法律意识和素养，明确权利义务以及责任。

2017年5月16日，住房和城乡建设部下发《关于2016年国家级风景名胜区整改情况验收结果的通报》（建城函[2017]141号），针对2012~2015年执法检查责令整改的49处国家级风景名胜区整改情况进行了复查验收。其中42处国家级风景名胜区达到整改要求，验收通过；7处国家级风景名胜区仍存在较大问题，验收未予通过。

6.2 遥感监测

6.2.1 基本情况

1. 建设背景

2002年5月，国务院下发了《关于加强城乡规划监督管理的通知》（国发[2002]13号），对风景名胜区有关工作提出了明确要求，并要求部署建立全国风景名胜区规划管理动态信息系统，采用现代科技手段，加强对全国风景名胜区的动态监测。同年8月，为贯彻落实《国务院关于加强城乡规划监督管理的通知》（国发[2002]13号）文件精神，建设部、财政部等九部委联合下发的《关于贯彻〈关于加强城乡规划监督管理的通知〉的通知》（建规[2002]204号）文件精神，明确将进一步加强风景名胜区规划审查和监督管理，完善调控手段，实现对国家级风景名胜区特别是其核心景区的各类开发活动和规划实施情况的动态监测。

按照国务院有关文件精神，建设部从2003年起着手国家级风景名胜区监管信息系统软件研发测试工作，2004年面向19个世界遗产地国家级风景名胜区开展应用工作，并于2005年开始在全国风景名胜区范围内开展监管信息系统建设工作。2006年12月1日，国务院颁布的《风景名胜区条例》中明确规定："国家建立风景名胜区管理信息系统，对风景名胜区的规划实施和资源保护进行动态监测"。

2007年10月26日，为规范国家级风景名胜区监管信息系统建设管理，建立健全国家级风景名胜区科学监测体系和监管机制，住房和城乡建设部印发《国家级风景名胜区监管信息系统建设管理办法》。

2013年1月17日，住房和城乡建设部发布《风景名胜区监督管理信息系统技术规范》，以行业标准的形式对监管信息系统技术内容进行了规范❶。

---

❶ 安超，张文，我国风景名胜区监管信息系统的开发，中国园林，2009（10）：91-94.

根据国务院《风景名胜区条例》、住房和城乡建设部《关于印发〈国家级风景名胜区监管信息系统建设管理办法（试行）〉的通知》（建城[2007]247号）要求，结合《风景名胜区监督管理信息系统技术规范》CJJ/T 195—2013、《风景名胜区规划规范》GB 50298—1999等标准规范规定，住房和城乡建设逐步实施并深入开展了全国国家级风景名胜区遥感动态监测工作。

2. 总体目标

建立风景名胜区监管信息系统的总体目标是综合运用高新技术手段，实现对国家级风景名胜区的动态监测，为政府宏观决策和依法行政提供科学依据；建立国家级风景名胜区监督管理信息数据库；建立国家级风景名胜区的部、省、景区三级监管体系。

利用卫星遥感技术对风景名胜区规划实施和资源保护情况进行动态监测，通过定期分析风景名胜区卫星遥感影像数据，客观、真实、高效地反映出风景名胜区规划范围内的建设活动及用地变化情况，准确、及时地掌握风景名胜区规划实施中存在的问题，及时纠正和查处违反风景名胜区规划内容的建设行为。

6.2.2 监管信息系统

1. 主要情况

国家级风景名胜区监管信息系统，主要用于完成中央政府对国家级风景名胜区规划实施和资源保护管理的动态监测工作，是根据监管业务的特点和计算机技术的发展趋势，以管理应用为核心，选择相应的平台、技术和工具构造而成的系统，因而，从根本上保证了系统的实用性和先进性。国家级风景名胜区监管信息系统通过监管数据填报审批、下发数据包、接收上报数据包、统计分析、专题图表现等一系列功能，以及图、文、表格一体化的工作方式，帮助监管人员直观的分析核查数据、准确快速判定监测情况。

2. 监测方法

面向风景名胜区规划监管的遥感监测具有以下特点：监测目标具有离散性和多样性；关注监测目标用地性质的变化；重点监测核心景区开发建设。上述特点决定必须采用高分辨率遥感影像数据。近年来，国家级风景名胜区遥感监测采用的遥感数据以我国的高分一号（分辨率2米）、高分二号（分辨率0.8米）、北京2号（分辨率1米）、法国SPOT（分辨率2.5米）为主，规划面积较小的景区和各景区的核心景区采用分辨率更高的美国IKONOS（分辨率1米）、美国QuickBird（分辨率0.7米）数据。主要卫星影像的样例见图6-2。

国家级风景名胜区遥感动态监测是以总体规划为监测依据，采用两期不同时相的影像比对，提取出发生变化区域图斑，重点核查该图斑变化前后的用地性质、建设项目审批手续等是否符合总体规划要求等（图6-3）。

SPOT 卫星遥感影像（2.5 米）　　　IKONOS 卫星遥感影像（1 米）　　　QuickBird 卫星遥感影像（0.7 米）

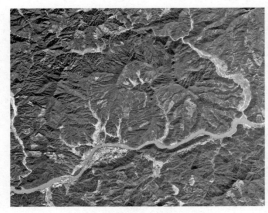 

高分一号卫星遥感影像（2 米）　　　　　　　　　高分二号卫星遥感影像（0.8 米）

图 6-2　主要卫星影像样图

2016 年　　　　　　　　　　　　　　　2017 年

图 6-3　利用计算机提取不同时相影像的变化图斑

3. 监测目标

国家级风景名胜区监管信息系统监测的主要内容是风景名胜区内的建设项目是否符合规划、自然景观（植被、山体、河流等）的变化、土地利用情况，以及核心景区的保护情况等。重点监测目标有：

1）景观资源监测，包括地形地貌、森林植被、文物古建、水体景观；

2）土地利用监测，包括风景名胜区建设用地范围和布局；

3）建设工程监测，针对风景名胜区内的各项建设活动，特别是一些重大建设项目，如铁路、站场、仓库、医院、工矿企业、公路、索道、缆车、大型文化、体育与游乐设施、旅馆建筑、水利工程等。监测的核心是景区的建设活动和用地变化。

4. 技术路线

系统的设计以软件工程理论为指导，采用 UML 作为系统建模语言，以 Rational Rose 作为系统设计工具，以 ERWin 作为数据库设计工具，充分运用了面向对象分析与设计的方法，以类图分析作为整体设计分析的基础，因而建立的系统模型较好地反映了需求，而且具有清晰合理的层次结构，保证了系统模块划分、接口设计的合理性。

系统采用多用户的 C/S 结构，以 MicroSoft SQL Server 作为数据库平台，底层集成了 GIS 平台，属性数据与图形数据分开存储，在地图服务器端采用文件管理的方式保存遥感影像图、总体规划图、详细规划图、监测结果图、核查上报图等图形数据，利用 GIS 平台实现对图形数据的管理与访问；监测结果的属性数据以及审批、核查意见等则存储在 MicroSoft SQL Server 数据库中❶。

5. 系统主要功能

国家级风景名胜区监管信息系统实现了对遥感监测数据的部级审核、景区核查填报以及省、部两级复审的业务流程，并提供直观的可视化汇总统计和专题分析功能；系统基于主流的 GIS 平台，结合数据库技术、网络技术、多媒体技术等，提供对遥感数据、矢量规划（地形）数据、监测数据、核查信息以及多媒体数据的集成应用；系统提供丰富的地图操作功能，提供用户直观快捷的对比不同时相的遥感影像，查看景区变化情况，以及相应的规划要求；系统中可以自行加载监测区的视频、数码照片等现场资料，方便景区管理和上报具体核查资料；系统还扩展了服务于各景区日常规划管理工作需要的功能，提供基于遥感影像底图的工作图绘制、各类量算与图元相关联的各类附属资料管理等。这套系统为部、省、景区三级监管业务提供了一个可视化程度高、功能实用、操作简洁的管理工具。

6.2.3 监测成效

国家级风景名胜区遥感动态监测工作开展至今，住房和城乡建设部在全国范围内已完成 225 处国家级风景名胜区遥感动态监测工作，共采集卫星遥感影像数据面积超过 50 万平方公里，监测数据面积达到 18.5 万平方公里。2005～2016 年，连续 12 年

---

❶ 安超. 我国风景名胜区监管信息系统建设 [J]. 中国风景名胜，2009（4）.

对其中225处国家级风景名胜区进行了遥感监测核查，监测发现变化图斑8418处，发现处理了5858处疑似问题变化图斑。监管成效显著，基本实现了由被动调查处理向主动监测监管的转变，现代化管理手段在风景名胜区管理中发挥的重要作用显现。

1. 增强了行政能力

增强了中央政府对风景名胜区的监管能力和水平。一直以来，由于多种原因，一些违法违规开发建设行为往往要依靠群众举报、信访反映或媒体曝光等渠道才能发现，处理上非常被动。风景名胜区遥感动态监测的应用，有效改变了这种状况，及时发现各类违法违规建设行为以及被监测风景名胜区的规划实施情况和开发建设状况，将原来被动查处转变为主动依法行政，增强了行政监管的主动性。

2. 显示监测威慑力

风景名胜区遥感动态监测的应用，不仅如实反映了被监测国家级风景名胜区的地形地貌和规划建设状况和几年来风景名胜区综合整治、资源保护的工作成果，更重要的是初步彰显了遥感动态监测的科技权威性和对破坏风景名胜资源不法行为的特殊震慑力。遥感动态监测工作依托科技进步，促进主动依法行政，在大大强化了各级政府特别是中央政府对国家级风景名胜区这一珍贵、稀有和不可再生的国家公共资源的保护与监管力度的同时，许多在风景名胜区内开展各类违规违章建设、利用土地的情况得到了有效的遏制。

3. 提高了科技含量

提高了风景名胜区管理工作的科技含量，推动了风景名胜区行业信息化建设。风景名胜区监管信息系统，是一项具有创新性的工作，2004年以前，采用信息化技术对全国风景名胜区开展大规模的遥感监测，无论是国家层面还是地方政府，都是没有的，可以说风景名胜区监管信息系统建设工作对整个风景名胜区行业来说是一项科技含量高，创新性、探索性强的工作，对于我国风景名胜资源保护意义重大。

4. 完善了基础信息数据库建设

风景名胜区遥感动态监测前期数据收集工作十分重要，从2004年开始，建设部连续下发文件，要求各风景名胜区管理机构上报基础信息数据资料，具体包括：总体规划、地形图、风景名胜区范围坐标、核心景区坐标等数据，不断完善中央数据本底库建设，填补了我国风景名胜区资源与环境本底遥感等信息数据积累的空白。

5. 培养了监管信息队伍

在建设风景名胜区监管信息系统的同时，也积极组织开展了人员培训工作，有效提升了风景名胜区管理人员运用监管信息技术的能力，锻炼培养了队伍，促进了景区现代化管理。一些风景名胜区管理机构以监管信息系统建设为起点，加强信息化建设和科研投入，不断提升资源保护、环境监测、动态管理等方面的人员素质、综合实力和科技管理水平，极大地促进了自身信息化建设，进而带动了整个行业信息化水平和整体管理水平的提高。

6. 节约了政府投资和行政成本

在减少违章建设、盲目投资、保护资源环境等方面产生了巨大的直接效益和间接效益。由中央政府统一标准、统一规划、统一建设风景名胜区监管信息系统，不仅避免了各省、风景名胜区的重复建设，为整个风景名胜区行业信息化建设节约投资，而且也节约了监管信息系统后期扩展和更新维护费用，可以达到以近期的小投入降低中远期行政成本的目的。

7. 形成良好的社会效益

我国风景名胜区监管信息系统建设工作也受到国际社会的认可。我国风景名胜区监管信息系统的建设与应用为我国在加强资源与环境保护方面树立了良好的国际形象起到一定的积极作用。2004年6月，在苏州世界遗产大会上，同为国家级风景名胜区和世界遗产地的黄山、泰山等在监管信息系统方面的建设应用作为我国政府多年来保护自然文化遗产的重要成果予以展示，成为我国政府履行《保护世界文化和自然遗产公约》的有力例证，受到各国与会代表的一致好评。联合国教科文组织世界遗产专家在考察了我国风景名胜区监管信息系统建设应用情况后，也给予了高度评价，认为我国在这方面走在了世界前列，具有很好地借鉴意义。

6.2.4 存在的问题

1. 缺乏足够认识

风景名胜区遥感动态监测无疑给风景名胜区管理机构和地方政府带来了一定的压力。有些风景名胜区内建设项目是管理机构自行建设，且并未上报上级管理部门的项目。监管信息系统遥感监测技术的应用，让这些建设项目甚至建设点明明白白地展现出来，因此，风景名胜区管理机构和地方政府对监管信息系统的建设工作上，存在一定程度的抵触情绪，然而，归根结底是因为个别风景名胜区对这项工作缺乏足够的认识，没有完全按照《条例》要求，作为行政审批项目逐级申报进行审核批准，存在侥幸心理，对监管工作的认识停留在被监督的层面上，管理上还只满足于传统的管理工作的方式方法，看不到遥感动态监测对景区规划实施和资源保护情况的重要性❶。

2. 信息化数据基础薄弱

风景名胜区之间信息化基础建设发展不平衡，大部分风景名胜区的基础网络设施不完备，原有的地理信息、规划资料等匮乏，尤其在电子文档方面几乎是空白。国家

---

❶ 邢海峰，刘树军，安超，李振鹏. 遥感视角下的中国风景名胜区 [J]. 太空探索，2011（9）：26-29.

级风景名胜区监管信息系统建设主要基于以下几点：风景名胜区自身的地理信息数据，包括景区范围坐标（经纬度坐标）、地形图数据；规划数据，包括总体规划数据，尤其是总体规划图，详细规划，卫星遥感数据。在系统建立初期，大部分国家级风景名胜区在基础信息数据收集工作效率极低，主要是因为风景名胜区基础信息数据建设相当薄弱，一定程度上影响了监管信息系统建设及后期遥感动态监测工作。

3. 现有成果不能完全满足景区管理的实际需要

监管信息系统功能相对单一，需要加大系统研发力度更好地满足景区管理实际需要，达到政府监管功能和景区管理服务相统一的目标。监管信息系统的建立并不只是为满足国家宏观层面对风景名胜区的监测核查，更重要的是要让各风景名胜区管理机构能够实际应用监管系统，使得他们建得起、用得上。

4. 监测滞后

由于遥感动态监测需要两期卫星影像数据进行对比分析，从时效性来讲相对滞后，往往在监测过程当中或者在监测核查前，一些违章建设或者违规占用土地情况已经发生，尽管已经发现了存在的问题，但为时已晚，建设项目已经形成。

6.2.5 相关建议

1. 建立健全监管工作相关制度

完善风景名胜区监管工作的相关法律、法规建设，保证监管工作的合理性和完整性。2007年建设部制定并下发了《国家级风景名胜区监管信息系统建设管理办法（试行）》（建城[2007]247号），规范了国家级风景名胜区监管信息系统建设、管理、监测、核查等工作。下一步，应结合实际情况，进一步完善管理办法，细化相应的技术导则和标准规范。

2. 加快风景名胜区规划审批工作进度

遥感监测核查的主要依据是风景名胜区总体规划和详细规划，然而，当前风景名胜区规划审批进度相对进展缓慢，客观上也给风景名胜区遥感监测核查带来一定的困难。为进一步落实国务院和住建部有关加强规划编制工作的一系列文件精神，应尽快组织完成风景名胜区总体规划编制和修编的审批工作，明确管理机构的管理范围和职责，避免就此存在的模糊认识和管理范围与规划范围不一致等现象，也为核查工作提供进一步的依据和保障。

3. 建立切实有效核查机制

由于当前遥感动态监测核查是按部、省、景区三级行政体系实施核查，优点是突出省级主管部门对景区的行政督导作用，强化层级管理；缺点是环节多、动作慢。当前的风景名胜区遥感监测本身具有一定的滞后性，再加上逐级的核查上报，在一定程度上降低了核查的效率。鉴于此，建议建立相应的核查工作机制，由住房和城乡建设部联合监察部、相关专家（必要时联合主要媒体、新闻单位）派核查组深入景区实地核查，真正做到遥感监测核查动作快、情况准、力度大、影响广。近年来，中央环保督查很多重点督查的项目都要求地方提供风景名胜区遥感动态监测的结果，客观的监测结果与整改情况的比对，也为中央环保督查提供了良好的依据。

4. 建立公众参与机制

公众参与机制是对风景名胜区监督管理的有效补充手段。单位、个人包括社会新闻媒体对风景名胜区的监督行为是与其日常生活和工作紧密联系的。因此，公众参与风景名胜资源保护具有经常性、广泛性、及时性的特点。一方面，由于风景名胜区管理部门受到人员、资金等方面的限制，在行使其管理职能的时候，不可能做到面面俱到、及时有效地防止一切破坏风景名胜资源行为的发生。公众参与可以有效地弥补风景名胜区管理机构在保护风景名胜区资源方面的劣势，减少行政成本，提高采取保护措施和效率。另一方面，公众参与机制提供了一种有效的监督渠道，对在风景名胜区内活动的单位和个人，以及风景名胜区管理机构实行监督，有利于风景名胜资源的保护，及时对不法行为的举报、查处，更好地维护风景名胜区管理秩序。

5. 启动风景名胜区管理信息系统建设

以监管信息系统建设工作为抓手，以《条例》为依据，结合景区信息化管理的发展要求，组织专家力量，启动《条例》所提出的"国家级风景名胜区管理信息系统"总体方案的研究编制和建设工作，作为下一步监管科技工作深化与发展的奋斗目标。

当前，国家级风景名胜区遥感动态监测正在我国风景名胜区管理工作中发挥着越来越重要的作用，它是景区现代化建设管理的基础，是一项以保护国家级风景名胜区的宝贵资源为目的信息化建设工作。风景名胜区遥感监测核查工作的改进与完善，对提升国家对风景名胜资源保护措施，优化风景名胜区管理手段，推动建立具有中国特色的风景名胜区管理模式，有效协调保护与利用之间的矛盾，促进风景名胜区事业的持续健康协调发展，具有重要意义。

6.3 风景名胜区信息化建设

近年来，随着我国改革开放的不断深入和风景名胜区事业的不断发展，特别是国务院《风景名胜区条例》的出台后，各地对风景名胜资源的保护、利用与管理水平不断提高，与此同时，信息化浪潮的涌动，使得现代化技术越来越多的应用于我国风景名胜区行业管理的各个方面。智慧景区建设的悄然兴起，也正是应中央加快推进"生态文明建设"的要求，将资源保护问题放在旅游业发展的环境中逐步加以解决，也把资源保护与旅游产业发展带入一个良性互动、协调发展的新阶段。

6.3.1 基本概念

1. 什么是风景名胜区信息化建设

风景名胜区信息化建设是信息化技术发展和风景名胜区管理模式创新与结合的产物，是总结先进风景名胜区经验，适应景区现代化管理实际需要的新形势而提出的，是以景区实现"资源保护数字化、经营管理智能化、产业整合网络化"建设为目标（图6-4），不断提高风景名胜区行业管理水平的过程，其实质是风景名胜区管理模式的一次重大创新和变革，其效率和成效是传统管理无法替代和无法比拟的。随着全球一体化信息时代的到来，智慧景区建设不但要实现与国际接轨，尤其要增强国际竞争力，同时，智慧景区的建设与推进，体现了风景名胜区行业的综合实力和水平，代表了风景名胜区现代化管理的发展方向。

21世纪诞生的"数字景区"是在"数字地球"理念在风景名胜区的具体体现，是指风景名胜区的全面信息化，包括建设风景区的信息基础设施、数据基础设施，以及在此基础上建设的风景名胜区信息管理平台与综合决策支持平台。

"智慧景区"是在"数字景区"基础上的一次飞跃发展。虽然"数字景区"建设的一般模式和技术方法仍处于探索与完善阶段，但"智慧景区"概念的提出为景区信息化建设又增加了新的内涵，代表了景区信息化建设发展的方向❶。

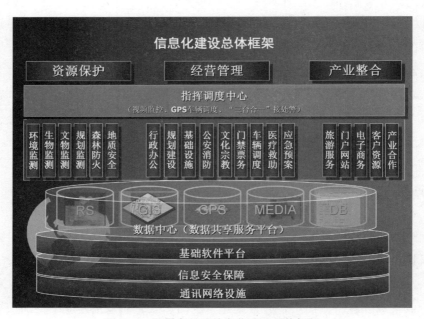

图6-4 风景名胜区信息化建设总体框架

---

❶ 党安荣，张丹明，陈杨. 智慧景区的内涵与总体框架研究 [J]. 中国园林，2011（9）：15-18.

2. 风景名胜区信息化建设的目的

我国风景名胜区信息化建设工作的根本目的是利用现代高科技信息化手段，提高风景名胜区管理水平，有效处理好保护和利用的关系，把风景名胜区保护、利用和管理好。做好风景名胜区信息化建设需求是前提，应用是核心，人才是关键。

6.3.2 发展历程

1. 中央部署

早在中共中央十五届五中全会《关于制定国民经济和社会发展第十个五年计划的建议》中就曾指出："信息化是当今世界经济和社会发展的大趋势，也是我国产业优化升级和实现工业化、现代化的关键环节，要把推进国民经济和社会信息化放在优先位置。"五中全会公报特别指出："大力推进国民经济和社会信息化，是覆盖现代化建设全局的战略举措。"党的十六大报告进一步指出："要优先发展信息产业，在经济和社会领域广泛应用信息技术"。党的十七大报告明确指出："要深入贯彻落实科学发展观"、"建设生态文明"、"坚持以人为本"、"推行电子政务"。党的十八大报告明确指出："促进工业化、信息化、城镇化、农业现代化的同步发展"。

由此可见，大力推进信息化已成为我国加快建设现代化，全面建设小康社会的重大战略之一，风景名胜区作为我国重要的可供人们游览、进行科学、文化活动的区域，利用信息化手段更好地进行管理、服务游客的趋势势在必行。

2. 工作历程

根据中央信息化建设战略部署方向，我国数字化景区建设起步于2004年，由建设部推荐黄山和九寨沟风景名胜区纳入了国家"十一五"科技攻关重点项目《城市规划、建设、管理与服务数字化工程》子课题——《数字景区示范工程》，两个示范景区分别于2005年4月和6月通过科技部一期工程验收，示范成效显著。自此，翻开了我国数字化景区建设的新篇章。

2005年10月14日，建设部城建司在九寨沟召开了"国家级风景名胜区监管信息系统暨数字化景区建设工作会议"，实地考察了九寨沟数字化景区建设工作的先进做法和经验，并研究部署了今后监管信息系统建设任务和数字化建设试点工作。同年11月4日，城建司下发《关于搞好国家级风景名胜区数字化建设试点工作的通知》（建城景函[2005]143号），要求各省级主管部门和风景名胜区管理机构高度重视数字化建设工作，并以省为单位开展数字化试点景区的遴选和推荐工作。

2006年1月10日，建设部城建司下发《关于公布数字化景区建设试点名单的通知》（建城景函[2006]5号），正式确定北京八达岭等18处国家级风景名胜区为数字化建设试点单位。3月30日，城建司下发《关于增补五台山等四景区为数字化景区试点单位的复函》(建城景函[2006]44号),至此,首批国家级风景名胜区数字化试点单位正式确定为24处,其中黄山、九寨沟为先期数字化示范景区。同年4月8日,城建司在云南省昆明市召开"国家级风景名胜区数字化建设工作交流座谈会",研究讨论《国家级风景名胜区数字化景区建设指南(征求意见稿)》,并座谈交流了当前各景区数字化建设经验。会后,城建司下发《国家级风景名胜区数字化景区建设指南(试行)》,指导各风景名胜区开展数字化建设工作。

2007年7月12日,建设部城建司在湖南省武陵源国家级风景名胜区召开"中国风景名胜区数字化建设论坛",重点介绍了"国家级风景名胜区监管信息系统网络平台"建设内容,并结合当前数字化建设工作,各试点景区广泛交流了当前数字化建设的经验。论坛同时邀请了央视等重要媒体单位参加,人民网还对此进行了网络的现场直播。

2008年3月11日,建设部办公厅下发《关于做好2008年国家级风景名胜区监管信息系统建设暨推进数字化景区试点工作的通知》,全面推进数字化景区试点工作。3月18日,住房和城乡建设部城建司在河南省云台山国家级风景名胜区召开"国家级风景名胜区监管信息系统网络平台培训会议",重点讲解介绍了网络平台的内容及应用情况,并邀请计算机网络、数字移动技术等相关专家进行指导讲座,同时对各试点景区数字化建设工作给予指导性建议。

2010年8月25日,住房和城乡建设部下发《关于国家级风景名胜区数字化景区建设工作的指导意见》,明确提出数字化景区建设工作的主要任务和工作要求。

2011年,住房和城乡建设部组织开展智慧景区建设标准导则等系列工作研究。

2014年,国务院发布《关于促进旅游业改革发展的若干意见》旅游局指导意见,提出抓紧建立景区门票预约制度,对景区游客进行最大承载量控制,同时,提出加快智慧景区建设。

2015年2月,住房和城乡建设部办公厅印发《〈国务院关于促进旅游业改革发展的若干意见〉涉及我部任务分工具体实施方案》,将任务分工进一步落实。

可以说,自2005年开始,住房和城乡建设部适时启动了国家级风景名胜区信息化建设工作,一方面调动了先进国家级风景名胜区信息化建设的积极性,加以正确引导和积极推进;另一方面也加强了政府与风景名胜区间的资源共享和信息互通互连,使我国风景名胜区开始逐步进入信息化建设时代。

6.3.3 当前现状

1. 总体情况

随着信息化产业的不断发展,信息技术在国民经济和社会各领域的应用效果日益显著,我国风景名胜区行业信息化水平也在不断提高,采用的信息技术种类繁多,但与许多其他行业相比，风景名胜区是一个信息化建设相对滞后的行业，如果能充分借鉴其他行业信息化发展的经验，把握发展规律，树立正确的建设理念，正确地制定信息化建设目标，抓住实施重点关键建设环节，就可以变后发为优势，确保建设的成效，避免战略性失误，减少投资浪费，实现景区信息化建设的跨越性发展❶。

根据当前我国风景名胜区信息化发展现状来看，总体上风景名胜区信息化程度还不高，普及面也十分有限。2006年经相关省级建设主管部门推荐，建设部城建司审核，确定了24处国家级风景名胜区为数字化建设试点单位。这24处风景名胜区均属于基础条件较好、有一定信息化建设基础，且建设积极性较高的风景名胜区。这当中有峨眉山、九寨沟、黄山等数字化起步较早，且信息化建设工作与应用效果成绩比较显著的单位；也有河南云台山、石林等虽起步稍晚，但信息化建设进展迅速的单位；还有一些至今进展缓慢甚至停滞不前的风景名胜区。此外，受到方方面面条件制约，几乎没有应用任何信息化管理的景区也为数不少，可以说，景区之间信息化建设发展极不平衡，这也为今后整个风景名胜区行业信息化资源整合带来了新的问题。

由于数字化建设试点体系初步建立，此项工作还处于发展阶段，风景名胜区大多以自主探索为主，在实践层面上面临不少问题和困惑，迫切需要从首批实施项目中总结出可值得参考的实践范式。然而，对此，不管是政府管理部门还是学术界均未引起足够关注，与其直接相关的研究文献十分欠缺，显然行业学术研究滞后于实践。

我国许多国家级风景名胜区正处于"接待服务型"向"经济产业型"的转型期，解放思想的道路依然漫长，体制机制还有待完善，管理手段也需要进一步更新，风景名胜区信息化建设，正是为了有效解决当前管理方面存在的诸多问题应运而生的。然而，信息化建设不可能完全彻底解决景区管理层面上的全部问题，并且随着社会的发展，新矛盾、新问题也会随之不断产生，但信息化景区建设为解决景区管理层面存在的诸多问题指对了方向，也将为今后风景名胜区的长足发展奠定基础。

2. 当前信息化建设现状

开展数字化景区试点工作之初，住房和城乡建设部首先组织有关专家，在总结九寨沟和黄山两个数字化示范景区建设经验基础上，编制印发了《国家重点风景名胜区数字化景区建设指南（试行）》，对数字化建设目标、技术路线、重点建设项目和具体实施办法等都提出了明确要求和统一技术标准，促进了试点景区规范化建设和信息共享，对风景名胜区行业数字化建设起到很好的总揽和指导作用。

当前已有24个试点景区的数字化建设总体方案已通过建设部专家组的评审；黄山❷、峨眉山等8个试点景区初步建成了综合性的数字化指挥调度中心（图6-5）。

---

❶ 党安荣，张丹明，陈杨. 智慧景区的内涵与总体框架研究 [J]. 中国园林，2011（9）：15-18.
❷ 梁焱. 基于云计算的智慧黄山景区数据基础设施规划方案 [J]. 中国园林，2011（9）：26-29.

九寨沟、黄山等10个试点景区开通了门票网络预售，累计销售额超过10亿元（图6-6）。

龙门、庐山等15个试点景区安装使用了电子门禁系统；十三陵、钟山、天山天池等20个试点景区建成LED大屏幕信息发布系统，通过卫星联播实现了景区资源相互推介宣传（图6-7）。

大部分试点景区还都建成使用了森林防火或集游客安全、资源保护等多功能为一体的综合视频监控系统，实现了对主要景区、景点和游人集中地带的实时监控。峨眉山风景名胜区按照数字化建设总体方案，加紧实施"1153N系统"工程，构建生态保护、管理服务和市场营销三大体系，设立监控、门禁、旅游咨询等多个子系统，形成景区保护、管理、服务、营销等全方位的数字化管理体系。武陵源近几年来积极推进"数字武陵源"建设，完成了规划监测系统、森林防火系统、电子门禁系统、视频监控系统、GIS地理信息系统、GPS车辆调度系统、电子导游系统、网络售票系统等10个系统，"数字武陵源"雏形初显。石林和河南云台山风景名胜区的数字化建设，都是2006年4月在昆明召开数字化景区试点座谈会议之后启动的，虽然起

峨眉山数字化指挥调度中心

黄山数字化指挥调度中心

图6-5　风景名胜区指挥调度中心

九寨沟电子商务网站

黄山电子商务网站

图6-6　风景名胜区电子商务网

步较晚，但是起点高，成效显著。石林等景区的数字化建设还得到联合国教科文组织遗产保护专家的高度评价（图6-8，图6-9）。

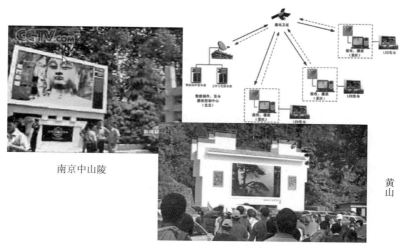

南京中山陵　　　　　　　　　　　　　　　　　　　　黄山

图6-7　LED大屏幕联播系统

石林风景名胜区数字监控系统　　　　峨眉山风景名胜区门禁系统

图6-8　风景名胜区监控系统、门禁系统

云台山GPS车辆调度

图6-9　云台山GPS车辆调度系统

另外，在风景名胜区信息化建设工作上，也得到了国家有关部委的大力支持。以此为基础的研发课题纳入了"十一五"国家科技支撑重点扶持项目，旨在建设具有中国特色的旅游目的地资源营销技术体系、服务体系和产业链条。该课题的实施必将对我国风景名胜区信息化建设产生强劲的推动力。

6.3.4 应用分类

风景名胜区资源、环境各具特点，景区价值、经营方式也有不同。因此风景名胜区信息化建设需要因地制宜、满足景区实际需求，信息化标准和规范既要满足共性需求也要兼顾个性差异。不同类型不同地区要考虑不同的风景名胜区信息化建设模式，保证风景名胜区信息化建设的实用性和实效性。

在全国风景名胜区中，由于景区的种类多种多样，自身的需求也不尽相同，经过对一些数字化景区试点单位的数字化建设工作的了解，总体上说，虽然各景区建设的应用系统各有不同，但总结起来，主要分为以下几类：

1. 资源保护类（图6-10）

主要应用系统：自然、文化资源监测系统。

资源保护类应用系统是风景名胜区对自然资源保护监测的综合应用系统。重点是建立景区自然资源、历史遗迹资源和文化资源的信息资源库，通过各种技术手段，对资源变化境况进行监测，对相关数据进行及时更新，掌握景区资源变化情况，以便及时采取有效措施加以保护。此外，通过对环境、气象的实时监测，也给风景名胜区保护提供科学数据积累。

2. 建设管理类（图6-11）

主要应用系统：监管信息系统、规划管理系统。

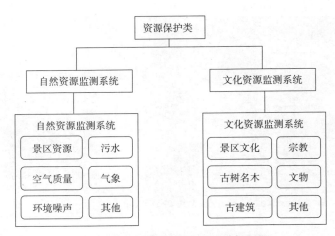

图6-10 资源保护类应用系统框架图

建设管理类应用系统主要是综合运用地理信息、遥感、全球定位技术，结合三维建模、DEM 数据和虚拟现实等技术，满足景区实际业务需求，为景区规划与监管提供科学决策依据。

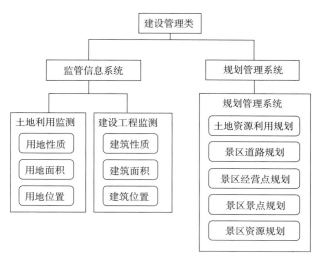

图 6-11　建设管理类系统框架图

3. 市场营销类（图 6-12）

主要应用系统：电子商务门户网站。

市场营销类应用系统，是利用网络信息技术实现景区门票、索道、宾馆、旅游线路等旅游产品的网上预订和网上交易。同时，方便游客查询旅游相关信息，提供预订服务，促进景区宣传。

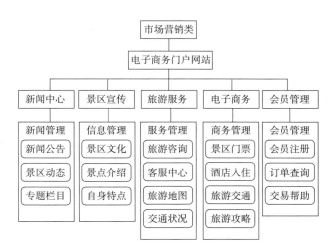

图 6-12　市场营销类系统框架图

4. 信息服务类（图 6-13）

主要应用系统：LED 信息发布系统、多媒体展示系统。

信息服务类应用系统主要是利用多媒体、网络、LED 显示、卫星通信等技术，有效展示景区自身特点，从而达到方便游客全面了解景区相关信息的发布系统。其中，LED 信息发布系统，将景区资源推介、旅游资讯、公益宣传等内容有效结合，整合行业旅游资源，实现全国风景名胜区客源的最大化共享，加强了行业的整体宣传力度。

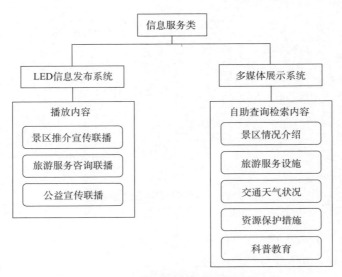

图 6-13　信息服务类系统框架图

5. 安全防范类（图 6-14）

主要应用系统：视频监控系统、森林防火系统。

安全防范类应用系统主要利用通信网络将多种摄像头采集的实时视频图像远程传输到各级视频监控中心、官方网站和其他视频播放终端设备，实现对资源保护、旅游服务秩序管理、应急事件调度处理、现场直播等情况的实时图像的传输、存储以及检索回放等功能。景区视频监控系统建设的目的是为指挥调度、资源保护、旅游服务等管理工作提供实时的视频信息，同时便于监控各景点现场的人流和等车流情况，改变各个景点间游客分布不均的状况，监督车辆的安全运行情况，有效进行灾害防御，提高各项管理工作的效率和质量。当前各景区一般都建立一处指挥调度中心，通过电视墙、大屏幕等设备接入显示各个监控点的视频，实现各个职能部门的快速沟通，促进各部门间系统工作。

6. 景区管理类（图 6-15）

主要应用系统：OA 办公系统、电子门禁系统。

景区管理类应用系统主要是为景区管理机构进行服务，方便景区管理机构更好地

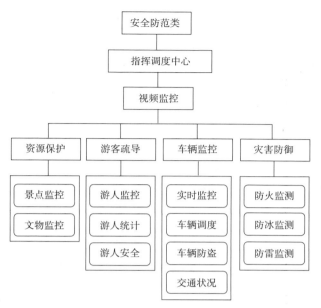

图 6-14 安全防范类系统框架图

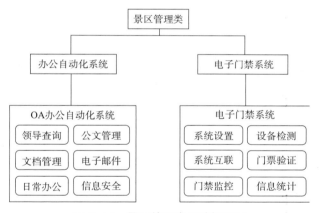

图 6-15 景区管理类系统框架图

改进单位日常办公流程和管理模式，提高工作效率，降低管理成本。

7. 其他系统建设

此外，根据自身景区特点，一些风景名胜区也建立了视频会议系统、巡更巡检系统、三台合一系统、雷电预警预报系统、语音广播系统、酒店管理系统、文物保护系统等。

6.3.5 主要技术

智慧景区建设主要涉及的信息化技术包括：3S 技术、多媒体技术、数据库技术、网络技术和移动技术。

1. 3S 技术

将遥感（RS）、地理信息系统（GIS）和全球定位系统（GPS）有机结合的一种计算机技术。GPS 具有全球全天候、连续实时性的导航和定位功能，能够提供准确的三维空间位置、三维速度和时间信息，而且具有良好的抗干扰和保密性。RS 具有范围广、速度快、信息量大的特点。在风景名胜区数字化建设中，根据实际情况，使用合理的遥感技术可以获取建筑物、山体等的三维几何数据、数字高程模型、数字正射影像数据和精确的三维纹理数据。由于遥感数据中包括空间坐标信息和地物属性信息，所以遥感数据可以转换为 GIS 数据，并能够与 GIS 数据进行叠加和融合❶。GIS 是整个 3S 的核心，具有缓冲分析、网络分析等空间分析和处理能力，与 GPS、RS 数据结合，可以实现对遗产资源的实时监测、规划和管理。

典型应用：GPS 车辆调度系统（图 6-16）。

车辆监控调度利用 GPS 定位技术、电子地图技术、提供对景区内车辆的监控、调度、导航和防盗功能。车载终端通过卫星接收天线接收到卫星信号，自动定位后，通过内置模块将位置信息发送到控制中心，由信息监控中心进行统一组织调动。

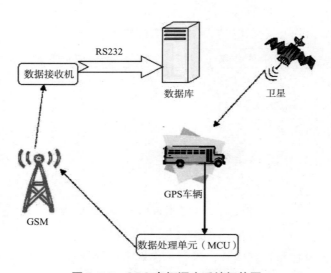

图 6-16　GPS 车辆调度系统拓扑图

2. 多媒体技术

多媒体技术是融合两种或者两种以上媒体的人机交互式传播媒体的计算机技术。其使用的媒体，包括文字、图形（栅格图形或者矢量图形）、图像、声音、动画、视频以及三维模型等。在风景名胜区数字化建设中，多媒体技术的应用主要体现在数

---

❶ 宋磊，林洪波，王绪华. 基于 3D-GIS 的智慧泰山景区信息集成平台 [J]. 中国园林，2011(9):30-32.

据表示技术、创作和编辑工具、存储技术也有所不同：本地系统多利用 OpenGL 或 DirectX 编程技术所开发的软件系统；网络系统多利用 HTML、ASP、PHP 编程技术结合 WebGIS、Flash、XML、SVG、Java Applet、VRML、X3D、Java3D 技术加以实现；在移动设备上，SVG、Flash、Lite、M3G、VRML 等多媒体技术则可以大显身手。种类繁多的多媒体技术虽然为风景名胜区数字化建设提出了一定的挑战，但是也为更好地保护风景名胜资源提供了条件。在多媒体技术中，值得一提的是虚拟现实技术，20世纪 80 年代，美国 VPL Research 公司的创始人 Jaron Lanier 提出了 Virtual Reality（虚拟现实）的概念，这是对计算机及其复杂的数据进行可视化及交互操作的一种方法。虚拟现实系统的最大特点，就是与虚拟环境进行自然的交互，即用视觉、听觉、触觉等人类自然的感知能力和技能与虚拟环境的对象进行交互作用。其主要涉及的关键技术包括实时图形图像技术、位置跟踪与影射技术、触觉显示技术、高速网络技术、三维可视化技术、模型模拟技术和系统集成技术等。目前，虚拟现实系统已被广泛应用于社会各个领域。在风景名胜区数字化建设中，虚拟现实技术不但可以集成管理各类遗产资源对象，还可与不同发布平台技术结合，实现更广泛的应用。

典型应用：多媒体展示系统（图 6-17）、LED 大屏幕联播系统（图 6-18）。

主要用于为游客提供旅游信息资助查询检索服务，一般设置在游客中心等地的触摸屏设备上。LED 大屏幕联播系统建设，开展全国风景名胜区景观资源推广及行业信息联播，实现行业旅游资源的有效整合及景区客源的最大化。

3. 数据库技术

由于风景名胜资源数字化建设的数据有多源性，传统的关系型数据库系统已经远远不能满足多源数据融合、集成、交互操作和信息提取的需求，传统的 Oracle、Microsoft、Informix、IBM、DB2 等厂商纷纷提出各自的空间数据管理方案，以实现

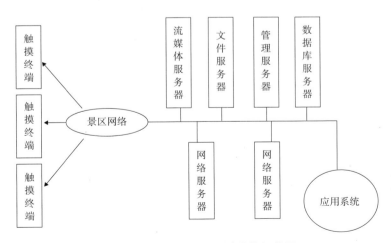

图 6-17　多媒体展示系统结构拓扑图

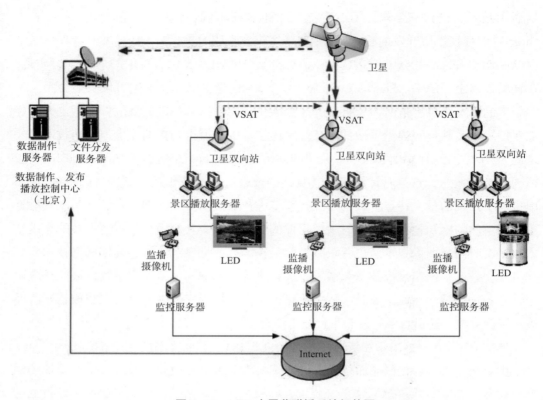

图 6-18　LED 大屏幕联播系统拓扑图

异构空间数据库的互访，提高数据库的稳定性。而著名的 GIS 软件提供商则纷纷提出利用商业关系型管理空间数据的解决方案。此外，Zope 等跨平台十五型对象数据库的出现，使得多源数据管理更加方便合理。Zope 除了能够存储内容、数据外，还能存放动态的 HTML 模板、脚本、搜索引擎、关系数据库管理系统（RDBMS）接口和代码。Zope 在许多方面都超过了 ASP、PHP、JSP，是一套优秀而完整的解决方案，拥有众多重量级用户。当前，我国风景名胜区数字化建设过程中建立的数据库多应用 Oracle、Microsoft SQL Server。

4. 网络技术

可以分为物理层面上的技术和应用层面上的技术。物理层面的网络技术是信息共享的物理基础，也是遗产资源共享的前提条件。由于遗产资源数字化信息内容丰富，涉及的数据来源广泛，因此对网络的宽带和传输速率提出了新的要求。应用层面上的网络技术则指具体的软件技术。当前的网络页面已经从传统的 HTML 静态页面，演变成了以 ASP、PHP 等动态脚本语言为主体，并结合 VRML、X3D、WebGIS、SVG、Flash、Java3D 等技术的丰富多彩的多媒体页面。

典型应用：国家级风景名胜区监管信息系统网络平台（图 6-19）。

第 6 章 监管制度

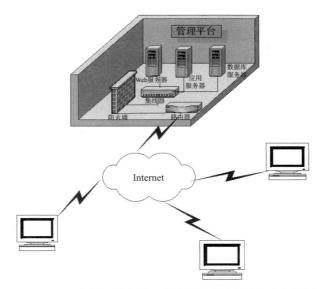

图 6-19 国家级风景名胜区监管信息系统网络平台拓扑图

依托住房和城乡建设部门户网站，通过互联网与各省、各景区之间实现数据传输与信息共享。

5. 移动技术

随着移动设备功能的不断增强以及新移动技术的出现，遗产数字化资源的传播和共享又多了一个强有力的平台。移动设备包括手机、PDA、Pocket PC、Palm、MP3、MP4 等。这些设备也直接导致了移动技术的多样化，与遗产资源数字化建设相关的移动技术主要包括 SVG、M3G、Flash、Lite、虚拟现实技术和移动 GIS 技术等。

6. 其他技术

例如"三台合一"接处警系统以计算机网络系统为基础，以有线和无线通信系统为纽带，以接处警系统为核心，集成 GIS、GPS 技术，实现既满足日常报警信息处理的需要，又能在紧急情况下进行实时指挥调度（图 6-20）。

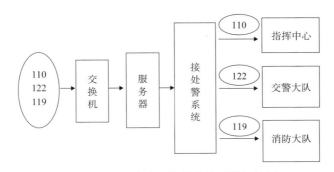

图 6-20 "三台合一"接处警系统拓扑图

6.3.6 存在的问题

尽管当前信息化建设在我国风景名胜区行业中如火如荼地进行着,但是,建设过程中还存在着各种各样的问题,主要反映在以下几个方面:

1. 缺乏足够认识

智慧景区建设的确需要高端的信息化技术支撑,需要大量的资金投入作为保障,但是从根本上讲技术问题不是瓶颈,一些景区试点建设工作之所以步子迈不开,关键是景区领导对景区信息化建设的认识理解不深。由于当前的工作的方式方法与数字化建设目标有差距,或者满足于目前的管理工作的方式方法,看不到信息化建设对提高景区核心竞争力、提升景区现代化管理水平,特别是对高端景区未来发展的极端重要性,因此,不愿意花费时间、精力和资金完善景区的信息化建设,提升景区的信息化管理水平。

2. 研究不够彻底

《国家重点风景名胜区数字化景区建设指南(试行)》(以下简称《指南》)也已印发,但一些景区对《指南》没有细致研究,对信息化建设这项工作也缺乏深层次的认识,在建设方案编制和建设过程中,自身需求与实际工作结合不够紧密,缺乏必要的调查研究。由于我国风景名胜区分布面积广,类型多样,景区的特征、管理模式、管理方法和手段也不尽相同,因此在推进数字化建设方面也应有所不同,景区应根据自身的需要,结合自身的实际情况,因地制宜,有选择,有针对性地进行建设工作。

3. 信息化建设方案编制缺乏指导性

智慧景区建设工作要求各试点单位在建设前编制规划方案,以便全方面指导建设工作。这就要求一方面规划编制单位全方面了解景区的需求与当地实际情况,另一方面也需要景区管理者明确自身的实际需求。当前,恰恰一些景区的管理者没有办法明确自身需求,而方案的编制单位大多为高校或企业,短时间内了解风景名胜区内的管理内容与实际需求十分困难,这就容易造成编制建设方案过程中闭门造车,编制的内容多为概念,不切实际,景区领导看不懂,实际效果不能直观体现,无法对建设内容及时有效地做出决策。

4. 没有形成良好的协作和联动机制

智慧景区建设是一个完整的系统,必须实现全国一盘棋,才能形成强大的管理合力,彰显数字化景区建设成效。当前,我国风景名胜区的信息化建设仍然存在各自为战的问题,没有形成管理的合力。部分景区在完善自身信息化建设同时,没有及时与住房城乡建设部专家组联系,以至有些景区在智慧景区规划编制完成后,经过评审改动很大,影响了信息化建设工作效率。此外,一些景区在面对和处理资源共享、共谋发展等信息化建设的实际问题中，缺乏了解和沟通，相互协作明显不足。一方面由于各景区之间缺乏长期有效的交流沟通渠道，另一方面，宏观层面上住房和城乡建设部尚未也缺乏建立一种长期或定期交流的平台。

5. 缺少宏观层面资金来源

智慧景区建设工作是一项长期持续的任务，需要投入相当的人力、物力和财力，且有些智慧景区建设成效不可能立竿见影的显现，需要在长期的建设过程中逐步体现，部分景区因资金周转不济而造成了信息化建设工作的短期停滞甚至搁浅。一些景区管理机构的领导不能够着眼未来，因暂时的资金困难就退缩不前，原地踏步，不敢尝试创新，甚至抱着完全拒绝的态度。从国家宏观层面上讲，并没有稳定的风景名胜区信息化建设补助资金用于支持各个风景名胜区进行信息化建设工作，往往一些经济收入较高且稳定的大景区开展数字化建设相对容易且效果显著，大部分小型景区只能着眼眼前的信息化建设，甚至信息化建设工作根本列不到景区发展的日程上来。

6. 相应的标准规范有待建立

应该说当前我国风景名胜智慧景区建设工作正在紧张有序地进行，但由于这项工作开展的时间不长，所以相应的标准规范亟待建立。原有的《指南》要根据工作要求的变化作相应的调整，另外智慧景区建设标准、评审标准、验收标准等都需要在今后的工作中加以规范，使智慧景区建设工作逐步走上标准化道路。

7. 人才的缺乏

风景名胜区信息化建设工作中，往往在硬件设备上的投入较大，而忽视了相关技术人才的培养。特别是较偏远景区，信息化建设从方案制定到各系统实施和维护基本只能依靠外援，没有自己稳定的专业技术队伍。虽然近几年各风景名胜区管理机构，通过各种途径大力开展计算机知识培训，景区管理人员的信息化水平有了一定的提高，但目前真正具有较高计算机应用水平的人员并不多，既精通信息化技术又熟悉风景名胜区业务工作的复合型人才则更少。同时，由于信息技术的飞速发展与知识更新培训的不足的矛盾日益显现，不少景区管理工作者的计算机应用水平以及相关技能无法得到同步提高，信息化技术水平仍停留在较低水平上，使得信息化功能没有得到充分发挥。

8. 过热过大

风景名胜区信息化建设的最根本目的是为了满足景区管理者的实际管理需求，改善管理手段，提高管理效率，最终提升整个风景名胜区的社会效益、经济效益和环境效益。然而在信息化建设过程中，有些风景名胜区往往因为自身经济实力、财力较强，盲目做大，使得原本并不需要投入过多资金能够达到明显效果的建设项目资金投入极高，造成一定程度的资金浪费。此外，由于每个风景名胜区特点不同，不同特点的风景名胜区在管理需求上必然存在差异，在建设过程中，建设项目应本着自身的需求，不宜盲目地横向攀比，其他景区建立了哪些应用系统，自己的景区就一定要建立，系统过多并不代表数字化、信息化程度高，效果好。

9. 高投入与低效率共存

风景名胜区信息化建设和发展不仅仅是信息和网络技术在实际工作中运用的问题，更重要的是为风景名胜区行业管理思想和观念的转变。一些风景名胜区在部分信息化建设系统实施方面期望值偏高，在某些建设环节不切实际，过多地强调应用计算机管理手段，重视设备配置，对实际管理软件开发和推广应用办法不多，效果不明显，忽视了改革和创新风景名胜区管理的方式方法，没有真正把风景名胜区信息化建设作为改进风景名胜区管理方式方法的前提和基础。其结果导致部分风景名胜区信息化建设是建立在效益低下基础上的，出现高技术与低效益并存的局面。

10. 缺乏统一系统集成平台

许多景区在信息化建设过程中缺少对计算机、网络、存储、通信、安全、管理等层面的统筹规划，没有建立统一的管理平台，而是将各个应用系统当作独立的项目来建设，甚至交由不同部门分头建设实施。由于孤立的建设各业务系统，把单个的业务系统当作独立的项目来建设，各个应用系统之间标准不统一，没有统一的集成平台，导致建成的系统批次独立，程离散状态，应用系统之间无法互联互通，数据存储也是各式各样，信息分散在不同的终端，形成一个个信息孤岛。由于数据无法共享、融合而不得不重复建设，造成不同系统之间的数据不一致，这种状况给数据的再挖掘、再利用造成相当大的困难。

11. 信息化基础普遍薄弱

由于风景名胜区多处于山区当中，无法与当地的城市信息化较好地结合。个别设立在城市当中的风景名胜区，数字化建设依托当地城市信息化基础，水平较高，但脱离城市、处于山区中的风景名胜区普遍信息化基础相当薄弱。

12. 重复性投入建设

虽然一些风景名胜区开展信息化建设工作，也根据自身需求开展了一些应用系统的建设工作，但这些应用系统远远不能覆盖风景名胜区的所有业务内容，且没有实现各个应用系统之间的互通和集成，且个别系统之间功能相同，从而造成了系统建设的重复投入，加大了资金投资，严重制约了风景名胜区的快速发展。

此外，风景名胜区多种管理体制与管理机制等问题也在不同程度上影响着风景名胜区的信息化建设进展。

6.3.7 相关建议

由于我国风景名胜区管理中的信息化程度并不高，应用范围也十分有限，因此，为尽快实现景区管理与国际接轨，推动我国风景名胜区信息化脚步的发展，建议如下：

1. 修改《指南》

由于信息化技术更新速度快，且根据我国风景名胜区数字化建设发展状况，当前的《指南》在一定程度上已经不能起到指导试点景区开展数字化建设工作的作用，应组织相关专家，重新修改《指南》内容和核心信息化技术，以便进一步适应新形势下风景名胜区发展需求。

2. 合理编制信息化建设总体方案

按照住房和城乡建设部要求，凡是纳入风景名胜区数字化试点建设单位的景区，必须编制数字化景区建设总体方案，并按照方案规定内容进行建设。当前，绝大多数试点单位已经编制完成数字化建设总体方案，并已通过住房和城乡建设部专家组评审，但是，在评审过程中，还存在不同程度的问题，个别景区对方案的编制内容仍有不确定的理解，造成方案编制完成后，景区领导无从决策。此前，为指导各个景区开展数字化建设工作，住房和城乡建设部专门编制印发了《指南》，来指导各试点景区数字化总体方案编制以及建设工作的开展。然而，一些景区并没有真正领会《指南》的要领，而是一味地生搬硬套，写了很多概念性的内容，偏离了数字化建设总体方案的内容规定。鉴于此，建议方案的编制应突出以下内容：

1）要建什么。建设什么内容，上什么系统，完全取决于景区自身的实际需求。

2）建设的规模有多大。景区之间本身就有大小之分，同样的系统可能在面积、规模比较小的景区具有一定的局限性，可以适当地缩减建设规模。

3）投资多少。这是每个景区管理领导层最关注的问题，也是最终决定哪些系统上，哪些不上的客观的依据，因此，在方案中必须交代清楚。

4）需要多长时间。建哪些系统，需要多长时间建成，使用寿命大概多久，是否涉及更新换代问题，多久更新，维护如何。

实际上，智慧景区总体规划或方案没有必要套上一堆大的概念和技术名词，只需要把以上几个方面的问题说清楚即可。

3. 搭建统一信息交流平台

这里所说的"平台"不光是一个信息集成、信息共享的数字化平台，更重要的是建立一种交流机制，来促使各试点景区甚至全国风景名胜区有一个共同的交流平台和相互学习机会，共同培训、共同学习、共同发现问题、解决问题、共同进步。

4. 加强国际合作

1998年，联合国教科文组织世界文化发展报告指出，发展中国家在文化遗产数字化方面面临两个危险：一是过分依赖别国的力量实现自己国家文化遗产地的数字化，从而造成文化遗产资源廉价出口，还需要从国外进口有关自己国家的文化产品。二是由非遗产来源国进行数字化转移，可能造成对遗产资源的不正确解释，使遗产的含义发生变异。在这个技术和经济力量相差悬殊的时代，一定要认清自身力量的不足，积极开展国际交流，学习国外的先进技术和经验，更重要的是要对这些经验和技术进行消化，并找到一条适合自己国家的数字化建设道路，因此，加强与国外国家公园的交流十分重要。

5. 注重人才培养

人才是风景名胜区信息化建设工作的关键。风景名胜区信息化建设工作不是一个单纯的技术问题，而是一个管理问题。在推进景区信息化建设过程中最根本的是人，不仅需要一批优秀的信息技术、管理人才，而且需要一大批信息化素质较高的执行层人员。培养景区自己的多层次的信息化人才是信息化建设成功的关键，要在景区内、省内甚至国内开展相关教育培训，培养本土人才。信息化建设是一项崭新的事业，涉及计算机、风景园林、考古、旅游、设计、规划等多门学科，传统的知识结构和教育模式已经无法满足这一新领域的需求，培养一支既懂管理又懂信息化建设的干部队伍，是加快信息化发展的当务之急。把人才培养作为信息化建设工作的重中之重，为培养和吸引人才创造良好环境。此外，在培养综合型人才的同时，建立各个学科间的横向合作也非常重要。

6. 建立相应激励机制

随着经济形势的不断发展和行业竞争的进一步加剧，风景名胜区行业整体信息化建设的激励机制也需与时俱进，不断完善。激励措施要符合激励的基本原则，同时要采取多种方式，物质激励与精神激励相结合，正激励与负激励相结合，内激励与外激励相结合，并使各种激励方式形成有机的整体。一方面国家宏观层面需要建立一种激励机制，鼓励各风景名胜区开展信息化建设工作，给予相应的激励政策；另一方面景区管理机构也要建立相应的激励措施，鼓励开展信息化建设，优化管理方法，以激励机制留住人才，促进发展。

7. 鼓励公众参与

由于风景名胜区数量的不断增多，实际上从国家宏观层面没有足够的精力和充足经费对全部风景名胜区进行信息化保护与建设工作，因此，只能把有限的精力放在重要的风景名胜区上。正如我国的遗产地的信息化工作主要集中在世界级的遗产资源上，而更多的国家级和省级的遗产则疏于管理，这种现实要求我们必须鼓励公众的广泛参与。当前，社会各界多方面参与合作已成为解决各种矛盾、问题的主要方法之一，这样既可以保证保护管理措施较好的贯彻，又可以唤起公众与社会保护风景名胜区的意识。

我国是一个历史悠久的文明古国，风景名胜资源极其丰富，随着社会经济发展脚步的日益加快，我国风景名胜区事业发展面临着大好时机，但同时也对风景名胜区资源保护与发展提出了更高的要求，面临的挑战和压力也越来越大。因此，数字化建设工作也将更加艰巨和繁重，建设过程中的人员配置、技术参数的选择、资源存储等诸多问题都需要考虑。只有在一个统一开放标准框架体系下，利用本国的科技人才和力量，吸收和借鉴国外先进的方法和技术，才能更好地完成我国风景名胜区数字化建设工作。加强我国风景名胜区信息化建设，是风景名胜区管理工作适应时代和社会发展的必然选择，是风景名胜区行业现代化管理的客观要求，是提高风景名胜区服务水平的必由之路。因此，要立足现在，着眼未来，积极创造条件，充分利用先进技术与手段探索我国风景名胜区信息化建设的新途径、新方法，推进风景名胜区信息化建设进程，促进风景名胜区事业的健康快速发展。当然，智慧景区建设工作还处于创新型实践探索阶段，能否推进保护与开发步入持续协同发展轨道，则是一个需要引起更多学者和实际工作者进一步关注和深入研究的重要问题。

6.4 违法建筑

近年来，随着土地和房屋迅速升值，各地的违法建设现象越来越突出，风景名胜区内的违法建筑也不在少数。加之不少行政机关、风景名胜区管理机构在违法建筑拆除的过程中，存在程序不规范、标准不统一，甚至简单粗暴野蛮执法的问题，在社会上造成了不同程度的负面影响。

2016年，住房和城乡建设部印发《城市建成区违法建设专项治理工作五年行动方案的通知》（建规[2016]142号），提出用5年左右时间，全面清查并处理建成区内的违法建设，坚决遏制新增违法建设。为此，住房城乡建设部制定了《城市建成区违法建设专项治理工作五年行动方案》，全面清查并处理建成区现有违法建设，改善城市人居环境，营造良好生态、生活、生产空间，到2020年末，全面完成城市建成区违法建设治理任务，并形成长效管控机制。

6.4.1 违法建筑的基础

违法建筑所违反的法必须是中华人民共和国的法律。从空间上讲，不可能以违反外国的法律来定性为违法建筑；从时间上讲，也不可能以违反了新中国成立前的法律（如秦朝的法律、明朝的法律、清朝的法律、国民政府时期的法律等）来定性违法建筑。

2009年，北京市东城区规划局将位于北京市东城区东四十条的梁思成和林徽因故居定性为违法建筑，进行了"维修性拆除"。梁林故居是1931~1937年梁思成和林徽因先生租住的，是当时北平文化界人士重要的聚会场所，是20世纪30年代的建筑。2009年被认定为违法建筑进行了强制拆除，当时在社会上引起了极大反响，众多法学界、规划界的知名人士提出了异议。

中华人民共和国于1949年10月1日成立，1949年10月1日之前不存在违法建筑。1949年10月1日之前已经形成的建筑物，只要是保留到现在的，只要是不违反公共利益、公共安全的建筑，应全部视为合法建筑。并且只要是1949年10月1日之前存在的保留至今的建筑，那么它不仅仅是合法建筑，绝大多数应该是文物或历史建筑，要严格保护。

6.4.2 违法建筑的前提

定义违法建筑的前提首先是得有法。1949年10月1日新中国成立后，我国的相关法律逐步制定和颁布。1949～1954年，我们举全国之力开展社会主义改造，没有任何法律出台。1954年9月20日，《中华人民共和国宪法》在第一届全国人民代表大会上通过并颁布实施，之后分别于1975年、1978年、1982年进行了修订。

1982年2月13日，《村镇建房用地管理条例》由国务院颁布实施。因此，1982年2月13日之前，凡是在乡村和城镇建设的房屋，用地审批手续不全或缺失的，不用再重新进行审批，应全部视为合法建筑。

1986年6月25日，《中华人民共和国土地管理法》经第六届全国人民代表大会常务委员会第十六次会议审议通过。因此，1986年6月25日之前，凡是没有办理土地用地手续，没有缴土地出让金的建筑，只要补办用地审批手续，补缴土地出让金，应全部视为合法建筑。

1984年1月5日，《城市规划条例》由国务院颁布实施；1990年4月1日，《城市规划法》由中华人民共和国第七届全国人民代表大会常务委员会第十一次会议通过（《城市规划条例》废止）；2007年10月28日，《城乡规划法》由第十届全国人民代表大会常务委员会第十三次会议通过（《城市规划法》废止）。因此，1984年1月5日之前，凡是没有相关规划依据的建筑，只要补办相关规划手续，应全部视为合法化。

1998年3月1日，《中华人民共和国建筑法》正式颁布实施。因此，1998年3月1日之前，凡是没有办理施工许可证，不需要再办理相关手续，应全部视为合法化。

1985年6月7日，《风景名胜区管理暂行条例》经国务院批准实施；2006年12月1日，《风景名胜区条例》正式经国务院批准实施（《风景名胜区管理暂行条例》同时废止）。但在风景名胜区内的建筑，并不是在1985年6月7日《风景名胜区管理暂行条例》实施之前的全部合法化，也不是在2006年12月31日《风景名胜区条例》颁布实施之前的全部合法化，而是在风景名胜区总体规划批准实施之前的全部合法化，风景名胜区总规批准实施之后再擅自开展建设且不符合相关规划要求的建筑，一律定义为违法建筑，坚决予以拆除。

6.4.3 违法建筑的范畴

1. 违法范畴

违法建筑一定违反的是特定的法,不是违反了任何法律形成的建筑都是违法建筑。这里所指的违法主要包括以下 5 类法律:

一是违反了土地管理方面的法律法规。如《土地管理法》《土地管理法实施条例》、《国有土地上房屋征收与补偿条例》、《农村土地承包法》、《土地登记规则》、《国务院关于深化改革严格土地管理的规定》等。

二是违反了城乡规划方面的法律。如《城乡规划法》、《历史文化名城名镇名村保护条例》、《村庄和集镇规划建设管理条例》、《城市房地产管理法》、《国务院关于加强城乡规划监督管理的通知》等。

三是违反了建筑方面的法律。如《建筑法》、《建设工程质量管理条例》、《建设安全生产管理条例》。

四是违反了专业工程方面的法律。如《公路法》《铁路法》《港口法》《民用航空法》、《电力法》等。

五是违反了自然资源和环境保护方面的法律。如《草原法》《森林法》《水法》《野生动物保护法》、《自然保护区条例》、《风景名胜区条例》等。

只有违反了这 5 类的法律法规所形成的建筑才是违法建筑,违反了其他法律,属于违法行为,但形成的建筑不一定是违法建筑。比如,擅自挪用专项资金开展建设所形成的建筑,如果该建设项目的立项、规划、土地、施工、竣工验收、产权登记等各项审批手续均齐全,完全符合国家基本建设程序规定,严格按照建设项目审批程序开展的建设,则该行为属于违法行为,但所形成的建筑不是违法建筑。

2. 违法形式

违法建筑具体形式包括以下几类:

一是未申请或申请未获得批准,未取得建设用地规划许可证或者建设工程规划许可证进行建设的建筑;

二是未按照建设工程规划许可证的规定进行建设的建筑;

三是擅自改变了房屋用途或者土地用途的建筑;

四是超过批准期限的临时建筑;

五是未办理施工许可或者批准开工报告进行建设的建筑;

六是在买卖或者以其他形式非法转让的土地上新建的建筑物和其他设施;

七是未经批准或者采取欺骗手段骗取批准,在非法占用的土地上新建的建筑物和其他设施;

八是农村村民未经批准或者采取欺骗手段骗取批准，非法占用土地建住宅；

九是违反专业工程方面的法律所形成的违法建筑；

十是违反《森林法》、《草原法》、《风景名胜区条例》、《自然保护区条例》等资源环境类法律所形成的建筑物。

我们通常意义上理解的违法建筑基本都是违反了《城乡规划法》所形成的建筑，并且《城乡规划法》包括的内容很广，因此，很多人都质疑作为城乡一体化的《城乡规划法》怎么可能有管理空白，还需要其他法律来定义违法建筑。这里需要指出的是，2007年时任建设部部长汪光焘在《关于〈城乡规划法〉（草案）的说明》中已明确表示："《城乡规划法》调整的是城市、镇、乡村等居民点以及居民点之间的相互关系，不是覆盖全部国土面积的规划。"由于城乡规划确定的建设用地范围和土地利用总体规划确定的建设用地范围存在不一致的情况，因此《城乡规划法》只适用于查处"在城乡规划建设范围内"的违法建设，在此范围之外的违法建设，则只能依据《土地管理法》等专项法律进行查处。

6.4.4 违法建筑的典型形式

1. 住改商

违反相关规划擅自将住宅改成商铺属于典型的违法建筑。

对于擅自将住宅改为了商铺的，如果住宅所在区域的规划进行了更改，将原先的住宅区规划由住宅改为了商业用途，则补办相关手续，可以合法化；但是如果规划规定了该区域本身就属于住宅用途，住宅属地相关规划也没有进行变更仍为住宅用途，则必须将现有商铺改回住宅，商业用途改为住宅用途。

需要指出的是，不管是住改商符合规划补办手续合法化，还是住改商不符合规划责令整改商改住改回来，都不能以住改商被定义为违法建筑为理由对其进行拆除，因为住改商是违法建筑，该行为属于违法行为，但住宅本身是合法的。

2. 征收范围确定后擅自新建改建扩建

对于土地征收范围确定后，擅自新建改建扩建的部分，不需要论证，一律认定为违法建筑，应坚决予以拆除，一律不给予补偿。立法上不能开口子，实践中也不能开口子。

违建者建造违法建筑的行为一般包括新建、改建、扩建这三种行为方式。

新建，即建造一个原来未曾存在的建筑，一般可分为两种情况：第一，违反土地管理法，未经有关部门审批，违法占地，私自建设的行为；第二，违反城乡规划法，没有得到规划部门审批，没有获得一书两证的资格条件下的擅自建设行为；也包括超越一书两证授权许可范围以外的建设行为。

改建，意指对自有原建筑物进行房屋改造。一般表现为以下两种情况：第一，只对原建筑物的内部进行功能、结构的改变，并未对外在的公共场所造成影响；第二，在将原有建筑物部分进行拆除重建、搭设遮阳棚等行为。

扩建，意指在原来自有建筑物的基础上，进行加盖楼层、扩大实际实用面积的行为。但是应当注意新建与扩建的两点区别。第一，扩建的建筑物必须紧密结合于原有建筑，必须是在原有建筑为基础，若新建建筑仅是以阳台、走廊相连，仍视为新建；第二，新的建筑面积或者居住空间必须增加，若仅仅是通过建筑物内部改造，导致建筑面积未变，而使用面积增加，则属于改建而非扩建。

一旦土地征收范围确定之后，凡是再进行新建、改建、扩建的，本质上就是被征收人投机取巧，侵占公共利益，不断增加个人补偿利益的违法行为，如果给予补偿，则是对纳税人和守法公民的不公平。因此，各地政府应坚决不予补偿，如果进行补偿应追究其相应的法律责任。

3. 小产权房

小产权房建设问题在风景名胜区范围内并不突出，但作为违法建筑的典型形式之一需要特别说明。

1）小产权房概念

小产权房是指在农村集体土地上建设的房屋，未缴纳土地出让金等费用，其产权证不是由国家房管部门颁发，而是由乡镇政府或村政府颁发的。小产权房没有国家发放的土地使用证和预售许可证，购房合同在国土房管局没有备案。

2）小产权房有无法律依据

当前，在高房价的城市、人口倒挂的城市，以及外来人口流入地的主要城市的城乡结合部，小产权房建设已成为普遍现象，但普遍存在不代表普遍合法。

1995年1月1日，《城市房地产管理法》出台，第61条规定："在依法取得房地产开发用地上建成房屋的，应当凭土地使用权证书向县级以上地方人民政府房地产管理部门申请登记，由县级以上地方人民政府房地产管理部门核实并颁发房屋所有权证书。"

2015年3月1日，《不动产登记暂行条例》正式实施，第6条规定："县级以上地方人民政府应当确定一个部门为本行政区域的不动产登记机构，负责不动产登记工作，并接受上级人民政府不动产登记主管部门的指导、监督。"

不动产登记是由县级以上地方人民政府确定的不动产登记机构来登记，这里所说的县级以上地方人民政府，就是指县政府、市政府、省政府，由这几级人民政府来确定的不动产登记机构来登记，县级以上地方人民政府可以委托国土局、住建局、规划局或指定的其他部门（如不动产登记局）来登记。当前，我国的不动产登记，主要是市县政府来登记，乡镇政府无权对不动产进行登记，村委会更没有这个权力。也就是说只有县级、市级、省级、国家级发的产权证的房产才属于合法的，乡镇政府和村委会发的产权证国家不予承认，相应的房地产属于典型违法建筑。因此，按照当前的相关法律法规，产权无大小，小产权就是没产权，小产权房屋就是典型的违法建筑。

3）小产权房的如何处理

全国现有小产权房数量如此之多，今后如何处理，在现有的国家法律框架体制内，不可能将小产权房全部宣布成为违法建筑进行全部拆除，也不可能全部补办相关手续，补交土地出让金，全部合法化，更不可能全部转售为租逐步走向合法程序。对小产权房的处理方向一定是要分类处理，具体应该在建设时间、建设类型和建设区域上来进行分类，区别对待、区别处理。

从建设时间上讲，应分时段：2007年12月31日之前已经建了的卖了的；2007年12月31日之前已经建了的没卖的；2007年12月31日之后已经建了的卖了的；2007年12月31日之后已经建了的没卖的。

从建设类型上讲，应分类型：农民建的；农民和村集体经营组织建的；农民和开发商建的；村集体经营组织建的；开发商和村集体经营组织建的。

从建设区域上讲，应分区域：在宅基地上建的；在耕地上建的；在基本农田上建的；在除宅基地上的农村集体用地上建的；人口倒挂区域内建的。

4）小产权房的注意事项

小产权房属于违法建筑，但不是犯罪。贵州省曾将建小产权房的、卖小产权房的相关人员以非法经营罪、偷税罪、漏税罪、非法转让倒卖土地使用权罪、非法占用农业地罪判刑了。全国人大法工委、国务院法制办、最高人民法院、国土资源部、住房和城乡建设部在最高人民法院专门召开了会议，达成了一致共识，形成了会议纪要，最高人民法院以明传电报下发各级人民法院：在国务院小产权房相关政策出台之前，地方各级人民法院不得以犯罪追究建房人、买房人的刑事责任。

需要说明的是，对于建小产权、卖小产权房的相关人员应一律处予以处罚，但是对于购买小产权房的人，则不能进行处罚，应告知小产权房的弊端，让购买者承担市场风险。

5）违法建筑的法律规定

《土地管理法》对违法建筑应当限期拆除的规定是第76条和第77条。第76条针对违反土地利用总体规划擅自将农用地改为建设用地的行为，要求相对人限期拆除在非法占用的土地上新建的建筑物和其他设施，恢复土地原状。第77条针对农村村民未经批准或者采取欺骗手段骗取批准非法占用土地建住宅的行为，责令其退还非法占用的土地，限期拆除在非法占用用地上新建的房屋。

《城乡规划法》对违法建筑应当限期拆除的规定体现在第64条和第66条，适用的违法行为包括:(1)未取得建设工程规划许可证或者未按照建设工程规划许可证的规定进行建设,且无法采取改正措施消除影响的。(2)在乡、村庄规划区内未依法取得乡村建设规划许可证或者未按照乡村建设规划许可的规定进行建设的。(3)未经批准进行临时建设、未按照批准内容进行临时建设或者临时建筑物、构筑物超过批准期限不拆除的。

6.4.5 违法建筑的处理

在风景名胜区内认定为违法建筑,应注意以下几个问题:

一是风景名胜区管理机构是责令停止违法行为、责令恢复原状、责令限期拆除等行政命令的主体;

二是风景名胜区管理机构是没收违法所得、罚款等行政处罚的主体;

三是对于违反风景名胜区条例的违法建筑,只能由风景名胜区管理机构依法申请人民法院强制拆除;

四是风景名胜区管理机构、县级以上人民政府、乡镇人民政府、城乡规划主管部门、国土资源部门没有强制拆除权;

五是强制拆除的费用由违法者承担;

六是对责令限期拆除决定不服的,可以在接到责令限期拆除决定之日起15日内,向人民法院起诉。实践中应当是"先复议、后诉讼";

七是期满不复议、不诉讼,又不自行拆除的,方可申请人民法院强制拆除。即风景名胜区管理机构最少要等6个月;

八是一旦在法定期限内复议或者诉讼、但仍不自行拆除的,反而不能申请人民法院强制拆除,但可申请人民法院先予执行。

第 7 章　与各类保护地的关系

我国国家级保护地类型体系比较复杂，主要包括依据国家法律、行政法规设立的国家级风景名胜区、国家级自然保护区、全国重点文物保护单位、历史文化名城名镇名村，依据部门规章或规范性文件建立的国家级森林公园、国家湿地公园、国家城市湿地公园、国家地质公园、国家级水利风景区、5A 级旅游景区，共 10 类。

7.1 总体情况

7.1.1 保护地的起源

"保护地"概念是世界自然保护联盟（IUCN）于 20 世纪 90 年代中叶根据世界自然资源保护的发展趋势和现实需要提出的。世界自然保护联盟（IUCN）对于保护地的定义：保护地是为了保护生物多样性、自然和相关的文化资源而特别划出的，并通过法律上的和其他有效的手段进行管理的土地和海洋区域。凡符合此定义，就可以划入保护地的范畴。截至 2005 年，全世界有 100 多个国家建立了 1 万多处保护地。

世界自然保护联盟对保护地按保护的严格程度及人类活动参与程度划分为 6 类❶：自然保护区、国家公园、自然纪念物、陆地/海洋景观保护地和资源保护地。其中自然保护区、栖息地/物种管理地与我国的自然保护区类似；其他 4 类与我国风景名胜区类似，具有文化内容及人类活动的参与。具体分类如下：

1. 自然保护区

（1）严格的自然保护区

拥有某些特殊的或具有代表性的生物系统、地理特征、自然面貌或独特物种的陆地或海洋，可作为科学研究或环境监察。这是一类主要用于科学研究的保护地。

（2）自然保护区

大面积未经改造或略经改造的陆地或海洋仍保持其自然特色及影响，尚未有过永久或明显的人类居住史，通过保护与管理，保持其天然状况。这是一类主要用于保护自然荒野的保护地。

---

❶ Nigel Dudley. IUCN 自然保护地管理分类应用指南 [M]. 朱春全，欧阳志云等译. 北京：中国林业出版社，2016.

2. 国家公园

天然陆地或海洋区域，主要用于：①为现代人及后代提供一个或更多完整的生态系统；②排除任何实行的有损于保护地管理目的的开发或占用；③提供精神、科学、教育、娱乐及参观的基地，所有上述活动必须实现环境与文化的协调。这是一类主要用于生态系统保护及娱乐活动的保护地。

3. 自然纪念物

具有一个或多个独特自然或自然文化特征的区域，由于其固有的稀有性、代表性、美学品质或文化意义而具有突出的或独一无二的价值。这是一类主要用于保护独特的自然特性的保护地。

4. 栖息地／物种管理地

为了维护栖息地和满足特殊物种生存及发展需要而建立的，以积极干预手段进行管理的一片陆地或海洋。这是一类主要用于通过积极干预进行保护的保护地。

5. 陆地／海洋景观保护区

人与自然在长期的和谐发展中形成的具有显著特色的陆地或包括海岸和海洋的陆地，他们具有独特的审美、生态和文化价值，并通常有很高的生物多样性。保障这种传统的相互关系的完整性对这个区域的保护、维持和进化具有重要价值。这是一类主要用于陆地／海洋景观保护及娱乐的保护地。

6. 资源保护地

主要以未经改造的自然系统为主，通过管理确保长期的生物多样性保护和维持，同时满足社区的需要，提供可持续的天然产品和生态服务功能的地方。这是一类主要以自然系统生态的可持续利用的保护地。

7.1.2 我国保护地类型与发展现状

从世界自然保护联盟（IUCN）的保护地标准来看，虽包含了人文内容，但整体上仍偏重于对自然地域的保护管理。而我国的保护体系中则包含了大量的人文内容，并已经形成了人文类保护地、自然类保护地及综合类（自然与人文结合）保护地三大类型，分别以文物保护单位、自然保护区和风景名胜区为代表。

因此，应用国际上的"保护地"概念应结合我国具体情况，中国的保护地应涵盖现国家保护地体系中的各种保护地类型，包括世界遗产、文物保护单位、历史文化名城（镇、村）、风景名胜区、自然保护区、森林公园、地质公园、湿地公园、水利风景区等类型。从而形成既与国际保护地概念接轨又具有中国特色的保护地体系。

此外，还有部分尚未明确为保护地，但也有保护要求或可发展为保护地的区域，可称为类保护地，包括自然保护小区、生态功能保护区、农田保护区、大型郊野公园等。

我国保护地中涉及的自然保护区、风景名胜区、森林公园、地质公园、湿地公园以及生态功能保护区等总面积约为144万平方公里，大约占国土面积的15%左右。（数据来源：中国风景名胜区协会。）

目前，我国有十多个政府行政主管部门分别负责各类保护地管理。这些保护地行政主管部门包括林业、环保、住建、国土资源、农业、海洋、水利、文物（文化）、科研、教育、旅游和中医药等，这些主管部门对各自主管的保护区有管理和执法权力。

我国尚无保护地的专项法律，已颁布的涉及保护地的法规有《文物保护法》《历史文化名城名镇名村保护条例》、《自然保护区条例》、《风景名胜区条例》，其他部门规章如《森林公园管理办法》等❶。

7.2 各类保护地情况

7.2.1 国家级自然保护区

设立依据：自然保护区条例。

批准主体：国务院。

设立区域要求：依据《风景名胜区条例》规定，新设立的自然保护区与风景名胜区不得重合或者交叉；依据《国务院办公厅关于做好自然保护区管理有关工作的通知》（国办发[2010]63号），设立其他类型保护区域，原则上不得与自然保护区范围交叉重叠。

概念与功能定位：对有代表性的自然生态系统、珍稀濒危野生动植物物种的天然集中分布区、有特殊意义的自然遗迹等保护对象所在的陆地、陆地水体或者海域，依法划出一定面积予以特殊保护和管理的区域。在国内外有典型意义、在科学上有重大国际影响或者有特殊科学研究价值的自然保护区，列为国家级自然保护区。

管理体制：国务院环境保护行政主管部门负责全国自然保护区的综合管理。国务院林业、农业、国土、水利、海洋等部门在各自的职责范围内主管有关的自然保护区。县级以上地方人民政府负责自然保护区管理的部门的设置和职责，由省、自治区、直辖市人民政府根据当地具体情况确定。

资源权属关系：一般核心区为国有土地，其他区域既有国有土地，也有农民集体所有土地。

规划审批主体：规划批准主体比较多样。环保系统的国家级自然保护区总体规划由省级人民政府批准，但是需要征求环境保护部的意见；林业系统的国家级自然保护区总体规划由国家林业局批准。

---

❶ 谢焱，汪松.中国的保护地[M].北京：清华大学出版社，2004.

资金投入机制:《自然保护区条例》没有明确保护资金来源,但自然保护区建设规划纳入国家、地方或者部门的投资计划。《森林和野生动物类型自然保护区管理办法》规定,国家或地方自然保护区管理机构的人员编制、基建投资、事业经费等,经主管部门批准后,分别纳入国家和省、自治区、直辖市的计划,由林业部门统一安排。上述规定,建立了自然保护区的保护资金投入和设施建设资金的渠道。

7.2.2 国家森林公园

设立依据:《国务院对确需保留的行政审批项目设定行政许可的决定》(国务院令第 412 号)、《国家级森林公园设立、撤销、合并、改变经营范围或者变更隶属关系审批管理办法》(2005 年,国家林业局令第 16 号)、《森林公园管理办法》(1993 年,林业部令第 3 号)、《国家级森林公园管理办法》(2011 年,国家林业局令第 27 号,属于管理依据)。

批准主体:国家林业局。

设立区域要求:《国家级森林公园设立、撤销、合并、改变经营范围或者变更隶属关系审批管理办法》(国家林业局令第 16 号)第二十条规定,在国家级森林公园经营管理范围内,不得再建立自然保护区、风景名胜区、地质公园等。确有必要的,必须经国家林业局批准后方可建立。《国家级森林公园管理办法》(国家林业局令第 27 号)规定,已建国家级森林公园的范围与国家级自然保护区重合或者交叉的,国家级森林公园总体规划应当与国家级自然保护区总体规划相互协调;对重合或者交叉区域,应当按照自然保护区有关法律法规管理。

概念与功能定位:森林公园,是指森林景观优美,自然景观和人文景物集中,具有一定规模,可供人们游览、休息或进行科学、文化、教育活动的场所。

管理体制:国家林业局主管全国国家级森林公园的监督管理工作。县级以上地方人民政府林业主管部门主管本行政区域内国家级森林公园的监督管理工作。森林公园经营管理机构负责森林公园的规划、建设、经营和管理。在国有林业局、国有林场、国有苗圃、集体林场等单位经营范围内建立森林公园的,应当依法设立经营管理机构;但在国有林场、国有苗圃经营范围外建立森林公园的,国有林场、国有苗圃经营管理机构也是森林公园的经营管理机构,仍属事业单位。

资源权属关系:国有林业局、国有林场、国有苗圃基础上建立的森林公园的土地和森林资源权属一般归国家所有,也涉及部分集体土地;集体林场等基础上建立的森林公园的土地和资源权属归农村集体组织所有。

规划审批主体:国家级森林公园总体规划由国家林业局批准。

资金投入机制:未作规定。按照原有资金渠道进行投入。

7.2.3 国家地质公园

设立依据:《地质遗迹保护管理规定》(1995年,地质矿产部令第21号)。国土资源部"三定"方案没有明确使用"地质公园"的概念,仅明确"承担监督管理古生物化石、地质遗迹、矿业遗迹等重要保护区、保护地的工作"。

批准主体:国土资源部。

设立区域要求:《国土资源部办公厅关于加强国家地质公园申报审批工作的通知》(国土资厅发[2009]50号)关于国家地质公园申报条件之一就包括由国家有关主管部门批准的国家级风景名胜区、国家级自然保护区、国家森林公园等可以申报设立国家地质公园。

概念与功能定位:地质遗迹,是指在地球演化的漫长地质历史时期,由于各种内外动力地质作用,形成、发展并遗留下来的珍贵的、不可再生的地质自然遗产。国家地质公园内的地质遗迹必须具有国家级代表性,在全国乃至国际上具有独特的科学价值、普及教育价值和美学观赏价值。

管理体制:国土资源部成立国家地质遗迹保护(地质公园)评审委员会和国家地质遗迹保护(地质公园)领导小组。评审委员会具体负责组织国家地质公园的评审、建设和批准的技术工作。《国家地质公园建设标准》要求,建立由地质公园所在地县级以上人民政府机构编制部门正式批准的国家地质公园管理机构,能对所有园区实施有效管理。

资源权属关系:未作规定。根据已批准建立的国家地质公园来看,应当同时涉及国有土地和集体土地。

规划审批主体:按照国土资源部发布的《国家地质公园规划编制技术要求》编制完成国家地质公园规划,经国土资源部审查批准,并由当地人民政府发布实施。

资金投入机制:依据《国家地质公园建设标准》要求,地质公园建设资金列入地方政府财政预算。地质公园经营收入的一部分用于地质公园的建设与管理。

7.2.4 国家级水利风景区

设立依据:《水利风景区管理办法》(2014年,规范性文件);《水利旅游区管理办法(试行)》(1997年,已废止)。

批准主体:由景区所在市、县人民政府提出申请,省、自治区、直辖市水行政主管部门或流域管理机构审核,经水利部水利风景区评审委员会评定,由水利部公布。

设立区域要求:未作规定。

概念与功能定位:以水域(水体)或水利工程为依托,具有一定规模和质量的风景资源与环境条件，可以开展观光、娱乐、休闲、度假或科学、文化、教育活动的区域。

管理体制：水利部成立水利风景区建设与管理领导小组及办公室，办公室下设6个处，编制16人。县级以上人民政府水行政主管部门和流域管理机构负责水利风景区监督管理。水利风景区管理机构（一般为水利工程管理单位或水资源管理单位）在水行政主管部门和流域管理机构统一领导下，负责水利风景区的建设、管理和保护工作。

资源权属关系：未作规定。权属关系既涉及国有土地和水资源，又涉及集体土地和水资源。

规划审批主体：国家级水利风景区规划（总体规划、详细规划）由有关市、县人民政府组织编制，经省、自治区、直辖市水行政主管部门或流域管理机构审核，报水利部审定。

资金投入机制：地方自筹为主；水利部从水资源保护管理专项——水利风景资源综合开发保护管理科目（1600万元）中给予地方适当规划编制或资源调查补贴，每年700万元。据了解，目前水利部正在结合水生态文明城市建设与财政部协商设立水生态文明城市专项资金（约10亿元以上），并下设水利风景区的子项，进一步加大资金力度。财政部已初步同意，正在细化方案。

7.2.5　国家湿地公园

设立依据：《湿地保护管理规定》（2013年，国家林业局第32号令）；《国家湿地公园管理办法（试行）》（2010年，规范性文件）。

批准主体：国家林业局。

设立区域要求：《国家湿地公园管理办法（试行）》规定，国家湿地公园边界四至与自然保护区、森林公园等不得重叠或者交叉。

概念与功能定位：以保护湿地生态系统、合理利用湿地资源为目的，可供开展湿地保护、恢复、宣传、教育、科研、监测、生态旅游等活动的特定区域。

管理体制：国家林业局依照国家有关规定组织实施建立国家湿地公园，并对其进行指导、监督和管理。县级以上地方人民政府林业主管部门负责本辖区内国家湿地公园的指导和监督。国家湿地公园所在地县级以上地方人民政府应当设立专门的管理机构，统一负责国家湿地公园的保护管理工作。

资源权属关系：未作规定，仅要求征求相关权利人意见。权属关系既涉及国有土地和湿地资源，又涉及集体土地和湿地资源。

规划审批主体：省级林业主管部门批准，报国家林业局备案。

资金投入机制：未作规定。

7.2.6 国家城市湿地公园

设立依据：《国家城市湿地公园管理办法）（试行）》（2005年，规范性文件）。

批准主体：住房和城乡建设部。

设立区域要求：国家城市湿地公园以及保护地带的重要地段，不得设立开发区、度假区。

概念与功能定位：湿地，是指天然或人工、长期或暂时之沼泽地、泥炭地，带有静止或流动的淡水、半咸水或咸水的水域地带，包括低潮位不超过6m的滨岸海域。城市湿地公园，是指利用纳入城市绿地系统规划的适宜作为公园的天然湿地类型，通过合理的保护利用，形成保护、科普、休闲等功能于一体的公园。

管理体制：住房和城乡建设部和省级园林主管部门为国家城市湿地公园的主管部门。国家城市湿地公园所在地县级以上人民政府应当设立专门的管理机构，统一负责国家城市湿地公园的保护、利用和管理工作。

资源权属关系：未作规定。一般以国有土地为主，涉及部分集体土地。

规划审批主体：未明确。国家城市湿地公园规划必须纳入城市总体规划、城市绿地系统规划和城市控制性详细规划。

资金投入机制：未作规定。一般都地方自筹资金。

7.2.7 A级旅游景区

设立依据：《旅游景区质量等级评定管理办法》（2005年，国家旅游局令第23号）。国家旅游局"三定"方案没有明确"A级旅游景区"和"旅游景区"的概念，仅明确"组织拟定旅游区、旅游设施、旅游服务、旅游产品等方面的标准并负责组织实施。"

批准主体：旅游景区质量等级评定委员会。

设立区域要求：凡在中华人民共和国境内，正式开业从事旅游经营业务一年以上的旅游景区，包括风景区、文博院馆、寺庙观堂、旅游度假区、自然保护区、主题公园、森林公园、地质公园、游乐园、动物园、植物园及工业、农业、经贸、科教、军事、体育、文化艺术等旅游景区，均可申请参加质量等级评定。

概念与功能定位：旅游景区是以旅游及其相关活动为主要功能或主要功能之一的空间或地域。本标准中旅游景区是指具有参观游览、休闲度假、康乐健身等功能，具备相应旅游服务设施并提供相应旅游服务的独立管理区。该管理区应有统一的经营管理机构和明确的地域范围。A级旅游景区从旅游交通、游览、旅游安全、卫生、邮电服务、旅游购物、经营管理、资源和环境的保护、旅游资源吸引力、市场吸引力、年接待海内外旅游者规模、游客满意率等方面进行评定，从高到低依次为5A、4A、3A、

2A、A级旅游景区。

管理体制：国家旅游局组织设立全国旅游景区质量等级评定委员会。全国旅游景区质量等级评定委员会负责全国旅游景区质量等级评定工作的组织和管理。

资源权属关系：不涉及资源权属关系。

规划审批主体：不涉及规划审批。

资金投入机制：不涉及资金投入。

7.2.8 历史文化名城名镇名村

设立依据：《文物保护法》、《历史文化名城名镇名村保护条例》。

批准主体：历史文化名城报国务院批准公布。历史文化名镇、名村报省、自治区、直辖市人民政府批准公布。国务院建设主管部门会同国务院文物主管部门确定中国历史文化名镇、名村。

概念与功能定位：保存文物特别丰富，具有重大历史文化价值和革命意义的城市。保存文物特别丰富且具有重大历史价值或纪念意义的、能较完整地反映一些历史时期传统风貌和地方民族特色的镇和村。

管理体制：国务院建设主管部门会同国务院文物主管部门负责全国历史文化名城、名镇、名村的保护和监督管理工作。地方各级人民政府负责本行政区域历史文化名城、名镇、名村的保护和监督管理工作。

资源权属关系：未作规定，既有国家所有，也有集体和个人所有。

规划审批主体：历史文化名城名镇名村保护规划由省、自治区、直辖市人民政府审批。

历史文化名城保护规划和中国历史文化名镇、名村保护规划，报国务院建设主管部门和国务院文物主管部门备案。

资金投入机制：国家对历史文化名城、名镇、名村的保护给予必要的资金支持。历史文化名城、名镇、名村所在地的县级以上地方人民政府，根据本地实际情况安排保护资金，列入本级财政预算。

7.2.9 全国重点文物保护单位

设立依据：《文物保护法》、《文物保护法实施条例》。

批准主体：国务院。

设立区域要求：未作规定。

概念与功能定位：古文化遗址、古墓葬、古建筑、石窟寺、石刻、壁画、近代现代重要史迹和代表性建筑等不可移动文物，根据它们的历史、艺术、科学价值，可以分别确定为全国重点文物保护单位，省级文物保护单位，市、县级文物保护单位。

管理体制：国务院文物行政部门主管全国文物保护工作。地方各级人民政府负责本行政区域内的文物保护工作。县级以上地方人民政府承担文物保护工作的部门对本行政区域内的文物保护实施监督管理。县级以上人民政府有关行政部门在各自的职责范围内，负责有关的文物保护工作。

资源权属关系：一般为国家所有。

规划审批主体：全国重点文物保护单位保护规划编制完成后，应当由规划编制组织单位报省级文物行政部门会同建设规划等部门组织评审，并由省级人民政府批准公布。省级人民政府在批准公布全国重点文物保护单位保护规划前，应征得国家文物局同意。

资金投入机制：县级以上人民政府应当将文物保护事业纳入本级国民经济和社会发展规划，所需经费列入本级财政预算。国家用于文物保护的财政拨款随着财政收入增长而增加。文物保护单位等的事业性收入，专门用于文物保护。国家鼓励通过捐赠等方式设立文物保护社会基金，专门用于文物保护。

7.3 风景名胜区与其他保护地的对比分析

7.3.1 设立依据

国家级风景名胜区、国家级自然保护区是依据行政法规设立的以保护自然遗产为主的法定遗产区域。历史文化名城名镇名村和全国重点文物保护单位是依据国家法律、行政法规设立的以保护文化遗产为主的法定遗产区域。国家森林公园、国家地质公园、国家湿地公园、水利风景区、国家城市湿地公园、分别是依据部门规章，甚至规范性文件设立的，以强调某一种资源保护利用为主的保护性区域。A级旅游景区从其实质内涵上来看，应当属于部门规章建立的一种面向各类具有旅游功能区域的旅游服务质量评价认证体系。

7.3.2 设立主体

国家级风景名胜区、国家级自然保护区、历史文化名城、全国重点文物保护单位由国务院批准设立或命名，设立之前充分征求了相关部门意见。国家森林公园、国家地质公园、国家湿地公园、水利风景区、国家城市湿地公园、A级旅游景区均由部门批准设立或命名，不征求相关部门意见。

7.3.3 功能定位

国家级风景名胜区和国家级自然保护区定位各有侧重，相互补充，共同构成我国的自然遗产保护体系。风景名胜区定位于自然景观和人文景观保护与利用的协调和平衡，以自然遗产为主，强调其科学、文化和观赏价值，既服务于自然和文化遗产保护，又服务于公众游览、休闲、展示、科普和教育，景观资源类型综合，包括了森林植被、地质地貌、自然水体、文物古迹、古村落古民居、野生动植物等各类风景名胜资源。自然保护区定位于自然生态系统、珍稀濒危野生动植物、自然遗迹的特殊保护，强调其典型意义、科学影响和科研价值，主要服务于生物多样性保护和维护生态安全，严格限制公众游览和休闲活动❶。

国家湿地公园、森林公园、水利风景区、城市湿地公园的功能定位与国家级风景名胜区相同，主要差异是其仅强调某一类资源的保护、利用和展示，不具有综合性。

历史文化名城名镇名村和文物保护单位属于文化遗产保护体系，侧重于单体或者小区域的文物古迹、古民居、古建筑的保护，强调其历史、艺术、科学和文化价值，可以面向公众提供游览、展示和教育服务功能。

A级旅游景区仅是从旅游交通、游览、旅游安全、卫生、邮电服务、旅游购物、经营管理、资源和环境的保护、旅游资源吸引力、市场吸引力、年接待海内外旅游者规模、游客抽样调查满意率等方面对具有旅游功能的区域进行等级评定授牌，侧重于旅游服务质量评价认证（或者说达标评比），不涉及自然和文化遗产资源保护管理体制，不具有对自然和文化遗产强制约束力的管理要求，但是会对自然和文化遗产保护管理造成干扰。

7.3.4 管理体制

风景名胜区管理体制比较规范统一，以"条"为主的部门监管和指导，以"块"为主的属地管理，在管理权限和职能分工上比较明确，管理规范性较强，监管体系比较完善。而自然保护区管理体制涉及综合管理和部门主管，既存在跨部门的协调，又存在条块分割的配合，管理体制不够顺畅，从综合部门到主管部门再到地方属地管理机构涉及多个层次职责交叉和协调，极易导致管理制定和工作指令的执行力降低❷。与风景名胜区、自然保护区等法定区域交叉的森林公园、地质公园、水利风景区、湿地公园、城市湿地公园、A级旅游景区，其部门规章、管理要求和规划体系等一定程度上会干扰国家法定自然遗产保护区体系（自然保护区和风景名胜区），造成不必要的职责交叉和管理矛盾。历史文化名城名镇名村和文物保护单位的管理体制比较明确，因其区域关系（点与面）和保护重点（自然与文化）的差异性，与风景名胜区的管理职责交叉和管理矛盾不大。

---

❶ 孙明泉.风景名胜的景观价值及其可持续利用[N].光明日报，2000.
❷ 宋峰，邓浩.世界遗产分类体系背景下的中国风景名胜区[J].中国园林，2009（12）：1-6.

7.3.5 资源权属关系

国家级自然保护区、国家级森林公园、国家湿地公园、国家城市湿地公园、国家水利风景区的国有土地比例较高；而国家级风景名胜区的国有土地比例相对较低，农村集体土地比例较高，农村居民点和人口较多。全国重点文物保护单位以国家所有为主，历史文化名城名镇名村既有国家所有，又有农村集体和个人所有❶。

7.3.6 规划审批主体

国家级风景名胜区总体规划由国务院审批，审批级别和效力等级最高。其他保护地的总体规划或者由部门进行审批或者由地方人民政府进行审批，审批级别和效力等级较低。

7.3.7 资金投入机制

国家级自然保护区、全国重点文物保护单位和历史文化名城名镇名村均在法律法规中对中央和地方保护资金投入做出规定。而包括风景名胜区在内的其他保护地没有相应规定，甚至对地方政府的投入要求都没有明确。中央财政目前对自然保护区和全国重点文物保护单位的直接投入资金规模较大，对国家级风景名胜区、历史文化名城名镇名村、国家级森林公园的资金投入相对较少。国家地质公园和国家水利风景区则分别由部门从地质灾害防治经费和水库维护建设费用中安排一定比例资金进行投入，年度资金规模比国家级风景名胜区要高。中央财政对国家湿地公园、国家城市湿地公园、A级旅游景区的保护资金安排很少，主要由地方落实资金。

7.3.8 规划内容

自然保护区总体规划紧紧围绕保护、研究和监测进行安排，以资源保护、科研监测、管护设施建设等内容为主，涉及资源开发利用（如实验区旅游）内容。风景名胜区总体规划坚持保护与利用并重，紧紧围绕保护与利用相互协调的原则进行安排，不仅包括自然景观和人文景观的保护内容，而且包括游览服务设施、游赏安排、基础设施建设、游览交通体系等资源利用方面的安排❷。国家森林公园、地质公园、湿地公园、水利风景区、城市湿地公园规划内容与风景名胜区规划内容比较一致，围绕资源保护与利用进行安排。而历史文化名城名镇名村和全国重点文物保护单位保护规划的内容比较接近，侧重于文物本体的保护和周边建设风貌控制，也涉及游客开放利用内容。

---

❶ 仇保兴.风景名胜和历史文化名城资源的保护策略[J].中国经贸导刊，2005（5）.
❷ 丁洁，吴小根，丁蕾.国家重点风景名胜区的功能及其地域分布特征[J].地域研究与开发，2008（1）：70-72.

7.4 相关建议

7.4.1 进一步强化现有法定遗产体系的功能定位

现行四大法定遗产体系的定位和功能划分比较合理，符合我国国情。自然保护区和风景名胜侧重于自然遗产的保护；自然保护区侧重物种、自然生态系统和自然遗迹的特殊保护和科学研究；风景名胜区侧重于自然景观和人文景观在保护与利用上的协调和平衡，在保护的基础上面向公众提供游览、休闲、展示和科普等功能；历史文化名城名镇名村和文物保护单位侧重于文化遗产保护。自然保护区要强化作为特殊严格保护区域和科学研究区域的要求，严禁开展旅游，维护物种栖息地和自然生态系统的自然状态，杜绝人为干扰，避免自然保护区功能定位与风景名胜区的趋同化。风景名胜区要强化开发利用强度控制，明确禁止开发和限制开发范围，避免过度开发，确保保护与利用的充分协调。

7.4.2 整合各类非法定遗产体系

目前，十类体系中，有六类由部门自行设立，一定程度上干扰了法定的风景名胜区、自然保护区、文物保护单位和历史文化名城名镇名村体系。按照其功能定位，逐步将五类保护地（国家级森林公园、国家地质公园、国家湿地公园、国家城市湿地公园、国家水利风景区）的主体整合并入国家级风景名胜区，少部分并入国家级自然保护区，避免重复设区、职责交叉、规划交叉和管理矛盾。另外一类A级旅游景区，实质内涵属于达标评比事项，建议进行重大改革，原则上不应涉及资源管理要求，紧扣旅游服务质量内容，不得干扰自然和文化遗产保护管理。

研究制定建立国家公园管理体制，改革由各部门分头设置的各类保护地等体制，将这些分头设置的保护地实施功能重组，是解决我国保护地资源保护的有效途径，对加强区域重要生态系统和特殊公共空间的保护，实现永续利用均有重要意义。

附录 1

风景名胜区重要法律法规及文件节选

风景名胜区条例

国务院令第 474 号

第一章 总 则

第一条 为了加强对风景名胜区的管理，有效保护和合理利用风景名胜资源，制定本条例。

第二条 风景名胜区的设立、规划、保护、利用和管理，适用本条例。

本条例所称风景名胜区，是指具有观赏、文化或者科学价值，自然景观、人文景观比较集中，环境优美，可供人们游览或者进行科学、文化活动的区域。

第三条 国家对风景名胜区实行科学规划、统一管理、严格保护、永续利用的原则。

第四条 风景名胜区所在地县级以上地方人民政府设置的风景名胜区管理机构，负责风景名胜区的保护、利用和统一管理工作。

第五条 国务院建设主管部门负责全国风景名胜区的监督管理工作。国务院其他有关部门按照国务院规定的职责分工，负责风景名胜区的有关监督管理工作。

省、自治区人民政府建设主管部门和直辖市人民政府风景名胜区主管部门，负责本行政区域内风景名胜区的监督管理工作。省、自治区、直辖市人民政府其他有关部门按照规定的职责分工，负责风景名胜区的有关监督管理工作。

第六条 任何单位和个人都有保护风景名胜资源的义务，并有权制止、检举破坏风景名胜资源的行为。

第二章 设 立

第七条 设立风景名胜区，应当有利于保护和合理利用风景名胜资源。

新设立的风景名胜区与自然保护区不得重合或者交叉；已设立的风景名胜区与自然保护区重合或者交叉的，风景名胜区规划与自然保护区规划应当相协调。

第八条 风景名胜区划分为国家级风景名胜区和省级风景名胜区。

自然景观和人文景观能够反映重要自然变化过程和重大历史文化发展过程，基本处于自然状态或者保持历史原貌，具有国家代表性的，可以申请设立国家级风景名胜区；

具有区域代表性的,可以申请设立省级风景名胜区。

第九条 申请设立风景名胜区应当提交包含下列内容的有关材料:

(一)风景名胜资源的基本状况;

(二)拟设立风景名胜区的范围以及核心景区的范围;

(三)拟设立风景名胜区的性质和保护目标;

(四)拟设立风景名胜区的游览条件;

(五)与拟设立风景名胜区内的土地、森林等自然资源和房屋等财产的所有权人、使用权人协商的内容和结果。

第十条 设立国家级风景名胜区,由省、自治区、直辖市人民政府提出申请,国务院建设主管部门会同国务院环境保护主管部门、林业主管部门、文物主管部门等有关部门组织论证,提出审查意见,报国务院批准公布。

设立省级风景名胜区,由县级人民政府提出申请,省、自治区人民政府建设主管部门或者直辖市人民政府风景名胜区主管部门,会同其他有关部门组织论证,提出审查意见,报省、自治区、直辖市人民政府批准公布。

第十一条 风景名胜区内的土地、森林等自然资源和房屋等财产的所有权人、使用权人的合法权益受法律保护。

申请设立风景名胜区的人民政府应当在报请审批前,与风景名胜区内的土地、森林等自然资源和房屋等财产的所有权人、使用权人充分协商。

因设立风景名胜区对风景名胜区内的土地、森林等自然资源和房屋等财产的所有权人、使用权人造成损失的,应当依法给予补偿。

第三章 规 划

第十二条 风景名胜区规划分为总体规划和详细规划。

第十三条 风景名胜区总体规划的编制,应当体现人与自然和谐相处、区域协调发展和经济社会全面进步的要求,坚持保护优先、开发服从保护的原则,突出风景名胜资源的自然特性、文化内涵和地方特色。

风景名胜区总体规划应当包括下列内容:

(一)风景资源评价;

(二)生态资源保护措施、重大建设项目布局、开发利用强度;

(三)风景名胜区的功能结构和空间布局;

(四)禁止开发和限制开发的范围;

(五)风景名胜区的游客容量;

(六)有关专项规划。

第十四条　风景名胜区应当自设立之日起 2 年内编制完成总体规划。总体规划的规划期一般为 20 年。

第十五条　风景名胜区详细规划应当根据核心景区和其他景区的不同要求编制，确定基础设施、旅游设施、文化设施等建设项目的选址、布局与规模，并明确建设用地范围和规划设计条件。

风景名胜区详细规划，应当符合风景名胜区总体规划。

第十六条　国家级风景名胜区规划由省、自治区人民政府建设主管部门或者直辖市人民政府风景名胜区主管部门组织编制。

省级风景名胜区规划由县级人民政府组织编制。

第十七条　编制风景名胜区规划，应当采用招标等公平竞争的方式选择具有相应资质等级的单位承担。

风景名胜区规划应当按照经审定的风景名胜区范围、性质和保护目标，依照国家有关法律、法规和技术规范编制。

第十八条　编制风景名胜区规划，应当广泛征求有关部门、公众和专家的意见；必要时，应当进行听证。

风景名胜区规划报送审批的材料应当包括社会各界的意见以及意见采纳的情况和未予采纳的理由。

第十九条　国家级风景名胜区的总体规划，由省、自治区、直辖市人民政府审查后，报国务院审批。

国家级风景名胜区的详细规划，由省、自治区人民政府建设主管部门或者直辖市人民政府风景名胜区主管部门报国务院建设主管部门审批。

第二十条　省级风景名胜区的总体规划，由省、自治区、直辖市人民政府审批，报国务院建设主管部门备案。

省级风景名胜区的详细规划，由省、自治区人民政府建设主管部门或者直辖市人民政府风景名胜区主管部门审批。

第二十一条　风景名胜区规划经批准后，应当向社会公布，任何组织和个人有权查阅。

风景名胜区内的单位和个人应当遵守经批准的风景名胜区规划，服从规划管理。

风景名胜区规划未经批准的，不得在风景名胜区内进行各类建设活动。

第二十二条　经批准的风景名胜区规划不得擅自修改。确需对风景名胜区总体规划中的风景名胜区范围、性质、保护目标、生态资源保护措施、重大建设项目布局、开发利用强度以及风景名胜区的功能结构、空间布局、游客容量进行修改的，应当报原审批机关批准；对其他内容进行修改的，应当报原审批机关备案。

风景名胜区详细规划确需修改的,应当报原审批机关批准。

政府或者政府部门修改风景名胜区规划对公民、法人或者其他组织造成财产损失的,应当依法给予补偿。

第二十三条　风景名胜区总体规划的规划期届满前2年,规划的组织编制机关应当组织专家对规划进行评估,作出是否重新编制规划的决定。在新规划批准前,原规划继续有效。

第四章　保　护

第二十四条　风景名胜区内的景观和自然环境,应当根据可持续发展的原则,严格保护,不得破坏或者随意改变。

风景名胜区管理机构应当建立健全风景名胜资源保护的各项管理制度。

风景名胜区内的居民和游览者应当保护风景名胜区的景物、水体、林草植被、野生动物和各项设施。

第二十五条　风景名胜区管理机构应当对风景名胜区内的重要景观进行调查、鉴定,并制定相应的保护措施。

第二十六条　在风景名胜区内禁止进行下列活动:

(一)开山、采石、开矿、开荒、修坟立碑等破坏景观、植被和地形地貌的活动;

(二)修建储存爆炸性、易燃性、放射性、毒害性、腐蚀性物品的设施;

(三)在景物或者设施上刻划、涂污;

(四)乱扔垃圾。

第二十七条　禁止违反风景名胜区规划,在风景名胜区内设立各类开发区和在核心景区内建设宾馆、招待所、培训中心、疗养院以及与风景名胜资源保护无关的其他建筑物;已经建设的,应当按照风景名胜区规划,逐步迁出。

第二十八条　在风景名胜区内从事本条例第二十六条、第二十七条禁止范围以外的建设活动,应当经风景名胜区管理机构审核后,依照有关法律、法规的规定办理审批手续。

在国家级风景名胜区内修建缆车、索道等重大建设工程,项目的选址方案应当报国务院建设主管部门核准。

第二十九条　在风景名胜区内进行下列活动,应当经风景名胜区管理机构审核后,依照有关法律、法规的规定报有关主管部门批准:

(一)设置、张贴商业广告;

(二)举办大型游乐等活动;

(三)改变水资源、水环境自然状态的活动;

（四）其他影响生态和景观的活动。

第三十条　风景名胜区内的建设项目应当符合风景名胜区规划，并与景观相协调，不得破坏景观、污染环境、妨碍游览。

在风景名胜区内进行建设活动的，建设单位、施工单位应当制定污染防治和水土保持方案，并采取有效措施，保护好周围景物、水体、林草植被、野生动物资源和地形地貌。

第三十一条　国家建立风景名胜区管理信息系统，对风景名胜区规划实施和资源保护情况进行动态监测。

国家级风景名胜区所在地的风景名胜区管理机构应当每年向国务院建设主管部门报送风景名胜区规划实施和土地、森林等自然资源保护的情况；国务院建设主管部门应当将土地、森林等自然资源保护的情况，及时抄送国务院有关部门。

第五章　利用和管理

第三十二条　风景名胜区管理机构应当根据风景名胜区的特点，保护民族民间传统文化，开展健康有益的游览观光和文化娱乐活动，普及历史文化和科学知识。

第三十三条　风景名胜区管理机构应当根据风景名胜区规划，合理利用风景名胜资源，改善交通、服务设施和游览条件。

风景名胜区管理机构应当在风景名胜区内设置风景名胜区标志和路标、安全警示等标牌。

第三十四条　风景名胜区内宗教活动场所的管理，依照国家有关宗教活动场所管理的规定执行。

风景名胜区内涉及自然资源保护、利用、管理和文物保护以及自然保护区管理的，还应当执行国家有关法律、法规的规定。

第三十五条　国务院建设主管部门应当对国家级风景名胜区的规划实施情况、资源保护状况进行监督检查和评估。对发现的问题，应当及时纠正、处理。

第三十六条　风景名胜区管理机构应当建立健全安全保障制度，加强安全管理，保障游览安全，并督促风景名胜区内的经营单位接受有关部门依据法律、法规进行的监督检查。

禁止超过允许容量接纳游客和在没有安全保障的区域开展游览活动。

第三十七条　进入风景名胜区的门票，由风景名胜区管理机构负责出售。门票价格依照有关价格的法律、法规的规定执行。

风景名胜区内的交通、服务等项目，应当由风景名胜区管理机构依照有关法律、法规和风景名胜区规划，采用招标等公平竞争的方式确定经营者。

风景名胜区管理机构应当与经营者签订合同，依法确定各自的权利义务。经营者应当缴纳风景名胜资源有偿使用费。

第三十八条　风景名胜区的门票收入和风景名胜资源有偿使用费，实行收支两条线管理。

风景名胜区的门票收入和风景名胜资源有偿使用费应当专门用于风景名胜资源的保护和管理以及风景名胜区内财产的所有权人、使用权人损失的补偿。具体管理办法，由国务院财政部门、价格主管部门会同国务院建设主管部门等有关部门制定。

第三十九条　风景名胜区管理机构不得从事以营利为目的的经营活动，不得将规划、管理和监督等行政管理职能委托给企业或者个人行使。

风景名胜区管理机构的工作人员，不得在风景名胜区内的企业兼职。

第六章　法律责任

第四十条　违反本条例的规定，有下列行为之一的，由风景名胜区管理机构责令停止违法行为、恢复原状或者限期拆除，没收违法所得，并处50万元以上100万元以下的罚款：

（一）在风景名胜区内进行开山、采石、开矿等破坏景观、植被、地形地貌的活动的；

（二）在风景名胜区内修建储存爆炸性、易燃性、放射性、毒害性、腐蚀性物品的设施的；

（三）在核心景区内建设宾馆、招待所、培训中心、疗养院以及与风景名胜资源保护无关的其他建筑物的。

县级以上地方人民政府及其有关主管部门批准实施本条第一款规定的行为的，对直接负责的主管人员和其他直接责任人员依法给予降级或者撤职的处分；构成犯罪的，依法追究刑事责任。

第四十一条　违反本条例的规定，在风景名胜区内从事禁止范围以外的建设活动，未经风景名胜区管理机构审核的，由风景名胜区管理机构责令停止建设、限期拆除，对个人处2万元以上5万元以下的罚款，对单位处20万元以上50万元以下的罚款。

第四十二条　违反本条例的规定，在国家级风景名胜区内修建缆车、索道等重大建设工程，项目的选址方案未经国务院建设主管部门核准，县级以上地方人民政府有关部门核发选址意见书的，对直接负责的主管人员和其他直接责任人员依法给予处分；构成犯罪的，依法追究刑事责任。

第四十三条　违反本条例的规定，个人在风景名胜区内进行开荒、修坟立碑等破坏景观、植被、地形地貌的活动的，由风景名胜区管理机构责令停止违法行为、限期恢复原状或者采取其他补救措施，没收违法所得，并处1000元以上1万元以下的罚款。

第四十四条　违反本条例的规定，在景物、设施上刻划、涂污或者在风景名胜区内乱扔垃圾的，由风景名胜区管理机构责令恢复原状或者采取其他补救措施，处 50 元的罚款；刻划、涂污或者以其他方式故意损坏国家保护的文物、名胜古迹的，按照治安管理处罚法的有关规定予以处罚；构成犯罪的，依法追究刑事责任。

第四十五条　违反本条例的规定，未经风景名胜区管理机构审核，在风景名胜区内进行下列活动的，由风景名胜区管理机构责令停止违法行为、限期恢复原状或者采取其他补救措施，没收违法所得，并处 5 万元以上 10 万元以下的罚款；情节严重的，并处 10 万元以上 20 万元以下的罚款：

（一）设置、张贴商业广告的；

（二）举办大型游乐等活动的；

（三）改变水资源、水环境自然状态的活动的；

（四）其他影响生态和景观的活动。

第四十六条　违反本条例的规定，施工单位在施工过程中，对周围景物、水体、林草植被、野生动物资源和地形地貌造成破坏的，由风景名胜区管理机构责令停止违法行为、限期恢复原状或者采取其他补救措施，并处 2 万元以上 10 万元以下的罚款；逾期未恢复原状或者采取有效措施的，由风景名胜区管理机构责令停止施工。

第四十七条　违反本条例的规定，国务院建设主管部门、县级以上地方人民政府及其有关主管部门有下列行为之一的，对直接负责的主管人员和其他直接责任人员依法给予处分；构成犯罪的，依法追究刑事责任：

（一）违反风景名胜区规划在风景名胜区内设立各类开发区的；

（二）风景名胜区自设立之日起未在 2 年内编制完成风景名胜区总体规划的；

（三）选择不具有相应资质等级的单位编制风景名胜区规划的；

（四）风景名胜区规划批准前批准在风景名胜区内进行建设活动的；

（五）擅自修改风景名胜区规划的；

（六）不依法履行监督管理职责的其他行为。

第四十八条　违反本条例的规定，风景名胜区管理机构有下列行为之一的，由设立该风景名胜区管理机构的县级以上地方人民政府责令改正；情节严重的，对直接负责的主管人员和其他直接责任人员给予降级或者撤职的处分；构成犯罪的，依法追究刑事责任：

（一）超过允许容量接纳游客或者在没有安全保障的区域开展游览活动的；

（二）未设置风景名胜区标志和路标、安全警示等标牌的；

（三）从事以营利为目的的经营活动的；

（四）将规划、管理和监督等行政管理职能委托给企业或者个人行使的；

（五）允许风景名胜区管理机构的工作人员在风景名胜区内的企业兼职的；

（六）审核同意在风景名胜区内进行不符合风景名胜区规划的建设活动的；

（七）发现违法行为不予查处的。

第四十九条　本条例第四十条第一款、第四十一条、第四十三条、第四十四条、第四十五条、第四十六条规定的违法行为，依照有关法律、行政法规的规定，有关部门已经予以处罚的，风景名胜区管理机构不再处罚。

第五十条　本条例第四十条第一款、第四十一条、第四十三条、第四十四条、第四十五条、第四十六条规定的违法行为，侵害国家、集体或者个人的财产的，有关单位或者个人应当依法承担民事责任。

第五十一条　依照本条例的规定，责令限期拆除在风景名胜区内违法建设的建筑物、构筑物或者其他设施的，有关单位或者个人必须立即停止建设活动，自行拆除；对继续进行建设的，作出责令限期拆除决定的机关有权制止。有关单位或者个人对责令限期拆除决定不服的，可以在接到责令限期拆除决定之日起15日内，向人民法院起诉；期满不起诉又不自行拆除的，由作出责令限期拆除决定的机关依法申请人民法院强制执行，费用由违法者承担。

第七章　附　则

第五十二条　本条例自2006年12月1日起施行。1985年6月7日国务院发布的《风景名胜区管理暂行条例》同时废止。

国务院关于修改部分行政法规的决定（摘要）

中华人民共和国国务院令

第 666 号

《国务院关于修改部分行政法规的决定》已经 2016 年 1 月 13 日国务院第 119 次常务会议通过，现予公布，自公布之日起施行。

总　理　李克强

2016 年 2 月 6 日

五十一、将《风景名胜区条例》第二十八条和第四十二条中的"国务院建设主管部门"修改为"省、自治区人民政府建设主管部门和直辖市人民政府风景名胜区主管部门"。

国务院关于加强城乡规划监督管理的通知（摘要）

国发 [2002]13 号

  风景名胜资源是不可再生的国家资源，严禁以任何名义和方式出让或变相出让风景名胜区资源及其景区土地，也不得在风景名胜区内设立各类开发区、度假区等。要按照"严格保护、统一管理、合理开发、永续利用"的原则，认真组织编制风景名胜区规划，并严格按规划实施。规划未经批准的，一律不得进行各类项目建设。在各级风景名胜区内应严格限制建设各类建筑物、构筑物。确需建设保护性基础设施的，必须依据风景名胜区规划编制专门的建设方案，组织论证，进行环境影响评价，并严格依据法定程序审批。要正确处理风景名胜资源保护与开发利用的关系，切实解决当前存在的破坏性开发建设等问题。

国 务 院

二〇〇二年五月十五日

建设部关于贯彻落实
《国务院关于加强城乡规划监督管理的通知》的通知(摘要)

建规 [2002]204 号

五、加强风景名胜区的规划监督管理

风景名胜资源归国家所有,各级政府及其管理机构要严格履行管理职责。建设部和省级城乡规划部门、直辖市园林部门应当加强对风景名胜资源保护管理的监督。风景名胜区应当设立管理机构,在所属人民政府的领导下主持风景名胜区的管理工作。设在风景名胜区内的所有单位,除各自业务受上级主管部门领导外,都必须服从管理机构对风景名胜区的统一规划和管理。不得将景区规划管理和监督的职责交由企业承担。

要加快风景名胜区规划的编制工作。国家重点风景名胜区尚未完成规划编制的,要按国办 [2000]25 号文件的规定在今年底前完成编制;1990 年底以前编制的,要组织重新修编;今年国务院公布的第四批国家重点风景名胜区,要在 2003 年 6 月底前编制完成总体规划。省市级风景名胜区的规划编制工作也要抓紧进行。风景名胜区规划中要划定核心保护区(包括生态保护区、自然景观保护区和史迹保护区)保护范围,制定专项保护规划,确定保护重点和保护措施。核心保护区内严格禁止与资源保护无关的各种工程建设。风景名胜区规划与当地土地利用总体规划应协调一致。风景名胜区规划未经批准的,一律不得进行工程建设。

严格控制风景名胜区建设项目。要按照经批准的风景名胜区总体规划、建设项目规划和近期建设详细规划要求确定各类设施的选址和规模。符合规划要求的建设项目,要按照规定的批准权限审批。国家重点风景名胜区内的重大建设项目规划由省级城乡规划部门审查,报建设部审批,凡涉及文物保护单位的,应按《文物保护法》规定的程序报批。总体规划中未明确的重大建设项目,确需建设的,必须调整规划,按规定程序报批。对未经批准擅自新开工建设的项目要责令停工并依法拆除。

各地要对风景名胜区内的设施进行全面检查,对不符合总体规划、未按规定程序报批的项目,要登记造册,做出计划,限期拆除。省级城乡规划部门要于年底前将清理检查结果报建设部。

八、加强规划集中统一管理

城市规划区与风景名胜区重叠地区,风景名胜区规划与城市总体规划必须相一致。

各项建设项目的审批,必须符合风景名胜区和城市总体规划管理的有关规定,征求城市园林部门意见,由城乡规划部门会同有关部门统一管理。其它风景名胜区,由省(区)城乡规划部门、直辖市园林行政主管部门与所在市人民政府确定的派出机构,并会同相关业务部门,统一规划管理。

九、建立健全规划实施的监督机制

城乡规划管理应当受同级人大、上级城乡规划部门的监督,以及公众和新闻舆论的监督。城乡规划实施情况每年应当向同级人民代表大会常务委员会报告。下级城乡规划部门应当就城乡规划的实施情况和管理工作,向上级城乡规划部门提出报告。城乡规划部门要将批准的城乡规划、各类建设项目以及重大案件的处理结果及时向社会公布,应当逐步将旧城改造等建设项目规划审批结果向社会公布,批准开发企业建设住宅项目规划必须向社会公布。国家级和省级风景名胜区规划实施情况,依据管理权限,应当每年向建设部和省(区)城乡规划部门提出报告。城乡规划部门、城市园林部门可以聘请监督人员,及时发现违反城乡规划和风景名胜区规划的情况,并设立举报电话和电子信箱等,受理社会公众对违法建设案件的举报。

对城乡规划监督的重点是:规划强制性内容的执行,调整规划的程序,重大建设项目选址,近期建设规划的制定和实施,历史文化名城保护规划和风景名胜区规划的执行,历史文化保护区和风景名胜区范围内的建设,各类违法建设行为的查处情况。

加快建立全国城乡规划和风景名胜区规划管理动态信息系统。建设部应在2003年年底前实现对直辖市、省会城市等大城市、国家重点风景名胜区特别是其核心景区的各类开发活动和规划实施情况的动态监测。省(区)城乡规划部门、直辖市园林部门也要建立相应的动态管理信息系统。

中华人民共和国建设部中央机构编制委员会办公室
中华人民共和国国家发展计划委员会中华人民共和国财政部
中华人民共和国监察部中华人民共和国国土资源部
中华人民共和国文化部中华人民共和国国家旅游局
中华人民共和国国家文物局
二〇〇二年八月二日

国土资源部 住房和城乡建设部 国家旅游局关于支持旅游业发展用地政策的意见（摘要）

国土资规 [2015]10 号

二、明确旅游新业态用地政策

（六）引导乡村旅游规范发展。在符合土地利用总体规划、县域乡村建设规划、乡和村庄规划、风景名胜区规划等相关规划的前提下，农村集体经济组织可以依法使用建设用地自办或以土地使用权入股、联营等方式与其他单位和个人共同举办住宿、餐饮、停车场等旅游接待服务企业。依据各省、自治区、直辖市制定的管理办法，城镇和乡村居民可以利用自有住宅或者其他条件依法从事旅游经营。农村集体经济组织以外的单位和个人，可依法通过承包经营流转的方式，使用农民集体所有的农用地、未利用地，从事与旅游相关的种植业、林业、畜牧业和渔业生产。支持通过开展城乡建设用地增减挂钩试点，优化农村建设用地布局，建设旅游设施。

三、加强旅游业用地服务监管

（十一）建立部门共同监管机制。风景名胜区、自然保护区、国家公园等旅游资源开发，建设项目用地供应和使用管理应同时符合土地利用总体规划、城乡规划、风景名胜区规划及其他相关区域保护发展建设等规划，不符合的，不得批准用地和供地。新供旅游项目用地，将环保设施建设、建筑材料使用、建筑风格协调等要求纳入土地供应前置条件的，提出条件的政府部门应与土地使用权取得者签订相关建设活动协议书，并依法履行监管职责。要及时总结旅游产业用地利用实践情况，积极开展旅游产业用地重大问题研究和探索创新。

（十二）严格旅游业用地供应和利用监管。严格旅游相关农用地、未利用地用途管制，未经依法批准，擅自改为建设用地的，依法追究责任。严禁以任何名义和方式出让或变相出让风景名胜区资源及其景区土地。规范土地供应行为，以协议方式供应土地的，出让金不得低于按国家规定所确定的最低价。严格旅游项目配套商品住宅管理，因旅游项目配套安排商品住宅要求修改土地利用总体规划、城乡规划的，不得批准。严格相关旅游设施用地改变用途管理，土地供应合同中应明确约定，整宗或部分改变用途，用于商品住宅等其他经营项目的，应由政府收回，重新依法供应。

国家级风景名胜区规划编制审批办法

住房城乡建设部令第26号

第一条 为了规范国家级风景名胜区规划的编制和审批,根据《中华人民共和国城乡规划法》《风景名胜区条例》等法律、行政法规,制定本办法。

第二条 国家级风景名胜区规划的编制和审批,适用本办法。

第三条 经批准的国家级风景名胜区规划是国家级风景名胜区保护、利用和管理的依据。风景名胜区管理机构以及县级以上地方人民政府住房城乡建设主管部门不得违反国家级风景名胜区规划审批各类建设活动。

国家级风景名胜区规划未经批准的,不得在国家级风景名胜区内进行建设活动。

第四条 编制国家级风景名胜区规划,应当坚持保护优先、开发服从保护的原则,突出风景名胜资源的自然特性、文化内涵和地方特色,实现风景名胜资源的永续利用。

第五条 国家级风景名胜区规划分为总体规划和详细规划。

第六条 省、自治区人民政府住房城乡建设主管部门和直辖市人民政府风景名胜区主管部门(以下简称风景名胜区规划组织编制机关),负责组织国家级风景名胜区所在地市、县人民政府和风景名胜区管理机构等开展国家级风景名胜区规划编制工作。

第七条 编制国家级风景名胜区总体规划应当由具有甲级资质的城乡规划编制单位承担。

编制国家级风景名胜区详细规划应当由同时具有乙级以上城乡规划编制单位资质和风景园林工程设计专项资质的单位承担。

第八条 编制国家级风景名胜区规划应当遵守国家有关技术规范和标准,采用符合国家有关规定的基础资料。

第九条 编制国家级风景名胜区总体规划,应当进行科学论证,并广泛征求有关部门、专家和公众意见;必要时,可以举行听证。

第十条 国家级风景名胜区总体规划应当包括下列内容:

(一)界定风景名胜区和核心景区的范围边界,根据需要划定外围保护地带;

(二)明确风景名胜资源的类型和特色,评价资源价值和等级;

(三)确定风景名胜区的性质和定位;

(四)提出风景名胜区保护与发展目标,确定风景名胜区的游客容量、建设用地控制规模、旅游床位控制规模等;

（五）确定功能分区，提出基础设施、游览服务、风景游赏、居民点的空间布局；

（六）划定分级保护范围，提出分级保护规定；明确禁止建设和限制建设的范围，提出开发利用强度控制要求；提出重要风景名胜资源专项保护措施和生态环境保护控制要求；

（七）确定重大建设项目布局；提出建设行为引导控制和景观风貌管控要求；确定需要编制详细规划的区域，提出详细规划编制应当遵从的重要控制指标或者要求；

（八）编制游赏、设施、居民点协调、相关规划协调等专项规划。

第十一条　国家级风景名胜区总体规划应当自国家级风景名胜区批准设立之日起2年内编制完成。总体规划的规划期一般为20年。

第十二条　编制国家级风景名胜区详细规划应当符合国家级风景名胜区总体规划。总体规划确定的主要入口区、游览服务设施相对集中区等涉及较多建设活动的区域应当编制详细规划。

国家级风景名胜区详细规划应当包括下列内容：

（一）明确规划范围和规划区域的定位，分析总体规划相关要求；

（二）确定规划目标，提出发展控制规模；

（三）评价规划范围的资源、环境和用地条件，确定规划布局和建设用地的范围边界；

（四）提出建设用地范围内各地块的建筑限高、建筑密度、容积率、绿地率、给排水与水环境等控制指标及建筑形式、体量、风貌、色彩等设计要求；明确重要项目选址、布局、规模、高度等建设控制要求，对重要建（构）筑物的景观视线影响进行分析，提出设计方案引导措施；

（五）编制综合设施、游赏组织、居民点建设引导、土地利用协调等专项规划。

第十三条　编制国家级风景名胜区规划，不得在核心景区内安排下列项目、设施或者建筑物：

（一）索道、缆车、铁路、水库、高等级公路等重大建设工程项目；

（二）宾馆、招待所、培训中心、疗养院等住宿疗养设施；

（三）大型文化、体育和游乐设施；

（四）其他与核心景区资源、生态和景观保护无关的项目、设施或者建筑物。

第十四条　国家级风景名胜区规划成果应当包括规划文本、规划图纸、规划说明书、基础资料汇编、遥感影像图，以书面和电子文件两种形式表达。

征求意见及意见采纳的情况、专题论证材料、专家评审意见、公示情况等，应当纳入基础资料汇编。

第十五条　编制国家级风景名胜区总体规划，确需对经审定的风景名胜区范围进行较大调整或者安排索道、缆车等重大建设工程项目的，风景名胜区规划组织编制机关应当组织专家进行专题论证，形成专题论证材料。

第十六条　国家级风景名胜区规划编制完成后，风景名胜区规划组织编制机关应当组织专家进行评审。评审专家应当包括 3 名以上国务院住房城乡建设主管部门的风景园林专家委员会成员。

第十七条　国家级风景名胜区规划报送审批前，风景名胜区规划组织编制机关和风景名胜区管理机构应当依法将规划草案予以公示；公示时间不得少于 30 日。

第十八条　国家级风景名胜区总体规划由省、自治区、直辖市人民政府报国务院审批。

国家级风景名胜区详细规划由风景名胜区规划组织编制机关报国务院住房城乡建设主管部门审批。

第十九条　国家级风景名胜区总体规划审批前，国务院住房城乡建设主管部门应当按照国务院要求，组织专家对规划进行审查，征求国务院有关部门意见后，提出审查意见报国务院。

第二十条　风景名胜区规划组织编制机关和风景名胜区管理机构应当将经批准的国家级风景名胜区规划及时向社会公布，并为公众查阅提供便利。法律、行政法规规定不得公开的内容除外。

第二十一条　经批准的国家级风景名胜区规划不得擅自修改。确需对经批准的国家级风景名胜区总体规划中的风景名胜区范围、性质、保护目标、生态资源保护措施、重大建设项目布局、开发利用强度以及风景名胜区的功能结构、空间布局、游客容量进行修改的，应当报原审批机关批准；对其他内容进行修改的，应当报原审批机关备案。

国家级风景名胜区详细规划确需修改的，应当报原审批机关批准。

第二十二条　编制城市、镇规划，规划范围与国家级风景名胜区存在交叉或者重合的，应当将国家级风景名胜区总体规划中的保护要求纳入城市、镇规划。编制乡规划和村庄规划，规划范围与国家级风景名胜区存在交叉或者重合的，应当符合国家级风景名胜区总体规划。

国家级风景名胜区外围保护地带内的城乡建设和发展，应当与国家级风景名胜区总体规划的要求相协调。

第二十三条　任何单位和个人都应当遵守经批准的国家级风景名胜区规划，服从规划管理，并有权就涉及其利害关系的建设活动是否符合国家级风景名胜区规划的要求向风景名胜区管理机构查询。

任何单位和个人都有权向风景名胜区管理机构举报或者控告违反国家级风景名胜区规划的行为。

第二十四条　风景名胜区规划组织编制机关应当至少每 5 年组织专家对规划实施情况进行一次评估。评估报告应当及时报国务院住房城乡建设主管部门。

国家级风景名胜区总体规划的规划期届满前 2 年，风景名胜区规划组织编制机关应当对规划进行评估，作出是否重新编制规划的决定。在新规划批准前，原规划继续有效。

第二十五条　违反本办法规定，风景名胜区规划组织编制机关或者风景名胜区管理机构有下列行为之一的，由上级地方人民政府或者主管部门责令改正，并依法对直接负责的主管人员和其他直接责任人员给予处分：

（一）未组织编制国家级风景名胜区规划的；

（二）未按照法定程序组织编制国家级风景名胜区规划的；

（三）批准设立之日起 2 年内未编制完成国家级风景名胜区总体规划的；

（四）擅自修改国家级风景名胜区规划的；

（五）未将批准的国家级风景名胜区规划予以公布的。

第二十六条　违反本办法规定，风景名胜区管理机构以及县级以上地方人民政府住房城乡建设主管部门违反国家级风景名胜区规划批准建设活动的，应当依法对直接负责的主管人员和其他直接责任人员给予处分。

第二十七条　本办法自 2015 年 12 月 1 日起施行。

住房城乡建设部关于印发国家级风景名胜区总体规划大纲和编制要求的通知

建城 [2015]93 号

各省、自治区住房城乡建设厅，北京市园林绿化局，天津市城乡建设委员会，重庆市园林事业管理局：

为深入贯彻落实党的十八大、十八届三中、四中全会精神，深化行政审批制度改革，进一步规范国家级风景名胜区总体规划（以下简称总体规划）编制，突出总体规划重点，增强总体规划的统一性和规范性，提高总体规划审查效率，依据《风景名胜区条例》等规定，我部研究制定的《国家级风景名胜区总体规划大纲（暂行）》和《国家级风景名胜区总体规划编制要求（暂行）》，已经国务院审定同意。现印发给你们，请结合实际遵照执行。

原《关于规范国家级风景名胜区总体规划上报成果的规定（暂行）》（建城 [2013]142号）同时废止。

中华人民共和国住房和城乡建设部
2015 年 6 月 26 日

附件一：

国家级风景名胜区总体规划文本大纲（暂行）

第一章　规划总则

　　第一条　规划目的

　　第二条　规划范围与面积

　　第三条　风景名胜区性质与资源特色

　　第四条　规划期限

第二章　保护规划

　　第五条　资源分级保护

　　第六条　资源分类保护

第七条　建设控制管理

第八条　生态环境保护

第三章　游赏规划

第九条　游客容量

第十条　特色景观与展示

第十一条　景区规划

第四章　设施规划

第十二条　道路交通规划

第十三条　游览设施规划

第十四条　基础工程规划

第五章　居民点协调发展规划

第十五条　居民点调控类型

第十六条　居民点调控措施

第六章　相关规划协调

第十七条　城市规划协调（含外围区域保护协调）

第十八条　土地利用规划协调

第十九条　其他相关规划和管理规定协调

第七章　近期规划实施

第二十条　近期实施重点

附　表

表1-1　风景名胜资源类型表

表2-1　文物保护单位一览表

表3-1　风景名胜区游客容量表

国家级风景名胜区总体规划图纸目录（暂行）

图0-1　区位关系图

图0-2　综合现状图

图0-3　规划总图

图1-1　风景名胜区和核心景区界线坐标图

图2-1　分级保护规划图

图3-1　游赏规划图

图4-1　道路交通规划图

图4-2　游览设施规划图

图 5-1　居民点协调发展规划图

图 6-1　城市发展协调规划图

图 6-2　土地利用规划图

国家级风景名胜区总体规划说明书大纲（暂行）

第一章　关于规划总则的说明

一、规划范围与面积

（一）风景名胜区和核心景区范围与面积

（二）风景名胜区范围调整说明（涉及范围调整的编制）

二、风景名胜区性质与资源特色

（一）风景名胜区性质

（二）风景名胜资源特征

（三）风景名胜资源类型与评价

三、规划期限

四、规划目标

（一）总目标

（二）分项目标

第二章　关于保护规划的说明

一、资源分级保护

（一）一级保护区（核心景区—严格禁止建设范围）

（二）二级保护区（严格限制建设范围）

（三）三级保护区（控制建设范围）

二、资源分类保护

三、建设控制管理

（一）分区设施控制管理

（二）分区活动控制管理

四、生态环境保护

第三章　关于游赏规划的说明

一、游客容量

二、特色景观与展示

（一）特色景观类型与展示主题

（二）解说展示场所与方式

三、景区规划

第四章　关于设施规划的说明

　　一、道路交通规划

　　　　（一）对外道路交通规划

　　　　（二）内部道路交通规划

　　　　（三）交通设施规划

　　　　（四）道路及交通设施控制要求

　　二、游览设施规划

　　　　（一）游览设施布局与分级配置

　　　　（二）游览设施建设控制引导

　　　　（三）床位规模控制与分布

　　三、基础工程规划

　　　　（一）给水工程规划

　　　　（二）排水工程规划

　　　　（三）供电工程规划

　　　　（四）电信工程规划

　　　　（五）环卫设施规划

　　　　（六）综合防灾规划

第五章　关于居民点协调发展规划的说明

　　一、居民社会现状

　　二、居民点调控

　　　　（一）调控类型

　　　　（二）调控措施

　　三、经济发展引导

第六章　关于相关规划协调的说明

　　一、城市规划协调（含外围区域保护协调）

（不涉及城市规划区域的，不编制此项内容）

　　二、土地利用规划协调

　　三、其他相关规划和管理规定协调

　　　　（一）生态环境保护

　　　　（二）水资源保护

　　　　（三）林地和特定区域保护

　　　　（四）文物保护

　　　　（五）宗教活动场所管理

（六）旅游管理

第七章　关于近期规划实施的说明

　　一、近期实施重点

　　二、近期建设内容

　　　　（一）近期景区建设

　　　　（二）近期保护利用项目

附件二：

国家级风景名胜区总体规划编制要求（暂行）

　　为了规范国家级风景名胜区总体规划（以下简称总体规划）成果，提高总体规划编制水平，强化执行和监督，对总体规划编制提出以下要求：

　　一、总体要求

　　（一）总体规划一般包括规划文本、规划图纸、规划说明书三部分内容。编制总体规划既要内容精炼、突出重点、统一格式，又要提高深度，增强针对性、可实施性及对详细规划的指导性，便于执行和监督。

　　（二）规划文本应当以法规条文方式书写，直接表述规划结论，避免解释性、过程性的内容，正文字数一般不超过10000字。规划图纸应当与规划文本保持一致，以图件形式清晰、规范、准确表示规划文本结论的空间位置、地域、关系和规划要求。规划说明书应当对规划文本结论逐项进行必要的分析、论证和说明，可对文本内容作适当扩展和补充。规划文本和规划图纸合并成册，规划说明书单独成册。

　　（三）总体规划编制内容要与详细规划进行适当区分。总体规划应当从整体层面对风景名胜区的保护、利用和管理进行控制和引导；详细规划在符合总体规划的前提下，从局部层面对风景名胜区的具体保护、利用、建设和管理活动进行规范和管控，对总体规划要求进行细化安排和具体落实。

　　二、具体要求

　　（一）关于规划总则

　　1、规划目的

　　规划文本应当明确规划编制的目的和依据。

　　2、规划范围与面积

　　规划文本应当明确风景名胜区和核心景区的范围和面积，界定风景名胜区和核心景区范围重要拐点的经纬度坐标。

　　规划图纸应当明确风景名胜区和核心景区的边界线，标注风景名胜区和核心景区边界线拐点的经纬度坐标等。独立片区坐标可单独制图标注。

规划说明书应当提出风景名胜区范围划定的原则，描述风景名胜区和核心景区的四至边界，并对文本结论作必要的分析说明。涉及范围调整的，应当描述上版总体规划确定的或者设立时经审定的风景名胜区范围和面积，分析范围调整的必要性、合理性，说明范围调整的具体情况及理由。

3、风景名胜区性质与资源特色

规划文本应当概括风景名胜区的性质定位，明确风景名胜资源的类型、数量、特色和价值。

规划说明书应当列出风景名胜区资源类型和景点评价结果表，概括风景名胜资源特征和价值，并对文本结论作必要的分析说明。

4、规划期限

规划文本应当明确规划实施的起止年限，提出规划分期。

5、规划目标

规划说明书应当提出规划期限内风景名胜区保护与发展的总体目标及资源保护、游赏利用、居民社会协调发展等分项目标，并对总体目标和分项目标作必要的分析说明。

（二）关于保护规划

1、资源分级保护

规划文本应当基于风景名胜区的资源特点与空间分布、功能结构和空间布局等分析，划定一级保护区（核心景区—严格禁止建设范围）、二级保护区（严格限制建设范围）、三级保护区（控制建设范围），提出相应保护规定。

规划图纸应当标明各级保护区的具体划分、边界范围和空间关系。

规划说明书应当说明风景名胜资源总体保护状况和威胁，分析存在的问题及原因，并对文本结论作必要的分析说明。

2、资源分类保护

规划文本应当提出风景名胜区重要资源本体（野生动物、森林植被、自然水体、地质遗迹、文物古迹、非物质文化遗产等）的专项保护措施。

规划说明书应当说明风景名胜区涉及的重要资源本体的保护现状和威胁，分析存在的问题及原因，并对文本结论作必要的分析说明。

3、建设控制管理

规划文本应当提出各级保护区内禁止、限制和适宜建设设施的清单。

规划说明书应当对禁止、限制和适宜建设设施的清单作必要的分析说明，可以结合实际对游览、科研、管理、经济社会等其他人为活动进行适当分级控制。

4、生态环境保护

规划文本应当提出各级保护区大气、水、噪声、植被覆盖率等方面的指标要求。

规划说明书应当说明风景名胜区大气、水、噪声、植被覆盖率等生态环境现状，分析存在的问题及原因，并对生态环境保护控制指标作必要的分析说明。

（三）关于游赏规划

1、游客容量

规划文本应当提出风景名胜区的日游客容量、日极限游客容量及重要景区景点的日游客容量、日极限游客容量。

规划说明书应当对游客容量的测算依据、方法、结论和执行要求作必要的分析说明。

2、特色景观与展示

规划文本应当提出风景名胜区特色景观类型、解说展示主题、解说展示方式或设施等要求。

规划说明书应当说明特色景观类型、展示现状，分析存在的问题及原因，并对文本结论作必要的分析说明。

3、景区规划

规划文本应当提出风景名胜区的景区划分，明确各个景区的游览区域、景观特色与营造、游览主题与活动等。

规划图纸应当标明景区、特色景观景点、游线、重点解说展示设施等内容。

规划说明书应当说明现状景区划分、游览区域，分析存在的问题及原因，并对文本结论作必要的分析说明。

（四）关于设施规划

1、道路交通规划

规划文本应当明确风景名胜区对外交通联系和组织，提出风景名胜区主要出入口的总体布局、设施配置、景观风貌及控制指标或要求，提出内部游览道路与交通设施的布局、分级及控制指标或要求。

规划图纸应当标明对外交通、出入口、车行游览道路、游步道、索道、码头、停车场等的空间位置及关系。

规划说明书应当说明风景名胜区内外交通和出入口现状，分析存在的问题及原因，并对文本结论作必要的分析说明。

2、游览设施规划

规划文本应当提出游览设施及其用地的布局、规模、位置、配置及控制指标或要求，明确风景名胜区内旅宿床位的控制数量。规划游览服务基地或游览设施相对集中区域的，规划文本应当提出相应的建设用地规模、建筑面积规模、建筑风貌、体量、色彩、高度等控制指标或要求。

规划图纸应当标明游览设施的布局、分级、配置和控制要求。

规划说明书应当说明现状游客数量、游览服务设施及其用地现状，分析存在的问题及原因，预测游客发展规模及设施需求，对比分析容量控制要求，并对文本结论作必要的分析说明。

3、基础工程规划

规划文本应当确定给排水、环卫、电力电讯、综合防灾（防火、抗震、防洪、地质灾害、游客安全、应急避险与救援）等设施的布局、配置及控制指标或要求。

规划说明书应当说明基础工程设施现状，分析存在的问题及原因，并对文本结论作必要的分析说明。

（五）关于居民点协调发展规划

1、居民点调控类型

规划文本应当提出各类居民点调控建议，明确居民点建设风貌、用地规模等相关建设控制要求，提出居民人口调控规模的建议。

规划图纸应当标明居民点位置及其分类调控要求。

规划说明书应当说明风景名胜区居民点数量、分布、用地、建设和人口等现状，分析存在的问题及原因，并对文本结论作必要的分析说明。

2、居民点调控措施

规划文本应当提出核心景区和其他景区村镇建设和人口疏解的调控措施，明确依法维护居民合法权益的要求，提出居民点疏解后用地的性质和用途。

规划说明书应当对居民点调控措施作必要的分析说明。

（六）关于相关规划协调

1、城市规划协调（含外围区域保护协调）

涉及城市规划区域的，规划文本应当提出与城市规划协调的内容和措施；风景名胜区外围区域具有重要影响的，规划文本应当明确划定外围保护地带的范围，并提出相应保护控制与协调发展的要求和措施。

规划图纸应当标明风景名胜区与城市交叉区域、风景名胜区与外围区域（或外围保护地带）的关系及其建设控制要求，标明涉及的城市绿线、蓝线、紫线、黄线范围。

规划说明书应当说明风景名胜区与城市、外围区域的协调发展现状，分析存在的问题及原因，并对协调措施作必要的分析说明。

2、土地利用规划协调

规划文本应当提出与当地土地利用总体规划协调的内容和措施，列出土地利用平衡表。

规划图纸应当按照风景名胜区用地大类具体划分规划用地的位置、数量和分布，部分可按中类划分规划用地。

规划说明书应当说明风景名胜区土地利用现状，分析存在的问题及原因，并对文本结论作必要的分析说明。

3、其他相关规划和管理规定协调

规划文本应当提出与生态环境（含规划环评）、水资源、林地与自然保护区、文物、宗教、旅游等相关规划和管理规定协调的内容和措施。

规划说明书应当对相关规划和管理规定的协调内容和措施作必要的分析说明，增加规划环境影响评价篇章或说明。

（七）关于近期规划实施

近期实施重点

规划文本应当提出近期规划实施重要方面、内容和具体安排，明确需要编制详细规划的重点区域或地段，提出详细规划编制应当遵从的重要控制指标和要求。

规划说明书应当对近期实施重点和详细规划编制要求作必要的分析说明。

住房城乡建设部办公厅关于开展国家级风景名胜区总体规划评估工作的通知

建办城函 [2017]255 号

各有关省、自治区住房城乡建设厅，北京市园林绿化局，重庆市园林事业管理局：

为贯彻落实《风景名胜区条例》关于风景名胜区总体规划的规划期届满前2年，规划的组织编制机关应当组织专家对规划进行评估，作出是否重新编制规划的决定的规定，各地要尽快组织启动2020年前到期的国家级风景名胜区总体规划（以下简称总体规划）的评估工作（附件1）。现将有关要求通知如下：

一、突出评估重点。总体规划评估要坚持问题导向，在充分肯定总体规划实施成效的同时，紧紧围绕现行规划履行《风景名胜区条例》规定，就总体规划对风景名胜区保护、利用和管理的指导性，以及总体规划编制、实施和监管的一致性等进行科学评估。

二、编写评估报告。要按照风景名胜区总体规划评估报告框架要求（附件2），规范编制评估报告，提出是否重新编制规划的结论，明确重新编制规划需解决的重要事项和重点问题，并提出针对性的措施建议，为下一步规划编制提供指导。

三、加快工作进度。2015年前到期或1994年前批准实施的总体规划的评估工作要于2017年12月底前完成；2020年到期的总体规划的评估工作要力争于2018年6月底前完成；评估报告要及时报我部城市建设司。各地要根据评估结论，适时启动有关风景名胜区总体规划的重新编制工作，以便做好新规划与原规划的衔接。

附件：1. 总体规划2020年前到期的国家级风景名胜区名单
2. 风景名胜区总体规划实施评估报告框架

中华人民共和国住房和城乡建设部办公厅
2017年4月11日

附件1

总体规划2020年前到期的国家级风景名胜区名单

序号	风景名胜区	省份	规划期限或批复年份
1	石花洞风景名胜区	北京	2007—2020
2	野三坡风景名胜区	河北	2007—2020
3	黄河壶口瀑布风景名胜区	山西、陕西	1997—2010
4	鞍山千山风景名胜区	辽宁	1990—2010
5	兴城海滨风景名胜区	辽宁	1997—2010
6	本溪水洞风景名胜区	辽宁	1996—2010
7	镜泊湖风景名胜区	黑龙江	2007—2020
8	防川风景名胜区	吉林	2007—2020
9	"八大部"—净月潭风景名胜区	吉林	2006—2020
10	仙景台风景名胜区	吉林	2005—2020
11	南京钟山风景名胜区	江苏	1996—2010
12	杭州西湖风景名胜区	浙江	2005—2020
13	仙都风景名胜区	浙江	1997—2020
14	黄山风景名胜区	安徽	2007—2025
15	九华山风景名胜区	安徽	2007—2020
16	琅琊山风景名胜区	安徽	2007—2020
17	采石风景名胜区	安徽	2007—2020
18	太姥山风景名胜区	福建	1996—2010
19	鸳鸯溪风景名胜区	福建	2006—2020
20	玉华洞风景名胜区	福建	2006—2020
21	三清山风景名胜区	江西	2005—2020
22	泰山风景名胜区	山东	1993
23	青岛崂山风景名胜区	山东	1993
24	大洪山风景名胜区	湖北	1996—2010
25	隆中风景名胜区	湖北	1997—2020
26	九宫山风景名胜区	湖北	2002—2020
27	衡山风景名胜区	湖南	2005—2020
28	武陵源风景名胜区	湖南	2005—2020
29	韶山风景名胜区	湖南	1995—2015
30	岳麓山风景名胜区	湖南	2005—2020
31	崀山风景名胜区	湖南	2005—2020
32	肇庆星湖风景名胜区	广东	1991—2000
33	花山风景名胜区	广西	1994

续表

序号	风景名胜区	省份	规划期限或批复年份
34	峨眉山风景名胜区（含乐山）	四川	2003—2020
35	黄龙寺—九寨沟风景名胜区		2006—2020
36	蜀南竹海风景名胜区		2002—2020
37	芙蓉江风景名胜区	重庆	2007—2020
38	四面山风景名胜区		2007—2020
39	金佛山风景名胜区		1997—2010
40	黄果树风景名胜区	贵州	1997—2015
41	红枫湖风景名胜区		1996—2015
42	龙宫风景名胜区		1997—2010
43	荔波樟江风景名胜区		2007—2020
44	赤水风景名胜区		2003—2020
45	石林风景名胜区	云南	2007—2020
46	临潼骊山风景名胜区	陕西	1993—2000
47	宝鸡天台山风景名胜区		1997—2010
48	天山天池风景名胜区	新疆	2007—2020
49	雅砻河风景名胜区	西藏	1994—2020

附件2

风景名胜区总体规划评估报告框架

一、基本情况

（一）风景名胜区概况

包括设立时间、范围面积、机构设置、资源特征等情况。

（二）总体规划情况

包括总体规划及其详细规划编制审批，总体规划确定的主要发展目标、控制指标、内容要点等。

二、评估内容

（一）规划实施的一致性

重点聚焦现行规划的编制、审批、实施、监管是否协调衔接，包括规划编制内容是否科学完善，规划主要目标任务实现情况（如现状空间布局与规划一致性、分级保护要求落实、设施建设等）、规划实施监管情况（如管理机构的权责一致性、管辖范围与规划范围一致性、实现统一规划和管理、执法检查问题整改落实情况、违规建设查处等情况）。

（二）景观资源保护状况

重点评估当前重要景观资源及其周围环境的保护保存状况、新的景观资源挖掘情况，以及景观资源保护存在的问题与威胁因素和所采取的保护措施等。

（三）规划的指导性

紧扣现行规划是否能够引领风景名胜区发展，有效指导当前及未来一段时期风景名胜区的保护、利用和管理，统筹协调风景名胜区与城乡建设、土地利用等方面的关系，发挥风景名胜区对生态文明建设、精准扶贫、经济社会发展等方面的带动作用。

（四）规划履行《条例》等情况

重点评估现行规划是否符合《条例》《国家级风景名胜区规划编制审批办法》《住房城乡建设部关于印发国家级风景名胜区总体规划大纲和编制要求的通知》（建城[2015]93号）等规定的相关内容，满足风景名胜区管理规定和要求。

各地可以根据需要，增加其他评估内容。

三、评估结论和建议

（一）作出是否重新编制规划的决定

（二）重新编制规划的建议

基于评估情况，结合国家法律法规、方针政策的新要求和风景名胜区内外部发展条件，提出重新编制规划需要解决的重点问题、重点事项及针对性的规划对策。

住房城乡建设部关于印发国家级风景名胜区管理评估和监督检查办法的通知

建城 [2015]175 号

各省、自治区住房城乡建设厅，北京市园林绿化局，天津市城乡建设委员会，重庆市园林事业管理局，国家级风景名胜区管理机构：

为贯彻落实《中华人民共和国城乡规划法》、《风景名胜区条例》和《城乡规划违法违纪行为处分办法》，规范国家级风景名胜区日常管理评估和执法检查工作，我部制定了《国家级风景名胜区管理评估和监督检查办法》。现印发给你们，请遵照执行。

中华人民共和国住房和城乡建设部

2015 年 11 月 6 日

国家级风景名胜区管理评估和监督检查办法

第一章 总 则

第一条 为强化国家级风景名胜区监督管理，规范日常管理评估和执法检查工作，根据《中华人民共和国城乡规划法》、《风景名胜区条例》和《城乡规划违法违纪行为处分办法》等法律法规及有关规定，制定本办法。

第二条 本办法适用于住房城乡建设部对国家级风景名胜区开展管理评估和执法检查等各项监督管理活动。

第三条 住房城乡建设部依法组织对国家级风景名胜区的规划实施情况、资源保护状况进行监督检查和管理评估。对发现的问题，予以纠正并提出处理意见或者建议。

第四条 住房城乡建设部在依照法律法规和本办法履行监督检查职责时，有权采取下列措施：

（一）要求报送有关文件和数据资料等；

（二）要求有关单位汇报保护管理情况；

（三）进入国家级风景名胜区进行实地检查；

（四）查阅或者复制有关资料、凭证；

（五）向有关单位和人员调查了解相关情况；

（六）法律、法规规定有权采取的其他措施。

监督检查人员在履行监督检查职责时，应当严格遵守国家有关法律法规规定的程序，并为被评估或检查单位保守技术和业务秘密。

第五条 有关单位或者人员对依法进行的监督检查工作应当给予支持与配合，如实反映情况，提供有关资料，不得拒绝或者妨碍监督检查工作。

第六条 任何单位和个人都有保护风景名胜资源的义务，有权制止、检举破坏风景名胜资源的行为，并可对不履行或者不依法履行国家级风景名胜区监督管理职责的机构和人员进行检举或者控告。

第二章 管理评估

第七条 住房城乡建设部负责组织对国家级风景名胜区保护管理情况实施评估。

第八条 管理评估分为年度评估和定期评估。

年度评估每年一次，定期评估每五年不少于一次。

第九条　年度评估由住房城乡建设部风景名胜区管理办公室组织实施，主要依据国家级风景名胜区规划实施和资源保护状况年度报告上报情况及内容开展。

第十条　国家级风景名胜区所在地的风景名胜区管理机构应当依法每年向住房城乡建设部报送风景名胜区规划实施和土地、森林等自然资源保护的情况报告。

规划实施和资源保护状况年度报告内容、格式和要求依照有关规定办理。

第十一条　年度评估结果抄送国务院有关部门、省级住房城乡建设主管部门和直辖市风景名胜区主管部门，并适时向社会公布。

年度评估结果同时应纳入定期评估内容。

第十二条　定期评估由住房城乡建设部组织成立专家组负责实施。

评估专家从住房城乡建设部风景园林专家委员会成员中随机抽取确定。专家组负责技术审查，提出初步结论报住房城乡建设部审定。

第十三条　国家级风景名胜区定期评估应包括以下主要内容：

（一）年度报告上报情况及年度评估结果；

（二）规划编制报批情况；

（三）风景名胜资源保护措施及效果情况；

（四）各项配套管理制度建设情况；

（五）网络信息系统建设、维护及动态监测情况；

（六）卫星遥感监测疑似新增建设图斑核查情况；

（七）违法违规行为核实及查处情况；

（八）法律法规规定的其他内容。

第三章　执法检查

第十四条　国家级风景名胜区执法检查分为综合执法检查、专项执法检查和个案督查。

第十五条　综合执法检查定期开展，由住房城乡建设部组织成立检查组实施。检查组人员包括国务院相关部门、风景名胜区省级主管部门和管理机构代表以及有关专家组成，其中专家比例不少于1/3。

第十六条　除本办法第十三条规定事项外，综合执法检查还应包括以下主要内容：

（一）规划实施情况，包括规划实施计划制定情况、规划阶段性目标落实情况、规划强制性内容执行情况、规划执行效果评价和规划公开公示情况等；

（二）建设管理情况，包括风景名胜区内建设项目是否依法依规履行审批手续、重大建设工程项目选址是否依法报经核准、存量违法违规项目是否得到有效整治、是否违反规划在风景名胜区内设立各类开发区和在核心景区内建设宾馆、培训中心、疗养院以及与风景名胜资源保护无关的其他建筑物等；

（三）保护管理情况，包括是否存在开山采石等破坏景观植被和地形地貌的活动、风景名胜资源的真实性和完整性是否得到有效保护、是否按照要求设立界桩界碑、是否制定和实施科学完善的保护措施、环境卫生是否符合有关要求、是否存在污染环境的行为、对生活污水和垃圾等是否做到达标处理等；

（四）运营服务情况，包括是否有效设置安全防护设施、是否按照要求在主要入口和独立景区均设立国家级风景名胜区徽志、游览秩序情况、是否存在超容量接待、是否建立完善的宣传教育设施和解说系统、是否存在违法转让门票收取权和景区资源及管理权的行为、监管信息系统建设维护及数据上报是否符合有关规定等；

（五）法律法规规定的其他内容。

第十七条 综合执法检查应注重实地踏勘，以卫星遥感监测图斑核查为重点，采用明查与暗访相结合、重点检查与随机抽查相结合方式等。

第十八条 专项执法检查主要针对规划实施、建设管理、保护管理、运营服务中的突出问题，进行专项检查和清理整治，根据工作需要不定期开展。

第十九条 个案督查针对媒体曝光、群众举报或工作中发现的涉嫌违法违规问题开展，由住房城乡建设部稽查部门牵头进行个案督查。

第四章 结果处理

第二十条 住房城乡建设部将对定期评估或者综合执法检查结果予以通报，接受社会监督。

对定期评估或综合执法检查结果优秀的风景名胜区，予以通报表扬；对存在严重问题的风景名胜区，予以通报批评并责令限期整改。

第二十一条 建立国家级风景名胜区黄牌警告和退出机制，实行濒危名单管理。

国家级风景名胜区具有以下情形之一的，可以列入濒危名单，并给予黄牌警告：

（一）在定期评估和综合执法检查中存在严重问题，经整改达不到要求或者拒不整改的；

（二）风景名胜资源和价值面临严重破坏或者濒临灭失风险的；

（三）所在地人民政府及有关部门法定监管职责难以落实，保护管理明显不力的；

（四）存在重大违法违规行为不能有效查处或者拒不纠正的。

第二十二条 对于列入濒危名单的国家级风景名胜区，责令限期整改并重点督办，向社会公开。

整改期原则上为1年。

第二十三条 被列入濒危名单管理的风景名胜区整改验收达标前，应暂停风景名胜区内新增建设项目审批。

第二十四条　整改完成或者濒危整改期限届满，住房城乡建设部将组织专家进行综合评估，视评估结果处理：

（一）达到整改要求的，继续保留国家级风景名胜区资格，移出濒危名单；

（二）风景名胜资源价值丧失或者明显退化，不具备国家风景名胜区设立条件或标准的，报请国务院建议予以撤销。

（三）风景名胜资源价值未完全丧失，但保护管理明显不力、整改不到位或拒不整改的，住房城乡建设部将约谈风景名胜区所在地人民政府分管领导或者负责人，挂牌督办。

第二十五条　具有以下情形之一的，可以认定风景名胜资源价值丧失或者明显退化，不再具备国家风景名胜区设立条件或标准：

（一）特级、一级景点（景源）遭到实质性破坏；

（二）自然景观和人文景观被人为干预或者破坏，丧失自然状态或者历史原貌；

（三）风景名胜区碎块化严重或违法违规建设活动侵入核心景区，不具备资源完整性要求；

（四）其他严重情形。

第二十六条　国家级风景名胜区被撤销的，原省级风景名胜区是否保留由所在地省级人民政府决定。

第二十七条　因保护管理不力且整改不到位导致国家级风景名胜区被撤销的，依法追究直接负责的主管人员和其他直接责任人员法律责任。

第二十八条　在管理评估和执法检查工作中，发现国家机关工作人员依法应该给予行政处分的，住房城乡建设部将向其任免机关或者监察机关提出处分建议；构成犯罪的，移送司法机关依法追究刑事责任。

第五章　附　则

第二十九条　本办法中所称规划包括风景名胜区总体规划和详细规划。

第三十条　住房城乡建设部对世界自然遗产地、世界文化自然双遗产地保护管理情况进行监督检查时，省、自治区人民政府住房城乡建设主管部门和直辖市人民政府风景名胜区主管部门对本行政区域内风景名胜区进行管理评估和监督检查时，可以参照本办法执行。

第三十一条　本办法由住房城乡建设部负责解释。

第三十二条　本办法自发布之日起实施。

住房城乡建设部办公厅关于做好国家级风景名胜区内重大建设工程项目选址方案核准工作的通知

建办城 [2014]53 号

各省、自治区住房城乡建设厅，北京市园林绿化局，天津市城乡建设委员会，重庆市园林事业管理局：

2014年10月23日，国务院下发了《关于取消和调整一批行政审批项目等事项的决定》（国发[2014]50号，以下简称《决定》）。为贯彻落实《决定》要求，切实做好国家级风景名胜区内重大建设工程项目选址方案核准工作，现将有关事项通知如下：

一、根据《决定》要求，"在国家级风景名胜区内修建缆车、索道等重大建设工程项目选址方案核准"事项，下放至省级人民政府住房城乡建设行政主管部门。我部将依据经批准的国家级风景名胜区规划相关要求，对国家级风景名胜区内重大建设工程项目选址方案核准工作实施指导和监督。

二、各省级人民政府住房城乡建设行政主管部门或者直辖市风景名胜区主管部门要认真贯彻落实《决定》要求，切实履行好国家级风景名胜区内重大建设工程选址方案核准职责：

（一）明确核准依据。严格依据《风景名胜区条例》、经国务院批准的国家级风景名胜区总体规划和我部批准的详细规划要求，对国家级风景名胜区内重大建设工程项目选址方案进行核准。风景名胜区规划未经批准的，不得在风景名胜区内进行各类建设活动；禁止在国家级风景名胜区核心景区内核准同意与风景资源保护无关的重大建设工程项目选址方案。

（二）严格审查论证。作出核准意见前，应当组织专家组对国家级风景名胜区内重大建设工程项目选址方案是否符合经批准的国家级风景名胜区规划要求，项目选址的必要性、合理性、可行性及对资源生态和景观环境影响等方面进行专项审查和论证；专家组成员应当包括2名以上我部风景园林专家委员会委员。

（三）及时上报信息。重大建设工程项目选址方案是否符合经批准的国家级风景名胜区总体规划和详细规划的审查情况，应在作出核准意见15个工作日前向我部通报有关信息。作出重大建设工程项目选址方案核准意见后，应在10个工作日内将核准结果情况上报我部，并将相关材料上传至我部国家级风景名胜区监管信息系统网络平台。

三、各省级人民政府住房城乡建设行政主管部门或者直辖市风景名胜区主管部门要抓紧做好国家级风景名胜区内重大建设工程项目选址方案核准配套制度建设，优化核准程序，提高核准效率。要采取切实有效的措施，加强事前严格审查，加大事后监督管理，妥善处理好风景名胜资源保护与重大建设工程项目选址布局的关系。

未按规定审查程序核准同意的、核准同意的重大建设工程项目因施工不当或者监管不力造成风景名胜区资源环境严重破坏等情形的，我部将会同有关部门依据《中华人民共和国城乡规划法》、《风景名胜区条例》、《城乡规划违法违纪行为处分办法》等有关规定严肃处理，并追究相关责任人的行政责任。

中华人民共和国住房和城乡建设部办公厅

2014 年 12 月 17 日

住房城乡建设事业"十三五"规划纲要(摘要)

九、推动风景名胜区和世界遗产持续发展

(一)开展风景名胜资源普查。

全面掌握我国各类风景名胜资源分布、价值、数量、保护、管理等情况,构建资源普查数据库,编制资源普查图集和成果报告。在资源普查基础上,编制风景名胜区体系规划,指导各地有计划有步骤地将价值较高的风景名胜资源纳入到法定风景名胜区体系,完善风景名胜区体系的资源构成、空间分布、功能结构。积极推进风景名胜区设立,支持中西部地区优先申报设立风景名胜区,逐步将价值较高的省级风景名胜区上升为国家级风景名胜区,稳步增加风景名胜区数量和面积。

(二)加强风景名胜区保护利用和管理。

完善《风景名胜区条例》配套制度和技术规范,制定出台风景名胜区门票收入和资源有偿使用管理办法、设立审查办法、规划实施评估办法等制度,建立健全规划编制、保护分区划定、资源分类与评价、智慧景区建设等技术规范。研究探索建立国家风景名胜区保护和发展基金。推动完善风景名胜区生态保护补偿机制。积极探索按照保护管理绩效对国家级风景名胜区进行分等定级。加大保护投入,建设或提升一批资源保护和公共服务设施,开展智慧景区建设。通过"规划、建设、管控"妥善处理资源保护和利用的关系,创新风景名胜区规划理念,科学划定保护分区,合理安排保护与利用空间。严格依据风景名胜区规划实施用途管制,加强建设活动管理,有序引导资源利用。强化规划实施监管,加强规划实施评估、监督检查和遥感动态监测,严肃查处违规建设行为,维护规划严肃性。

(三)做好世界遗产申报和保护监督。

坚持保护优先理念,增强履行《世界遗产公约》的能力,践行国际承诺。制订中国世界自然遗产保护发展战略,指导世界自然遗产事业有序发展。稳步推进世界自然遗产、自然与文化遗产的申报,完善申报机制,实行预备清单动态更新,积极培育新的世界遗产申报项目。加强世界遗产地保护管理状况的监测、督察和评估。加强国际交流合作,推进与有关国际组织和政府机构在政策、信息、技术等方面的资源共享和项目合作。

中华人民共和国住房和城乡建设部
2016 年 8 月 26 日

住房城乡建设部关于印发全国风景名胜区事业发展"十三五"规划的通知

建城 [2016] 247 号

各省、自治区住房城乡建设厅，北京市园林绿化局，天津市城乡建设委员会，上海市绿化和市容管理局，重庆市园林事业管理局：

现将《全国风景名胜区事业发展"十三五"规划》印发给你们，请结合实际，认真贯彻落实，推动风景名胜区事业又好又快发展。

中华人民共和国住房和城乡建设部
2016 年 11 月 10 日

抄送：国家发展改革委、财政部、国土资源部、环境保护部、水利部、林业局、旅游局、文物局、宗教局。

全国风景名胜区事业发展"十三五"规划

前　言

"十三五"时期是全面建成小康社会、实现"两个一百年"奋斗目标的第一个百年奋斗目标的决胜阶段，是我国经济转型发展、进入新常态后的第一个五年，具有承前启后的重要意义。要全面建成小康社会，我国在生态环境保护、社会事业发展等方面还存在一些必须补齐的短板。风景名胜区是我国自然生态和自然文化遗产保护的重要一环，风景名胜区事业是一项为全民服务的公益事业，因此，风景名胜区事业"十三五"规划必须紧紧围绕服务大局、补齐短板的定位和《住房城乡建设事业"十三五"规划纲要》要求，科学制定，统筹部署。

风景名胜区是国家形象的代表，与国际上的国家公园相对应，同时又有着鲜明的中国特色，它凝结了大自然亿万年的神奇造化，承载着华夏文明五千年的丰厚积淀，是自然史和文化史的天然博物馆，是人与自然和谐发展的典范之区，是中华民族薪火相传的共同财富。1982年，我国正式建立风景名胜区制度。截至2015年底，全国已建立风景名胜区962处，其中国家级风景名胜区225处、省级风景名胜区737处，风景名胜区面积约占国土总面积的2.02%，包含了30处世界遗产地，为国家保存了大量珍贵的自然文化遗产，成为我国生态文明和美丽中国建设、促进国民经济和社会发展的重要载体。

伴随着我国经济社会发展形势的变化和党中央、国务院一系列决策部署的实施，风景名胜区在保护、利用和管理等方面仍然存在一些亟须解决的矛盾和问题，需要在"十三五"时期认真贯彻党中央、国务院的一系列决策部署和《风景名胜区条例》等法律法规规定，坚持"科学规划、统一管理、严格保护、永续利用"的工作方针，进一步完善政策、加强管理、加大投入，推进风景名胜区事业健康持续发展，为实现全面建成小康社会的目标做出应有贡献。

第一章　发展形势

一、"十二五"发展成就

"十二五"时期，在党中央、国务院高度重视和正确领导下，在国务院相关部门和地方各级人民政府的大力支持下，各级风景名胜区主管部门认真落实国家有关方针政策和法律法规，开展了大量卓有成效的工作，推动了风景名胜区和世界遗产事业快速发展，在保护自然文化遗产、弘扬中华民族文化、丰富群众文化生活、拉动旅游经济、促进区域发展、建设生态文明和美丽中国等方面发挥了重要作用。

（一）加强风景名胜区和世界遗产申报与保护，促进生态文明建设。

加强风景名胜区和世界遗产申报，将一批珍贵的自然文化遗产资源纳入到国家法定保护体系。2012年，国务院审定公布第八批17处国家级风景名胜区。中国南方喀斯特二期、澄江古生物化石地、新疆天山3处项目以世界自然遗产成功列入联合国教科文组织《世界遗产名录》。浙江杭州西湖、广西桂林漓江、贵州舞阳河、重庆金佛山、新疆天山天池、甘肃麦积山、江苏扬州蜀冈—瘦西湖风景名胜区、湖南猛洞河风景名胜区8处国家级风景名胜区和云南元阳观音山省级风景名胜区作为杭州西湖、中国南方喀斯特二期、新疆天山、丝绸之路、大运河、土司遗址、红河哈尼梯田世界遗产地的重要组成部分列入《世界遗产名录》。截至2015年底，全国共有国家级风景名胜区225处、世界遗产48项。现有48项世界遗产中，有30处分布在国家级风景名胜区和省级风景名胜区之中，共包含自然遗产10项、文化与自然双遗产4项、文化景观遗产4项，是30年来全球世界遗产数量增长最快的国家之一。

加强保护投入，实施了一大批资源保护项目。"十二五"时期，中央和地方持续加大风景名胜区保护投入，进一步提升风景名胜区的保护与发展能力，其中，中央直接投入约5亿元。据不完全统计，各国家级风景名胜区共完成景点保护项目1029项，环境整治项目676项，地质灾害防治、森林防火、动植物保护、病虫害防治等项目1036项，生态治理、环境监测项目410项，有力推进了风景名胜区的保护，为促进生态文明建设打下良好基础。

（二）完善风景名胜区和世界遗产保护管理制度与技术标准，推进行业制度化、规范化管理。

一是出台《国家级风景名胜区规划编制审批办法》（住房和城乡建设部令第26号）及《国家级风景名胜区管理评估和监督检查办法》《世界自然遗产、自然与文化双遗产申报和保护管理办法》《国家级风景名胜区总体规划大纲和编制要求》，完善了风景名胜区和世界遗产的保护管理制度。二是出台《风景名胜区游览解说系统标准》《风景名胜区监管信息系统建设技术规范》等行业标准，开展《风景名胜区规划规范》修订和《风景名胜区详细规划规范》制定工作，启动国家标准《风景名胜区管理技术要求》《风景名胜区资源分类与评价标准》及行业标准《风景名胜区术语标准》的制定。

（三）严格风景名胜区规划管控和监测监督，推动落实"科学规划、统一管理、严格保护、永续利用"方针。

一是加快规划编制审批，完成58处总体规划编制报批、80余处详细规划审批、135处国家级风景名胜区重大建设工程项目选址方案核准。二是强化规划执行，指导各地依据规划开展保护、利用与管理工作，规范建设活动，处理好保护与利用的关系。三是加强规划实施监管，依托遥感技术手段加强规划执行情况的动态监测，实现225处国家级风景名胜区规划实施和资源保护状况监测全覆盖,增强主动监管能力,及时发现和处理违法违规建设和破坏风景名胜资源的行为。四是加大监督检查力度,自2012年起连续4年开展保护管理执法检查,实现了225处国家级风景名胜区执法检查全覆盖,严肃查处和曝光一批违法违规行为,维护了法律法规的严肃性,强化了依法行政。

(四)积极发挥风景名胜区和世界遗产旅游服务功能,带动地方精准扶贫和社会经济发展。

据统计,"十二五"时期,各国家级风景名胜区共完成车行游览路建设376项、游步道建设421项、完成水、电、通讯等基础工程建设688项,完成游客中心建设399个、解说教育设施建设318项、公共游览设施建设557项。通过上述措施,改善了风景名胜区游览条件和形象,提高了公共游览服务能力,较好地发挥了风景名胜区的保护与游憩双重功能。五年来,全国国家级风景名胜区共接待国内外游客约36亿余人次,约占全国游客总量的20%左右,成为名副其实的"国家名片"和公众旅游休闲的主要目的地。很多地方依托国家级风景名胜区发展旅游,增加了就业机会,拉动了相关产业,带动了居民脱贫致富,为调结构、稳增长、扩内需提供了重要支撑,推动了地方社会经济发展。以39处涉及世界遗产的国家级风景名胜区为例,仅2015年就接待游客1.8亿人次,提供就业岗位9万余个,推动了所在地经济转型和绿色发展。风景名胜区还是社会主义精神文明建设的重要载体,各国家级风景名胜区共设立全国科普教育基地和全国青少年科技教育基地107个,设立爱国主义教育基地286个。

(五)积极加强风景名胜区和世界遗产的公众宣传与国际合作,提升国内外影响力。

住房城乡建设部分别于2012年、2015年发布《中国风景名胜区事业发展公报(1982—2012)》《中国世界自然遗产事业发展公报(1985—2015)》,向社会广泛宣传和展示30年来我国风景名胜区和世界自然遗产事业的发展成就。面向社会编制发行大型图册《风景名胜区》,提高公众对风景名胜区性质、价值和作用的认识。各地普遍加强风景名胜区的主题宣传,不断提高风景名胜区的社会知名度和认知度。

加强与联合国教科文组织及其世界遗产中心、世界自然保护联盟等国际机构或组织在世界遗产申报保护、专业培训、研究交流等方面的合作。黄山、五大连池2处国家级风景名胜区以其良好的保护管理实践,于2014年成功列入世界自然保护联盟首批"全球最佳管理保护地绿色名录",向世界展示了风景名胜区的良好管理模式和保护成就。继续深化与美国国家公园管理局的长期战略合作,按照合作谅解备忘录要求,双方分别于2011年和2014年签订了行动计划,建立2对友好公园,开展国家公园体制研讨等方面合作。双方的合作还纳入到中美战略与经济对话合作框架。

二、机遇与挑战

"十三五"时期,我国风景名胜区事业既面临众多挑战,又是快速发展的重要战略机遇期。

当前，我国还处于工业化、城镇化和旅游业快速发展阶段，生态文明理念还有待深入人心、落地生根，风景名胜区面临的一些突出问题和矛盾还将持续存在。一些地方对风景名胜区的功能属性缺乏正确认识，将其作为一般的经济资源和"摇钱树"，重开发、轻保护，热衷于攫取短期经济利益，忽视长期的精神文化价值和生态价值。一些地方片面强调风景名胜区的旅游开发，门票价格偏高，经营管理不规范，严重影响风景名胜区的公共属性。一些地方不顾风景名胜资源的脆弱性、珍贵性和特殊性，过度开发，超容量接待游客，导致风景名胜区资源环境受到破坏。一些地方不严格落实《风景名胜区条例》（以下简称《条例》）规定，忽视风景名胜区管理机构和保护能力建设，管理职能不到位，保护资金不落实，规划编制滞后，管理水平低下。一些地方不合理安排重大基础设施，随意侵占穿越风景名胜区，严重破坏生态环境和遗产价值。一些风景名胜区与城市建设、村镇发展的关系没有妥善处理，侵占景区用地、破坏景观风貌等问题还不同程度地存在。此外，一些风景名胜区过于注重旅游营销，忽视公益科普宣传，导致全社会对风景名胜区的性质和作用缺乏全面客观认识，也是一个比较突出的问题。

党的十八大以来，党中央、国务院作出一系列战略决策部署，对风景名胜区事业发展提出了新的更高的要求。党的十八大提出大力推进生态文明建设，建设美丽中国；《中共中央关于全面深化改革若干重大问题的决定》、《中共中央国务院关于加快推进生态文明建设的意见》和《生态文明体制改革总体方案》明确提出建立国家公园体制改革任务，并就自然资源资产产权制度、国土空间开发保护制度、空间规划体系、资源有偿使用和生态补偿制度、生态文明绩效评价考核和责任追究制度等生态文明制度体系建设作出部署；党的十八届四中全会决定全面推进依法治国，党的十八届五中全会确立了"十三五"时期的"创新、协调、绿色、开放、共享"五大发展理念。

风景名胜区是生态文明建设的重要载体，党中央、国务院一系列重大决策部署的实施与风景名胜区事业发展息息相关，必须紧密结合实际，认真抓好贯彻落实。在新的重要历史时期，风景名胜区事业发展必须准确把握风景名胜区事业在生态文明建设、实施精准扶贫、构建"五位一体"总体布局、推进新型城镇化建设和加强城市规划建设管理等方面的地位和作用，正确处理和应对当前面临的问题与挑战，抢抓发展机遇期，实现新发展，为服务大局、保护生态、弘扬文化、改善民生、促进发展做出新贡献。

第二章　指导思想、基本原则与发展目标

一、指导思想

深入贯彻落实党的十八大和十八届三中、四中、五中、六中全会及中央城镇化工作会议、中央城市工作会议精神和国务院一系列重要决策部署，践行创新、协调、绿色、

开放、共享发展理念，坚持"科学规划、统一管理、严格保护、永续利用"的工作方针，以改革创新为动力，以制度标准建设为着力点，以绿色协调共享为目标，依法保护、利用和管理好风景名胜区，推动风景名胜区事业更好更快发展，为建设生态文明和美丽中国、实现全面建成小康社会目标做贡献。

二、基本原则

（一）保护优先，永续利用。

风景名胜区工作必须坚持保护第一的原则，树立尊重自然、顺应自然、保护自然的理念，维护风景名胜资源的真实性和完整性，坚决杜绝过度开发和盲目开发。要在严格保护的前提下，根据环境承载力和资源适宜性，依照风景名胜区规划，科学合理利用，发挥风景名胜区的文化、教育、科普、旅游等综合功能，带动当地居民脱贫致富，服务地方社会经济发展。

（二）突出重点，全面推进。

风景名胜区事业的健康发展，既要全面统筹设立、保护、规划、利用和管理等各项工作，又要着重解决好保护与发展中存在的突出问题和薄弱环节，提出切实可行的解决对策，提升风景名胜区的保护能力和公共服务能力。

（三）分类指导，绩效管理。

要根据不同地域、不同风景名胜区的资源禀赋、发展阶段等条件，分类施策，实施针对性的指导。要加大对中西部地区风景名胜区申报与发展的扶持力度，逐步改善风景名胜区区域发展不平衡的情况。

（四）政府主导，多方参与。

风景名胜区事业是公益事业，既要依靠地方各级政府、部门的行政管理，也需要全社会一切有益力量的共同努力和积极参与。要充分调动和发挥全体公众、团体、组织、媒体、游客的积极作用，形成全社会共同关心、支持、参与风景名胜区保护与发展的良好氛围。

三、发展目标

到"十三五"期末，风景名胜区体系和布局更加完善，一批珍贵的风景名胜资源纳入到风景名胜区体系，全国风景名胜区数量增加 100 处左右。风景名胜区管理能力进一步提升，风景名胜区管理机构的统一管理职能进一步落实，《条例》配套制度和技术规范进一步完善，基本建立与风景名胜区保护与发展相适应的制度标准体系。风景名胜区规划管控更加有力，现有 225 处国家级风景名胜区实现总体规划编制全覆盖，详细规划覆盖面大幅提高，实现对每处国家级风景名胜区的规划实施和资源保护情况每 2 年开展一次遥感动态监测的目标。风景名胜区保护投入进一步加大，保护和游览服务设施进一步完善，游憩利用功能进一步发挥，成为公众生态文明教育、旅游休闲度假的重要载体。风景名胜区事业发展质量进一步提高，公众宣传力度进一步加大，社会认知度进一步增强，风景名胜区在保护珍贵风景名胜资源、拉动旅游产业、服务地方发展、实现精准扶贫等方面的作用进一步加大，为建立国家公园体制、构建"五位一体"总体布局和实现全面建成小康社会目标做出更大贡献。

第三章 主要任务

一、完善制度机制

进一步树立《条例》的严肃性、权威性和执行力，加强风景名胜区保护管理和执法监督。按照《国家级风景名胜区管理评估和监督检查办法》要求，开展常态化的年度评估，适时组织开展定期评估，加强综合执法检查、专项执法检查和个案督察，制定定期评估和综合执法检查的细则，积极探索按照保护管理绩效对国家级风景名胜区进行分等定级，推进风景名胜区的分类指导。依据《条例》和《城乡规划违法违纪行为处分办法》，加大风景名胜区违法违规行为的责任追究。指导各地建立健全跨行政区域的风景名胜区的保护管理协调机制。督促地方依法赋予风景名胜区管理机构对风景名胜区的统一管理职能，支持具备条件的风景名胜区建立执法机构，进一步完善风景名胜区管理机构与地方规划、国土资源、环保、水利、林业、旅游、文物、宗教等相关部门和当地乡镇、村等相关方面的工作协调机制。完善国家级风景名胜区设立、规划审查、重大建设工程项目选址方案审查工作机制，严把前置审查关，提高审查效率。强化《世界遗产公约》的履约责任，完善世界自然遗产、自然与文化双遗产申报、规划、保护监督等制度。

进一步完善《条例》的配套制度，加快技术规范制定，推进技术规范间的协调衔接，促进风景名胜区科学化、制度化、标准化管理。支持和指导各地建立健全风景名胜区地方性法规，支持具备条件的国家级风景名胜区实行"一区一条例"。鼓励和指导地方加快风景名胜区地方性标准建设。

专栏一：制度规范建设

制度建设：开展国家级风景名胜区资源有偿使用管理办法、国家级风景名胜区设立审查办法、国家级风景名胜区项目经营管理办法、国家级风景名胜区规划实施评估办法等制度研究。

标准规范：研究制定风景名胜区总体规划规范、风景名胜区详细规划规范、风景名胜区管理技术规范、风景名胜区术语标准、风景名胜区资源分类与评价标准、风景名胜区保护分区划定技术导则、风景名胜区智慧景区建设技术指南等。

二、优化体系布局

组织开展全国风景名胜资源普查，全面掌握我国各类风景名胜资源分布、价值、数量、保护、管理等情况，构建资源普查数据库，编制资源普查图集和成果报告。编制全国风景名胜区体系规划（或发展规划），支持和指导各地编制省域风景名胜区体系规划，有计划、有步骤地将价值较高的风景名胜资源纳入到法定风景名胜区体系，优化完善风景名胜区的资源类型、空间分布、功能结构。做好风景名胜区与全国绿道或生态网络的连接，扩展生态与休闲空间，为促进生态文明建设、划定生态保护红线、构建区域生态安全格局、优化国土空间开发和全国城镇体系布局提供支撑。

积极推进风景名胜区和世界遗产申报，支持中西部地区优先申报风景名胜区，支持价值较高的省级风景名胜区上升为国家级风景名胜区，加大国家级风景名胜区等申报世界遗产的工作力度，优先推进世界自然遗产申报工作。实行世界自然遗产、自然与文化遗产预备清单和国家自然遗产、自然与文化双遗产预备名录动态管理，加强具有申报世界遗产潜力项目的培育和指导。

专栏二：风景名胜区设立

积极推动风景名胜区体系建设：风景名胜区数量增加 100 处左右，其中国家级风景名胜区的数量占比不低于 40%，西部地区数量占比不低于 40%。

三、强化规划建设管控

创新规划理念，科学划定风景名胜区保护分区，深化资源保护与建设管控要求，通过"规划、建设、管理"妥善处理资源保护和利用的关系，增强规划的前瞻性、严肃性和连续性。加快和改进国家级风景名胜区总体规划编制，按照报国务院审定同意的国家级风景名胜区总体规划大纲和编制要求，规范总体规划成果的格式和内容，实现 225 处国家级风景名胜区总体规划编制全覆盖。加大风景名胜区总体规划审查力度，提高审查效率，优先支持第一轮总体规划的审查报批。适时开展国家级风景名胜区总体规划大纲和编制要求执行情况的评估工作。推进国家级风景名胜区详细规划编制，扩大详细规划覆盖面,强化详细规划对总体规划的执行和落实,规范详细规划编制内容,提高详细规划编制的规范性和编制深度，重点抓好主要入口区、游览服务设施相对集中区等涉及较多建设活动区域的详细规划的编制和审批。做好风景名胜区规划与城乡、土地、环保、水利、林业、文物、旅游等相关规划的相互协调衔接，依法开展规划环境影响评价。

要强化规划实施监管，实现一张蓝图干到底。严格执行好国家级风景名胜区规划实施年度报告制度，加强年度报告上报情况的审核和督察。加强国家级风景名胜区规划实施评估，加大国家级风景名胜区和世界遗产的遥感动态监测力度，力争实现每处国家级风景名胜区每两年监测一次，及时掌握规划实施、资源保护和建设活动情况，适时向社会公布监测结果。依据风景名胜区规划实施严格的分区管控和用途管制，加强建设活动审核和管理。加强风景名胜区规划与城乡规划的实施协调，妥善处理风景名胜区保护与城乡建设发展关系。发挥城乡规划督察员的优势和作用，严肃查处风景名胜区违法违规建设行为。加快省级风景名胜区总体规划的编制审批，支持有条件的省份加大省级风景名胜区规划实施和资源保护情况的遥感动态监测。

专栏三：规划编制审批与实施监督

规划编制审批：实现现有225处国家级风景名胜区总体规划编制全覆盖，力争第一轮总体规划审批全覆盖；抓好主要入口区、游览服务设施集中区等较多建设活动区域的详细规划编制。省级风景名胜区总体规划和详细规划覆盖面大幅提高。

规划实施监督：每5年对国家级风景名胜区规划实施情况进行一次评估；推动实现每两年对每处国家级风景名胜区的规划实施和资源保护情况开展一次遥感动态监测。省级风景名胜区的规划实施和资源保护情况的遥感动态监测取得明显进展和初步成效。

四、加强风景名胜资源保护

启动国家级风景名胜区资源保护"三个一"工程，建设一批亟须的保护性基础工程设施、一批保护监测设施、一批智慧景区，提升风景名胜区设施水平，提高保护、监测、游览、服务、安全等方面的精细化管理能力。支持和指导具有条件的省级风景名胜区开展智慧景区建设。推进风景名胜区和世界遗产地的科学研究工作，支持风景名胜区和世界遗产地的科研立项、科研示范基地建设及与科研机构和高等院校建立科研合作机制。

指导和督促风景名胜区管理机构根据风景名胜区规划和资源环境承载力，合理控制利用范围、方式和强度，调控游客容量，会同有关方面认真落实最严格的耕地保护制度、节约用地制度、水资源管理制度，加强生态环境保护，严格河湖水域岸线保护与管理。

> **专栏四：资源保护设施建设**
>
> 建设一批保护性基础工程设施：包括核心资源保护、必要的环境整治与生态修复设施、垃圾和污水处理（含公共厕所）、综合防灾减灾设施、小型管理用房等。
>
> 建设一批保护性监测设施：包括门禁设施、门票预约与游客量实时监测系统、规划实施与建设管控监测设施、资源环境监测设施等。
>
> 建设一批风景名胜区智慧景区：开展20个以上国家级风景名胜区的智慧景区示范。

五、推动风景名胜资源有偿使用和社会经济发展

按照《条例》等规定，积极推动风景名胜资源有偿使用，采用招标等方式确定风景名胜区内交通、服务等项目的经营者，提升风景名胜区游览服务水平。加大风景名胜资源有偿使用费征收力度，支持风景名胜区的保护和利用。

按照风景名胜区规划要求，进一步完善游览服务设施水平，建设或提升一批亟须的资源展示、解说教育、游客安全、道路交通等设施。推动国家级风景名胜区游览服务"五个一"工程，实现每处国家级风景名胜区具有一套国家级风景名胜区标志标牌系统、一个游客中心、一条解说游径、一套科普手册、一本科学解说词，提升风景名胜区整体形象，突出风景名胜区特色内涵，进一步发挥好风景名胜区服务公众休闲度假的功能，积极适应人民群众日益增长的精神文化需求。加强风景名胜区游览组织与服务管理，提升旅游服务水平。

发挥风景名胜区支持地方社会经济发展特别是推动旅游业发展的突出作用，拉动地方相关产业综合发展，逐步扭转一些地方重开发、轻保护的问题和过度依赖门票经济的模式。进一步发挥风景名胜区在精准扶贫方面的重要作用，促进风景名胜区保护利用与当地社区居民脱贫致富相结合，优先支持当地居民参与风景名胜区的保护管理、旅游服务、项目经营，安排就业岗位，实施生态补偿，实现风景名胜区与当地社区协调共享发展。结合新型城镇化发展，依托风景名胜区外围村镇建设旅游服务基地，探索贫困地区城镇化发展新模式。

> **专栏五：游览服务设施建设**
>
> 建设或提升一批游览服务设施：包括"五个一"工程项目、科普教育设施、游客安全设施、游览步道栈道、生态停车场、必要的车行道等。

六、推进生态保护补偿和国家公园体制试点

进一步发挥风景名胜区促进生态文明建设的重要作用,按照国家有关风景名胜区生态保护补偿政策要求,积极争取和探索生态补偿制度、生态文明绩效评价考核、责任追究制度等生态文明制度在风景名胜区的实践和示范。

国家风景名胜区制度与国际上国家公园体制具有很多共性,为落实党中央、国务院关于建立国家公园体制决策部署奠定了重要基础。要积极发挥风景名胜区制度、体系和实践优势,推动建立国家公园体制试点,特别要加强对涉及国家级风景名胜区的试点单位的工作指导,为建立国家公园体制探索可复制、可推广的经验和模式。支持和参与建立国家公园体制的顶层设计、政策制度制定和相关工作落实,科学界定国家公园的功能定位,妥善处理国家公园与已有各类保护地的关系。

七、加大宣传教育与公众参与

加强风景名胜区整体宣传,从公众、游客和青少年科普3个方面加大工作力度,充分展示风景名胜区的自然、生态、科学、文化、美学等综合价值,逐步改变风景名胜区重旅游营销、轻公益宣传的问题,提高全社会对风景名胜区事业的认识、理解与支持,使风景名胜区成为培养国家意识的大课堂、践行生态文明的示范区。

积极推进风景名胜区公众参与,鼓励公众、媒体、社会组织对风景名胜区保护管理进行监督,完善风景名胜区规划公开公示制度,建立健全风景名胜区违规行为举报制度。支持和指导各地推进风景名胜区志愿者服务,鼓励社会团体和个人参与风景名胜区的宣传、服务等工作。

专栏六:加强宣传教育

实施风景名胜区公众宣传与解说教育行动计划:制订专门工作计划,组织各地从公众、游客和青少年科普3个方面开展持续性的宣传、科普和教育活动,对公众广泛宣传风景名胜区性质、价值、地位和作用等,对游客持续开展遗产保护、生态环境、传统文化和爱国主义等方面的解说教育,对青少年深入开展科普教育、野外教室、课外实践等科普活动。

八、加强国际合作与能力建设

继续加强与美国国家公园管理局、联合国教科文组织世界遗产中心、世界自然保护联盟等国外政府机构或国际组织合作,把我国风景名胜区和世界遗产事业发展纳入到国际自然文化遗产事业发展的视野,提高参与相关国际合作事务的能力,积极宣传我国风景名胜区保护与发展的成就与模式,学习借鉴国外有益经验或模式,促进文明

交流互鉴。加强能力建设,加大风景名胜区管理干部培训力度,推动实现培训的长期化、制度化,不断提高各级管理干部的知识水平和业务能力,积极适应风景名胜区保护管理的新形势、新要求。

专栏七:加强人才培训

开展风景名胜区和世界遗产系列教育培训:每年至少开展一次培训,培训内容包括法规制度、规划管理、资源与生态环境保护、资源利用与旅游、解说教育、智慧景区等方面。

第四章 保障措施

一、加强部门协作

进一步加强与发展改革、财政、监察、法制、宣传、国土资源、环保、交通、水利、科技、农业、林业、旅游、文物、宗教等相关部门的密切配合,积极推动风景名胜区的立法、政策、资金、宣传、科研等工作,为规划实施提供保障。

二、强化技术支撑

充分发挥住房城乡建设部世界自然遗产保护研究中心(城乡规划管理中心、遥感应用中心)和相关行业学会、协会的作用,鼓励其开展和参与相关制度、政策、标准的研究制定,开展业务培训、示范引导、科技推广、经验交流、国际合作等活动。强化住房城乡建设部风景园林专家委员会、世界遗产专家委员会的智力支持和决策咨询作用,加强与相关科研院所、高等院校的合作,为风景名胜区政策研究、业务审查和保护管理提供技术支撑。

三、加大保护投入

依法使用风景名胜区门票收入和资源有偿使用费,支持风景名胜区资源保护与管理。加大中央基建投资对贫困地区或者基础条件较差的风景名胜区的保护设施和基础设施建设的支持力度。创新投融资模式,拓宽资金来源,积极引入社会资本参与风景名胜区经营性项目建设与服务。鼓励国内外组织、团体和个人对风景名胜区事业的资助和捐赠。

四、有序组织实施

住房城乡建设部加强组织实施和工作协调,明确任务分工、责任单位和进度要求,确保规划确定的各项重要目标、任务和指标能够圆满完成。各省、自治区、直辖市主管部门和各国家级风景名胜区管理机构要按照本规划,制定本地区和本风景名胜区的具体实施计划,确保各项要求落到实处。要加强规划执行情况的监督检查和评估,及时发现和解决规划执行中的问题，对工作开展较好的省份和风景名胜区予以通报表扬，对工作滞后的省份和风景名胜区予以通报批评。各地在本省份风景名胜区和世界遗产"十三五"规划编制和执行中，要积极做好与本规划相关内容的协调衔接，共同推进"十三五"时期风景名胜区事业的持续健康发展。

附录2

国家级风景名胜区与其他保护地主要情况汇总表

	设立管理依据及批准	功能定位	管理体制	资源权属	规划制度	设立区域要求及重叠情况	资金投入
国家级风景名胜区	国务院《风景名胜区条例》	具有观赏、文化或者科学价值，自然景观、人文景观比较集中，环境优美，可供人们游览或者进行科学、文化活动的区域，具有国家代表性	县级以上地方人民政府设置的风景名胜区管理机构	部分国有土地，部分为农民集体土地	国务院批准总体规划；住房城乡建设部批准详细规划	《风景名胜区条例》规定，新设立的风景名胜区与自然保护区不得重合或者交叉。其他9类区域在风景名胜区内重复设立的情况比较突出	以地方投入为主，国家适当补贴。门票收入是风景名胜区保护资金的主要来源
	国务院批准设立		国务院和省级人民政府建设（园林）主管部门负责监督管理工作				
国家级自然保护区	国务院《自然保护区条例》	有自然生态系统、珍稀濒危野生动植物种的天然集中分布区域、有特殊意义的自然遗迹等的特殊保护和管理区域。在国内外有典型意义，在科学上有重大国际影响或者有特殊科学研究价值的自然保护区，列为国家级自然保护区	环境保护部负责综合管理。林业、农业、国土、水利、海洋等部门在各自的职责范围内，主管有关的自然保护区	核心区为国有土地，其他区域既有国有土地，也有农民集体所有土地	规划批准主体比较多样。环保系统的保护区由省级人民政府批准；林业系统的国家级自然保护区总体规划由国家林业局批准	国办发[2010]63号文件要求，设立其他类型保护区域，原则上不得与自然保护区范围交叉重叠。国家级风景名胜区与国家级自然保护区有26处交叉重叠	自然保护区建设规划纳入国家的、地方的或者部门的投资计划
	国务院批准设立						

续表

	设立管理依据及批准	功能定位	管理体制	资源权属	规划制度	设立区域要求及重叠情况	资金投入
国家级森林公园	《国务院对确需保留的行政审批项目设定行政许可的决定》(国务院令第412号)、《国家级森林公园设立、撤销、合并、改变经营范围或者变更隶属关系审批管理办法》(部门规章)、《国家级森林公园管理办法》(部门规章) 国家林业局批准设立	森林景观优美,自然景观和人文景物集中,具有一定规模,可供人们游览、休息或进行科学、文化、教育活动的场所	国家林业局和地方人民政府林业主管部门负责本地区国家级森林公园的监督管理工作 在国有林场、国有苗圃经营范围内建立的,国有林场、国有苗圃经营管理机构也是森林公园的经营管理机构	国有林业、国有林场、国有苗圃基础上建立的森林公园的土地和森林资源归国家所有,也涉及部分集体土地 集体林场等基础上建立的森林公园的土地和资源权属归农村集体组织	国家级体规划由国家林业局总局批准	国家林业局令第16号第二十条规定,在全国森林公园经营管理范围内,不得再建立自然保护区、风景名胜区、地质公园等。确有必要的,必须经国家林业局批准后方可建立	未作规定。按照原有资金渠道进行投入
国家地质公园	《地质遗迹保护管理规定》1995年,地质矿产部部令第21号。国土资源部"三定"方案没有明确使用"地质公园"的概念,仅明确"承担监督管理古生物化石、地质遗迹、矿业遗迹等重要保护区、保护地的工作" 国土资源部批准设立	地质遗迹,是指在地球演化的漫长地质历史时期,由于各种内外动力地质作用,形成、发展并遗留下来的珍贵的、不可再生的地质自然遗产 国家地质公园内具有国家级地质遗迹(地质公园)评审代表性,在全国乃至国际上具有独特科学价值、普及教育价值和美学观赏价值	国土资源部和省自治区市国土资源厅负责国家地质公园的相关工作 国土资源部成立国家地质公园(地质公园)领导小组、评审委员会和国家地质公园(地质公园)评审专家组,负责组织国家地质公园的评审、建设和批准的技术工作 地质公园所在地县级以上人民政府机构正式批准的国家地质公园管理机构	未作规定。根据已批准的国家地质公园来看,应当包括由国家地质公园建设涉及国有土地和集体组织土地	国家地质公园规划,经国土资源部审查批准,并由当地人民政府发布实施	《国土资源部办公厅关于加强国家地质公园申报审批工作的通知》关于国家地质公园申报条件之一就包括国家有关主管部门批准的国家级风景名胜区、自然保护区、国家森林公园、国家地质公园等可以申报设立国家地质公园	依据《国家地质公园建设标准》要求,建设资金列入地方政府财政预算。地质公园经营收入的一部分用于地质公园的建设与管理

附录2 国家级风景名胜区与其他保护地主要情况汇总表

续表

	设立管理依据及批准	功能定位	管理体制	资源权属	规划制度	设立区域要求及重叠情况	资金投入
国家级水利风景区	《水利风景区管理办法》（规范性文件）。水利部批准设立	以水域（水体）或水利工程为依托，具有一定规模的风景资源与环境条件，可以开展观光、娱乐、休闲、度假或科学、文化、教育活动的区域	水利部成立水利风景区建设与管理领导小组及办公室，办公室下设6个处，编制16人 地方人民政府水行政主管部门和流域管理机构监督管理，水利风景区管理所（一般为水利工程管理单位或水行政主管部门）在水行政主管部门和流域管理机构统一领导下，负责水利风景区的建设、管理和保护工作	未作规定。权属关系既涉及国有土地和水资源，又涉及集体土地和水资源	规划（总体规划、详细规划）由有关市县人民政府组织编制，经省级水行政主管部门或流域管理机构审核，报水利部审定	未作规定	地方自筹为主；水利部从水资源保护管理专项一合开发保护资源综合开发保护管理科目（1600万元）中给予地方适当补贴，每年调查约700万元。据了解，目前水利部与财政部已初步协商同意设立水生态文明城市建设专项资金（约10亿元以上），并下设水利风景区子项，资金力度进一步加大
国家湿地公园	《湿地保护管理规定》（国家林业局第32号令）；《国家湿地公园管理办法（试行）》（规范性文件） 国家林业局批准设立	以保护湿地生态系统、合理利用湿地资源为目的，可供开展湿地保护、恢复、宣传、教育、科研、监测、生态旅游等活动的特定区域	国家林业主管部门负责国家湿地公园的指导管理。国家湿地公园所在地县级以上地方人民政府设立专门的管理机构，统一负责国家湿地公园的保护管理工作	未作规定。要求征求相关权利人意见 既涉及国有土地和湿地资源，又涉及集体土地和湿地资源	省级林业主管部门批准，报国家林业局备案	《国家湿地公园管理办法（试行）》规定，国家湿地公园边界四至与自然保护区、森林公园等不得重叠或者交叉	未作规定

续表

	设立管理依据及批准	功能定位	管理体制	资源权属	规划制度	设立区域要求及重叠情况	资金投入
国家城市湿地公园	《国家城市湿地公园管理办法》(试行)》(规范性文件) 住房和城乡建设部批准	利用纳入城市绿地系统规划的适宜湿地公园的天然湿地类型,通过合理的保护利用,形成保护、科普、休闲等功能于一体的公园	住房城乡建设部和省级城市园林主管部门为国家城市湿地公园的主管部门。国家城市湿地公园所在地县级以上人民政府应当设立专门的管理机构,统一负责国家城市湿地公园的保护、利用和管理工作	未作规定。一般以国有土地为主,涉及部分集体土地	未明确。公园规划必须纳入城市总体规划、绿地系统规划和控制性详细规划	国家城市湿地公园以及保护地带的重要地段,不得设立开发区、度假区	未作规定。一般都地方自筹资金
旅游A级景区	《旅游景区质量等级评定管理办法》(国家旅游局令第23号)	具有参观游览、休闲度假、康乐健身等功能,具备相应旅游服务设施并提供相应旅游服务的独立管理区	国家旅游局组设立全国旅游景区质量等级评定委员会。全国旅游景区质量等级评定委员会负责全国旅游景区质量等级评定工作的组织和管理	不涉及资源权属关系	不涉及规划审批	风景区、旅游度假区、自然保护区、主题公园、地质公园、游乐园、森林公园、动物园、植物园及工业、农业、经贸、科教、军事、体育、文化艺术等旅游景区,均可申请参加质量等级评定	不涉及资金投入
	旅游景区质量等级评定委员会	从旅游交通、安全、卫生、邮电服务、旅游购物、经营管理、资源和环境的保护、旅游资源吸引力、市场吸引力、游客接待海内外旅游者年规模、游客抽样调查满意率等方面进行评定,从高到低依次为AAAAA、AAAA、AAA、AA、A级旅游景区					

附录2 国家级风景名胜区与其他保护地主要情况汇总表

续表

	设立管理依据及批准	功能定位	管理体制	资源权属	规划制度	设立区域要求及重叠情况	资金投入
历史文化名城名镇名村	《文物保护法》《历史文化名城名镇名村保护条例》 历史文化名城报国务院批准公布。历史文化名镇、名村报省级人民政府批准公布。住房城乡建设部会同国家文物局确定为中国历史文化名镇、名村	保存文物特别丰富，具有重大历史文化价值和革命意义的城市 保存文物特别丰富且具有重大历史价值或纪念意义的，能较完整地反映一些历史时期传统风貌和地方民族特色的镇和村	国务院建设主管部门会同国务院文物主管部门负责全国历史文化名城、名镇、名村的保护和监督管理工作。地方各级区域人民政府负责本行政区域历史文化名城、名镇、名村的保护和监督管理工作	未作规定，既有国家所有，也有集体和个人所有	保护规划由省、自治区、直辖市人民政府审批 名城保护规划和中国历史文化名镇、名村保护规划，报住房城乡建设部和国家文物局备案	国家级风景名胜区内包括众多历史文化名镇、名村、历史文化街区	国家对历史文化名城、名镇、名村的保护给予必要的资金支持 县级以上地方人民政府，根据本地实际情况安排保护资金，列入财政预算
全国重点文物保护单位	《文物保护法》《文物保护法实施条例》 国务院批准公布	古文化遗址、古墓葬、古建筑、石窟寺、石刻、壁画、近代现代重要史迹和代表性建筑等不可移动文物，根据历史、艺术、科学价值，可以分别确定为全国重点文物保护单位	国务院文物行政部门主管全国文物保护工作。地方各级人民政府文物主管部门负责本行政区域内的文物保护工作	一般为国家所有	省级人民政府批准公布。批准公布前，应征得国家文物局同意	国家级风景名胜区分布着401个全国重点文物保护单位和490个省级文物保护单位	列入地方财政预算。国家拨款。文物保护单位的事业性收入等专门用于保护

附录3

国家级风景名胜区名录

所在省	名称	具体地区	批次（审批日期）
北京（2处）	八达岭—十三陵国家级风景名胜区	延庆——昌平区	第一批（1982年11月8日）
	石花洞国家级风景名胜区	房山区	第四批（2002年5月17日）
天津（1处）	盘山国家级风景名胜区	蓟县	第三批（1994年1月10日）
河北（10处）	承德避暑山庄外八庙国家级风景名胜区	承德市	第一批（1982年11月8日）
	秦皇岛北戴河国家级风景名胜区	秦皇岛市	第一批（1982年11月8日）
	野三坡国家级风景名胜区	涞水县	第二批（1988年8月1日）
	苍岩山国家级风景名胜区	井陉县	第二批（1988年8月1日）
	嶂石岩国家级风景名胜区	赞皇县	第三批（1994年1月10日）
	西柏坡—天桂山国家级风景名胜区	平山县	第四批（2002年5月17日）
	崆山白云洞国家级风景名胜区	邢台市临城县	第四批（2002年5月17日）
	太行大峡谷国家级风景名胜区	邢台市	第八批（2012年10月31日）
	响堂山国家级风景名胜区	邯郸市峰峰矿区	第八批（2012年10月31日）
	娲皇宫国家级风景名胜区	邯郸市涉县	第八批（2012年10月32日）
内蒙古（2处）	扎兰屯国家级风景名胜区	呼伦贝尔市扎兰屯市	第四批（2002年5月17日）
	额尔古纳国家级风景名胜区	呼伦贝尔市额尔古纳市	第九批（2017年3月29日）
山西（6处）	五台山国家级风景名胜区	五台县	第一批（1982年11月8日）
	恒山国家级风景名胜区	大同市浑源县	第一批（1982年11月8日）
	黄河壶口瀑布国家级风景名胜区	吉县	第二批（1988年8月1日）
	北武当山国家级风景名胜区	方山县	第三批（1994年1月10日）
	五老峰国家级风景名胜区	永济县	第三批（1994年1月10日）
	碛口国家级风景名胜区	临县	第八批（2012年10月31日）
辽宁（9处）	鞍山千山国家级风景名胜区	鞍山市	第一批（1982年11月8日）
	鸭绿江国家级风景名胜区	丹东市	第二批（1988年8月1日）
	金石滩国家级风景名胜区	大连	第二批（1988年8月1日）
	兴城海滨国家级风景名胜区	兴城市	第二批（1988年8月1日）
	大连海滨—旅顺口国家级风景名胜区	大连市	第二批（1988年8月1日）
	凤凰山国家级风景名胜区	丹东凤城市	第三批（1994年1月10日）
	本溪水洞国家级风景名胜区	本溪县	第三批（1994年1月10日）
	青山沟国家级风景名胜区	丹东市宽甸县	第四批（2002年5月17日）
	医巫闾山国家级风景名胜区	北宁市	第四批（2002年5月17日）
吉林（4处）	松花湖国家级风景名胜区	吉林市	第二批（1988年8月1日）

续表

所在省	名称	具体地区	批次（审批日期）
吉林（4处）	"八大部"—净月潭国家级风景名胜区	长春市	第二批（1988年8月1日）
	仙景台国家级风景名胜区	和龙市	第四批（2002年5月17日）
	防川国家级风景名胜区	珲春市	第四批（2002年5月17日）
黑龙江（4处）	镜泊湖国家级风景名胜区	牡丹江市	第一批（1982年11月8日）
	五大连池国家级风景名胜区	五大连池市	第一批（1982年11月8日）
	太阳岛国家级风景名胜区	哈尔滨市	第七批（2009年12月28日）
	大沾河国家级风景名胜区	逊克县	第九批（2017年3月29日）
江苏（5处）	太湖国家级风景名胜区	无锡市	第一批（1982年11月8日）
	南京钟山国家级风景名胜区	南京市	第一批（1982年11月8日）
	云台山国家级风景名胜区	连云港市	第二批（1988年8月1日）
	蜀冈—瘦西湖国家级风景名胜区	扬州市	第二批（1988年8月1日）
	三山国家级风景名胜区	镇江市	第五批（2004年1月13日）
浙江（22处）	杭州西湖国家级风景名胜区	杭州市	第一批（1982年11月8日）
	富春江—新安江国家级风景名胜区	杭州市	第一批（1982年11月8日）
	雁荡山国家级风景名胜区	乐清市	第一批（1982年11月8日）
	普陀山国家级风景名胜区	舟山市	第一批（1982年11月8日）
	天台山国家级风景名胜区	天台县	第二批（1988年8月1日）
	嵊泗列岛国家级风景名胜区	嵊泗县	第二批（1988年8月1日）
	楠溪江国家级风景名胜区	温州市	第二批（1988年8月1日）
	莫干山国家级风景名胜区	德清县	第三批（1994年1月10日）
	雪窦山国家级风景名胜区	奉化市溪口镇	第三批（1994年1月10日）
	双龙国家级风景名胜区	金华市	第三批（1994年1月10日）
	仙都国家级风景名胜区	缙云县	第三批（1994年1月10日）
	江郎山国家级风景名胜区	江山市	第四批（2002年5月17日）
	仙居国家级风景名胜区	台州市仙居县	第四批（2002年5月17日）
	浣江—五泄国家级风景名胜区	诸暨市	第四批（2002年5月17日）
	方岩国家级风景名胜区	永康市	第五批（2004年1月13日）
	百丈漈—飞云湖国家级风景名胜区	文成县	第五批（2004年1月13日）
	方山—长屿硐天国家级风景名胜区	浙江台州湾南隅温岭市东北	第六批（2005年12月31日）
	天姥山国家级风景名胜区	新昌县	第七批（2009年12月28日）
	大红岩国家级风景名胜区	武义县	第八批（2012年10月31日）
	大盘山国家级风景名胜区	磐安县	第九批（2017年3月29日）
	桃渚国家级风景名胜区	临海市	第九批（2017年3月29日）
	仙华山国家级风景名胜区	浦江县	第九批（2017年3月29日）
安徽（12处）	黄山国家级风景名胜区	黄山市	第一批（1982年11月8日）
	九华山国家级风景名胜区	池州地区	第一批（1982年11月8日）

续表

所在省	名称	具体地区	批次（审批日期）
安徽（12处）	天柱山国家级风景名胜区	潜山县	第一批（1982年11月8日）
	琅琊山国家级风景名胜区	滁州市	第二批（1988年8月1日）
	齐云山国家级风景名胜区	休宁县	第三批（1994年1月10日）
	采石国家级风景名胜区	马鞍山市	第四批（2002年5月17日）
	巢湖国家级风景名胜区	巢湖市	第四批（2002年5月17日）
	花山谜窟—渐江国家级风景名胜区	黄山市境内屯溪与歙县交界处	第四批（2002年5月17日）
	太极洞国家级风景名胜区	广德县桃州镇	第五批（2004年1月13日）
	花亭湖国家级风景名胜区	太湖县	第六批（2005年12月31日）
	龙川国家级风景名胜区	绩溪县	第九批（2017年3月29日）
	齐山—平天湖国家级风景名胜区	池州市	第九批（2017年3月29日）
福建（19处）	武夷山国家级风景名胜区	武夷山市	第一批（1982年11月8日）
	清源山国家级风景名胜区	泉州市	第二批（1988年8月1日）
	鼓浪屿—万石山国家级风景名胜区	厦门市	第二批（1988年8月1日）
	太姥山国家级风景名胜区	福鼎市	第二批（1988年8月1日）
	桃源洞—鳞隐石林国家级风景名胜区	永安市	第三批（1994年1月10日）
	泰宁国家级风景名胜区（原名"金湖"）	泰宁县	第三批（1994年1月10日）
	鸳鸯溪国家级风景名胜区	屏南县	第三批（1994年1月10日）
	海坛国家级风景名胜区	平潭县	第三批（1994年1月10日）
	冠豸山国家级风景名胜区	连城县	第三批（1994年1月10日）
	鼓山国家级风景名胜区	福州市	第四批（2002年5月17日）
	玉华洞国家级风景名胜区	将乐县	第四批（2002年5月17日）
	十八重溪国家级风景名胜区	闽侯县	第五批（2004年1月13日）
	青云山国家级风景名胜区	永泰县	第五批（2004年1月13日）
	佛子山国家级风景名胜区	政和县	第七批（2009年12月28日）
	宝山国家级风景名胜区	顺昌县	第七批（2009年12月28日）
	福安白云山国家级风景名胜区	福安市	第七批（2009年12月28日）
	灵通山国家级风景名胜区	平和县	第八批（2012年10月31日）
	湄洲岛国家级风景名胜区	莆田市	第八批（2012年10月31日）
	九龙漈国家级风景名胜区	周宁县	第九批（2017年3月29日）
江西（18处）	庐山国家级风景名胜区	庐山	第一批（1982年11月8日）
	井冈山国家级风景名胜区	井冈山市	第一批（1982年11月8日）
	三清山国家级风景名胜区	上饶市	第二批（1988年8月1日）
	龙虎山国家级风景名胜区	鹰潭市	第二批（1988年8月1日）
	仙女湖国家级风景名胜区	新余市	第四批（2002年5月17日）
	三百山国家级风景名胜区	安远县	第四批（2002年5月17日）
	梅岭—滕王阁国家级风景名胜区	南昌市	第五批（2004年1月13日）

续表

所在省	名称	具体地区	批次（审批日期）
江西（18处）	龟峰国家级风景名胜区	上饶市弋阳县	第五批（2004年1月13日）
	高岭—瑶里国家级风景名胜区	江西景德镇市浮梁县境内	第六批（2005年12月31日）
	武功山国家级风景名胜区	萍乡市、吉安市、宜春市三市交界	第六批（2005年12月31日）
	云居山—柘林湖国家级风景名胜区	九江市永修县	第六批（2005年12月31日）
	灵山国家级风景名胜区	上饶县	第七批（2009年12月28日）
	神农源国家级风景名胜区	上饶万年县	第八批（2012年10月31日）
	大茅山国家级风景名胜区	上饶德兴市	第八批（2012年10月31日）
	瑞金国家级风景名胜区	瑞金市	第九批（2017年3月29日）
	小武当国家级风景名胜区	龙南县	第九批（2017年3月29日）
	杨岐山国家级风景名胜区	上栗县	第九批（2017年3月29日）
	汉仙岩国家级风景名胜区	会昌县	第九批（2017年3月29日）
山东（6处）	泰山国家级风景名胜区	泰安市	第一批（1982年11月8日）
	青岛崂山国家级风景名胜区	青岛崂山区	第一批（1982年11月8日）
	胶东半岛海滨国家级风景名胜区	荣成市	第二批（1988年8月1日）
	博山国家级风景名胜区	淄博市	第四批（2002年5月17日）
	青州国家级风景名胜区	青州市	第四批（2002年5月17日）
	千佛山国家级风景名胜区	济南市	第九批（2017年3月29日）
河南（10处）	鸡公山国家级风景名胜区	信阳市	第一批（1982年11月8日）
	洛阳龙门国家级风景名胜区	洛阳市	第一批（1982年11月8日）
	嵩山国家级风景名胜区	登封市	第一批（1982年11月8日）
	王屋山—云台山国家级风景名胜区	济源市	第三批（1994年1月10日）
	石人山国家级风景名胜区	平顶山市鲁山县	第四批（2002年5月17日）
	林虑山国家级风景名胜区	林州市	第五批（2004年1月13日）
	青天河国家级风景名胜区	博爱县	第六批（2005年12月31日）
	神农山国家级风景名胜区	沁阳市	第六批（2005年12月31日）
	桐柏山—淮源国家级风景名胜区	南阳市	第七批（2009年12月28日）
	郑州黄河国家级风景名胜区	郑州市	第七批（2009年12月28日）
湖北（7处）	武汉东湖国家级风景名胜区	武汉市武昌区	第一批（1982年11月8日）
	武当山国家级风景名胜区	十堰市	第一批（1982年11月8日）
	大洪山国家级风景名胜区	随州市	第二批（1988年8月1日）
	隆中国家级风景名胜区	襄樊市	第三批（1994年1月10日）
	九宫山国家级风景名胜区	通山县	第三批（1994年1月10日）
	陆水国家级风景名胜区	赤壁市	第四批（2002年5月17日）
	丹江口水库国家级风景名胜区	丹江口市	第九批（2017年3月29日）

续表

所在省	名称	具体地区	批次（审批日期）
湖南（21处）	衡山国家级风景名胜区	衡阳市	第一批（1982年11月8日）
	武陵源国家级风景名胜区	张家界市	第二批（1988年8月1日）
	岳阳楼洞庭湖国家级风景名胜区	岳阳市	第二批（1988年8月1日）
	韶山国家级风景名胜区	韶山市	第三批（1994年1月10日）
	岳麓山国家级风景名胜区	长沙市	第四批（2002年5月17日）
	崀山国家级风景名胜区	新宁县	第四批（2002年5月17日）
	猛洞河国家级风景名胜区	湘西永顺县	第五批（2004年1月13日）
	桃花源国家级风景名胜区	桃源县	第五批（2004年1月13日）
	紫鹊界梯田—梅山龙宫风景名胜区	新化县	第六批（2005年12月31日）
	德夯国家级风景名胜区	吉首市	第六批（2005年12月31日）
	苏仙岭—万华岩国家级风景名胜区	郴州市	第七批（2009年12月28日）
	南山国家级风景名胜区	邵阳市城步苗族自治县	第七批（2009年12月28日）
	万佛山—侗寨国家级风景名胜区	怀化市通道侗族自治县	第七批（2009年12月28日）
	虎形山—花瑶国家级风景名胜区	邵阳市隆回县	第七批（2009年12月28日）
	东江湖国家级风景名胜区	资兴市	第七批（2009年12月28日）
	凤凰国家级风景名胜区	湘西州凤凰县	第八批（2012年10月31日）
	沩山国家级风景名胜区	长沙市宁乡县	第八批（2012年10月31日）
	炎帝陵国家级风景名胜区	株洲市炎陵县	第八批（2012年10月31日）
	白水洞国家级风景名胜区	邵阳市新邵县	第八批（2012年10月31日）
	九嶷山—舜帝陵国家级风景名胜区	宁远县	第九批（2017年3月29日）
	里耶—乌龙山国家级风景名胜区	龙山县	第九批（2017年3月29日）
广东（8处）	肇庆星湖国家级风景名胜区	肇庆市	第一批（1982年11月8日）
	西樵山国家级风景名胜区	南海县	第二批（1988年8月1日）
	丹霞山国家级风景名胜区	韶关市仁化县	第二批（1988年8月1日）
	白云山国家级风景名胜区	广州市	第四批（2002年5月17日）
	惠州西湖国家级风景名胜区	惠州市	第四批（2002年5月17日）
	罗浮山国家级风景名胜区	惠州博罗县	第五批（2004年1月13日）
	湖光岩国家级风景名胜区	湛江市	第五批（2004年1月13日）
	梧桐山国家级风景名胜区	深圳市	第七批（2009年12月28日）
广西（3处）	桂林漓江国家级风景名胜区	桂林市	第一批（1982年11月8日）
	桂平西山国家级风景名胜区	桂平市	第二批（1988年8月1日）
	花山国家级风景名胜区	南宁市	第二批（1988年8月1日）
海南（1处）	三亚热带海滨国家级风景名胜区	三亚市	第三批（1994年1月10日）
重庆（7处）	缙云山国家级风景名胜区	北碚区	第一批（1982年11月8日）
	长江三峡国家级风景名胜区	巫山县巫峡镇	第一批（1982年11月8日）
	四面山国家级风景名胜区	江津市	第三批（1994年1月10日）

续表

所在省	名称	具体地区	批次（审批日期）
重庆（7处）	芙蓉江国家级风景名胜区	武隆县	第四批（2002年5月17日）
	天坑地缝国家级风景名胜区	奉节县	第五批（2004年1月13日）
	金佛山国家级风景名胜区	南川市	第二批（1988年8月1日）
	潭獐峡国家级风景名胜区	重庆市万州区	第八批（2012年10月31日）
四川（15处）	峨眉山国家级风景名胜区	峨眉山市	第一批（1982年11月8日）
	黄龙寺—九寨沟国家级风景名胜区	松潘县—九寨沟县	第一批（1982年11月8日）
	青城山—都江堰国家级风景名胜区	都江堰市	第一批（1982年11月8日）
	剑门蜀道国家级风景名胜区	剑阁县	第一批（1982年11月8日）
	贡嘎山国家级风景名胜区	甘孜州	第二批（1988年8月1日）
	蜀南竹海国家级风景名胜区	宜宾市	第二批（1988年8月1日）
	西岭雪山国家级风景名胜区	大邑县	第三批（1994年1月10日）
	四姑娘山国家级风景名胜区	小金县	第三批（1994年1月10日）
	石海洞乡国家级风景名胜区	兴文县	第四批（2002年5月17日）
	邛海—螺髻山国家级风景名胜区	冕宁县	第四批（2002年5月17日）
	白龙湖国家级风景名胜区	青川县和广元市中区	第五批（2004年1月13日）
	光雾山—诺水河国家级风景名胜区	巴中市	第五批（2004年1月13日）
	天台山国家级风景名胜区	邛崃市	第五批（2004年1月13日）
	龙门山国家级风景名胜区	彭州市	第五批（2004年1月13日）
	米仓山国家级风景名胜区	旺苍县	第九批（2017年3月29日）
贵州（18处）	黄果树国家级风景名胜区	安顺市	第一批（1982年11月8日）
	织金洞国家级风景名胜区	织金县	第二批（1988年8月1日）
	潕阳河国家级风景名胜区	凯里市	第二批（1988年8月1日）
	红枫湖国家级风景名胜区	清镇市	第二批（1988年8月1日）
	龙宫国家级风景名胜区	安顺市	第二批（1988年8月1日）
	荔波樟江国家级风景名胜区	黔南州	第三批（1994年1月10日）
	赤水国家级风景名胜区	赤水市	第三批（1994年1月10日）
	马岭河峡谷国家级风景名胜区	兴义市	第三批（1994年1月10日）
	都匀斗篷山—剑江风景名胜区	都匀市	第五批（2004年1月13日）
	九洞天国家级风景名胜区	毕节地区	第五批（2004年1月13日）
	九龙洞国家级风景名胜区	铜仁市	第五批（2004年1月13日）
	黎平侗乡国家级风景名胜区	黔东南州	第五批（2004年1月13日）
	紫云格凸河穿洞国家级风景名胜区	紫云苗族布依族自治县	第六批（2005年12月31日）
	平塘风景名胜区	平塘县	第七批（2009年12月28日）
	榕江苗山侗水国家级风景名胜区	榕江县	第七批（2009年12月28日）
	石阡温泉群国家级风景名胜区	石阡县	第七批（2009年12月28日）
	沿河乌江山峡国家级风景名胜区	沿河县	第七批（2009年12月28日）

续表

所在省	名称	具体地区	批次（审批日期）
贵州（18处）	瓮安江界河国家级风景名胜区	瓮安县	第七批（2009年12月28日）
云南（12处）	路南石林国家级风景名胜区	石林彝族自治县	第一批（1982年11月8日）
	大理国家级风景名胜区	大理州下关镇	第一批（1982年11月8日）
	西双版纳国家级风景名胜区	景洪市	第一批（1982年11月8日）
	三江并流国家级风景名胜区	昆明市	第二批（1988年8月1日）
	昆明滇池国家级风景名胜区	昆明市	第二批（1988年8月1日）
	丽江玉龙雪山国家级风景名胜区	丽江市	第二批（1988年8月1日）
	腾冲地热火山国家级风景名胜区	腾冲县	第三批（1994年1月10日）
	瑞丽江—大盈江国家级风景名胜区	德宏州	第三批（1994年1月10日）
	九乡国家级风景名胜区	宜良	第三批（1994年1月10日）
	建水国家级风景名胜区	建水县	第三批（1994年1月10日）
	普者黑国家级风景名胜区	丘北县	第五批（2004年1月13日）
	阿庐国家级风景名胜区	泸西县	第五批（2004年1月13日）
陕西（5处）	华山国家级风景名胜区	华阴市	第一批（1982年11月8日）
	临潼骊山国家级风景名胜区	临潼县	第一批（1982年11月8日）
	宝鸡天台山国家级风景名胜区	宝鸡市	第三批（1994年1月10日）
	黄帝陵国家级风景名胜区	黄陵县	第四批（2002年5月17日）
	合阳洽川国家级风景名胜区	合阳县	第五批（2004年1月13日）
甘肃（4处）	麦积山国家级风景名胜区	天水县	第一批（1982年11月8日）
	崆峒山国家级风景名胜区	平凉市	第三批（1994年1月10日）
	鸣沙山—月牙泉国家级风景名胜区	敦煌市	第三批（1994年1月10日）
	关山莲花台国家级风景名胜区	华亭县	第九批（2017年3月29日）
新疆（6处）	天山天池国家级风景名胜区	阜康市	第一批（1982年11月8日）
	库木塔格沙漠国家级风景名胜区	鄯善县	第四批（2002年5月17日）
	博斯腾湖国家级风景名胜区	库尔勒市巴州	第四批（2002年5月17日）
	赛里木湖国家级风景名胜区	博乐市博州	第五批（2004年1月13日）
	罗布人村寨国家级风景名胜区	博州	第八批（2012年10月31日）
	托木尔大峡谷风景名胜区	温宿县	第九批（2017年3月29日）
西藏（3处）	雅砻河国家级风景名胜区	山南地区	第二批（1988年8月1日）
	纳木措—念青唐古拉山风景名胜区	当雄县和班戈县	第七批（2009年12月28日）
	唐古拉山—怒江源国家级风景名胜区	安多县	第七批（2009年12月28日）
	土林—古格国家级风景名胜区	阿里地区札达县	第八批（2012年10月31日）
宁夏（2处）	西夏王陵国家级风景名胜区	银川市	第二批（1988年8月1日）
	须弥山石窟风景名胜区	固原市原州区	第八批（2012年10月31日）
青海（1处）	青海湖国家级风景名胜区	西宁市	第三批（1994年1月10日）

附录 4

涉及世界遗产的国家级风景名胜区名单

序号	风景名胜区	涉及世界遗产	遗产类型及列入年份
1	八达岭—十三陵风景名胜区	长城；明清皇家陵寝	文化遗产，1987年
2	泰山风景名胜区	泰山风景名胜区	自然和文化遗产，1987年
3	临潼骊山风景名胜区	秦始皇陵及兵马俑	文化遗产，1987年
4	黄山风景名胜区	黄山风景名胜区	自然和文化遗产，1987年
5	黄龙寺—九寨沟风景名胜区	九寨沟风景名胜区 黄龙风景名胜区	自然遗产，1992年
6	武陵源风景名胜区	武陵源风景名胜区	自然遗产，1992年
7	承德避暑山庄外八庙风景名胜区	承德避暑山庄及周围寺庙	文化遗产，1994年
8	武当山风景名胜区	武当山古建筑群	文化遗产，1994年
9	庐山风景名胜区	庐山风景名胜区	文化景观，1996年
10	峨眉山风景名胜区	峨眉山—乐山大佛	自然和文化遗产，1996年
11	武夷山风景名胜区	武夷山风景名胜区	自然和文化遗产，1999年
12	钟山风景名胜区	明清皇家陵寝	文化遗产，2000年
13	洛阳龙门风景名胜区	洛阳龙门石窟	文化遗产，2000年
14	青城山—都江堰风景名胜区	青城山—都江堰	文化遗产，2000年
15	三江并流风景名胜区	云南三江并流保护区	自然遗产，2003年
16	四姑娘山风景名胜区	四川大熊猫栖息地	自然遗产，2006年
17	西岭雪山风景名胜区		
18	天台山风景名胜区		
19	荔波樟江风景名胜区	中国南方喀斯特（一期、二期）	自然遗产，一期2007年，二期2014年
20	芙蓉江风景名胜区		
21	石林风景名胜区		
22	金佛山风景名胜区		
23	桂林漓江风景名胜区		
24	潕阳河风景名胜区		
25	三清山风景名胜区	三清山风景名胜区	自然遗产，2008年
26	五台山风景名胜区	五台山风景名胜区	文化景观，2009年
27	嵩山风景名胜区	登封"天地之中"古建筑群	文化遗产，2010年
28	崀山风景名胜区	中国丹霞	自然遗产，2010年
29	丹霞山风景名胜区		

续表

序号	风景名胜区	涉及世界遗产	遗产类型及列入年份
30	龙虎山风景名胜区	中国丹霞	自然遗产，2010年
31	龟峰风景名胜区		
32	赤水风景名胜区		
33	泰宁风景名胜区		
34	江郎山风景名胜区		
35	杭州西湖风景名胜区	杭州西湖风景名胜区	文化景观，2011年
36	天山天池风景名胜区	天山天池风景名胜区	自然遗产，2013年
37	麦积山风景名胜区	丝绸之路：起始端和天山道路网络	文化遗产，2014年
38	扬州蜀冈—瘦西湖风景名胜区	大运河	文化遗产，2014年
39	猛洞河国家级风景名胜区	中国土司遗址	文化遗产，2015年
40	花山国家级风景名胜区	花山岩画	文化景观，2016年

涉及世界遗产的省级风景名胜区名单（8处）

序号	风景名胜区	涉及世界遗产	遗产类型及列入年份
1	抚仙—星云湖泊省级风景名胜区	云南澄江古生物化石群	自然遗产，2012年
2	鸡冠山—九龙沟风景名胜区	四川大熊猫栖息地	自然遗产，2006年
3	夹金山风景名胜区		
4	米亚罗风景名胜区		
5	灵鹫山—大雪峰风景名胜区		
6	二郎山风景名胜区		
7	三江风景名胜区		
8	大足石刻省级风景名胜区	大足石刻	文化遗产，1999年

参考文献

[1] 国务院法制办农业资源环境保护法制司，建设部政策法规司，城市建设司.风景名胜区条例释义[M].北京：知识产权出版社，2007：6-7.

[2] 李如生.美国国家公园与中国风景名胜区比较研究[D].北京：北京林业大学，2005.

[3] 贾建中.我国风景名胜区发展和规划特性[J].中国园林，2012（10）：11-15.

[4] 住房和城乡建设部风景名胜区管理办公室.《风景名胜区重要文件汇编》内部资料.

[5] 王秉洛.我国风景名胜区体系建立和发展[J].中国园林，2012（8）：5-8.

[6] 朱璇.美国国家公园运动和国家公园系统的发展历程[J].中国园林，2006（6）：22-25.

[7] 谢凝高.关于风景区自然文化遗产的保护利用[J].旅游学刊，2002（6）：8-9.

[8] 谢凝高.国家风景名胜区功能的发展及其保护利用[J].中国园林，2002（4）：16-20.

[9] 谢凝高.国家重点风景名胜区规划与旅游规划的关系[J].规划师，2005（5）：5-7.

[10] 孙筱祥.中国风景名胜区[J].北京林学院学报，1982（2）：12-16.

[11] 宋凤，丁国勋，白红伟.风景资源评价初探[J].山东林业科技，2009（2）：141-144.

[12] 李晖.风景评价的灰色聚类——风景资源评价中的一种新的量化方法[J].中国园林，2002（1）：14-16.

[13] 李斌成，李睿煊.风景视觉资源及专家评价系统[J].西北农林科技大学学报(社会科学版)，2001(1).

[14] 魏民.试论风景名胜区资源的价值[J].中国园林，2003（3）：25-28.

[15] 王晓俊.风景资源管理和视觉影响评估方法初探[J].南京林业大学学报（自然科学版），1992（3）：88-94.

[16] 吴佳雨.国家级风景名胜区空间分布特征[J].地理研究，2014（9）：1747-1757.

[17] 丁洁，吴小根，丁蕾.国家重点风景名胜区的功能及其地域分布特征[J].地域研究与开发，2008(1)：70-72+87.

[18] 郑淑玲.当前风景名胜区保护和管理的一些问题[J].中国园林，2000（3）.

[19] 安超.我国风景名胜区设立研究[J].中国园林，2016（3）.

[20] 安超.美国国家公园特许经营制度及其对中国风景名胜区转让经营的借鉴意义[J].中国园林，2015（2）：28-31.

[21] 安超.有效规范风景名胜区重大建设项目选址核准工作[J].中国园林，2014（8）：105-107.

[22] 谢凝高.保护自然文化遗产复兴山水文明[J].中国园林，2000（2）：36-38.

[23] 李如生. 风景名胜区保护性开发的机制与评价模型研究 [D]. 长春：东北师范大学，2011.

[24] 李金路, 王磐岩, 贾建中, 等. 我国风景名胜区分类的基本思路 [J]. 城市规划 .2009（6）: 29-32.

[25] 仇保兴. 风景名胜和历史文化名城资源的保护策略 [J]. 中国经贸导刊，2005（5）.

[26] 郑刚涛. 风景名胜区周边城市化地区规划设计探讨——基于风景名胜区保护与发展角度 [J]. 江苏城市规划，2008（5）: 20-23.

[27] 陈春泉, 陆利军, 陈国生. 从利益相关者理论视角看风景区的发展机制 [J]. 开发研究，2008（4）: 59-62.

[28] 陈勇, 吴人韦. 风景名胜区的利益主体分析与机制调整 [J]. 规划师，2005（5）: 8-11.

[29] 朱观海. 风景名胜区认识及开发误区辨析 [J]. 中国园林，2003（2）.

[30] 刘强. 文化景观视角下的中国名山风景区价值研究 [J]. 安徽农业科学，2012（15）: 8630-8631+8679.

[31] 周年兴, 俞孔坚. 风景区的城市化及其对策研究——以武陵源为例 [J]. 城市规划汇刊，2004（1）: 57-61+96.

[32] 陈勇. 风景名胜区发展控制区的演进与规划调控 [D]. 上海：同济大学，2006.

[33] 岳邦瑞, 侯全华, 邱茜. 试论风景名胜区的本质任务及其遗产属性 [J]. 西北大学学报，2005.

[34] 赵燕菁. 市场经济条件下风景名胜区的保护与开发 [J]. 城市规划，2001（11）: 11-18.

[35] 孙明泉. 风景名胜的景观价值及其可持续利用 [N]. 光明日报，2000.

[36] 乌恩. 论我国风景区规划中的旅游价值观重构 [J]. 中国园林，2007（4）: 18-21.

[37] 刘鸿雁. 加拿大国家公园的建设与管理及其对中国的启示 [J]. 生态学杂志，2001（6）: 50-55.

[38] 安超. 我国风景名胜区管理体制研究 [J]. 中华建设，2012（09）: 24-26.

[39] 安超, 张文. 我国风景名胜区监管信息系统的开发 [J]. 中国园林，2009（10）: 91-94.

[40] 朱畅中. 风景环境与建设 [J]. 城乡建设，1998（2）: 16-17.

[41] 何剑萍. 怎样搞好风景区规划 [J]. 云南林业调查规划设计，2000（1）: 49-53.

[42] 贾建中, 邓武功. 中国风景名胜区及其规划特征 [J]. 城市规划，2014（S2）: 55-58+149.

[43] 赵书彬. 风景名胜区村镇体系研究 [D]. 上海：同济大学，2007.

[44] 柴海燕. 风景名胜区行政割据现象的产权分析 [J]. 地域研究与开发，2005（5）: 77-80.

[45] 贾建中. 我国风景名胜区发展和规划特性 [J]. 中国园林，2012（11）: 11-15.

[46] 张昕竹. 论风景名胜区的政府规制 [J]. 社会经济体制比较，2002（2）: 76-81.

[47] 张国强, 贾建中, 邓武功. 中国风景名胜区的发展特征 [J]. 中国园林，2012（08）: 78-82.

[48] 安超. 我国风景名胜区监管信息系统建设 [J]. 中国风景名胜，2009（4）.

[49] 邢海峰, 刘树军, 安超, 等. 遥感视角下的中国风景名胜区 [J]. 太空探索，2011（9）: 26-29.

[50] 宋峰. 中国名山的建筑遗产与其所在环境关系解析 [J]. 中国园林，2009（1）: 29-32.

[51] 吴梦荷, 石春晖, 宋峰. 风景名胜区建筑物及构筑物适应性再利用与业态管理研究——以杭州西

湖风景名胜区为例 [J]. 中国园林，2015（10）：61-65.

[52] 杭州市园文局. 杭州西湖风景名胜区总体规划（2002—2012）说明 [Z]. 杭州市园文局，2002.

[53] 谢凝高. 中国的名山 [M]. 上海：上海教育出版社，1987.

[54] 宋峰，邓浩. 世界遗产分类体系背景下的中国风景名胜区 [J]. 中国园林，2009（12）：1-6.

[55] 马永立，谈俊忠. 风景名胜区管理学 [M]. 北京：中国旅游出版社，2003.

[56] 建设部政策法规司. 建设行政许可工作手册 [M]. 北京：知识产权出版社，2004：6-7.

[57] 全国人大常委会法制工作委员会经济法室，国务院法制办农业资源环保法制司，住房城乡建设部城乡规划司、政策法规司. 中华人民共和国城乡规划法解说 [M]. 北京：知识产权出版社，2008：77-78.

[58] 张晓. 加强规制 北京：社会科学文献出版社，2006：33-42，231-234.

[59] 陈明松. 风景资源"炒股上市"问题和风景资源与景观环境的法制建设初议论 风景园林，2005(2)：56-58.

[60] 党安荣，张丹明，陈杨. 智慧景区的内涵与总体框架研究 [J]. 中国园林，2011（9）：15-18.

[61] 宋磊，林洪波，王绪华. 基于3D-GIS的智慧泰山景区信息集成平台 [J]. 中国园林，2011（9）：30-32.

[62] 梁焱. 基于云计算的智慧黄山景区数据基础设施规划方案 [J]. 中国园林，2011（9）：26-29.

[63] Nigel Dudley. IUCN自然保护地管理分类应用指南 [M]. 北京：中国林业出版社，2016.

[64] 住房城乡建设部风景名胜区管理办公室. 历届双方签署的谅解备忘录.

[65] Xiaolong Ma，Chris Ryan，Jigang Bao. Chinese national parks：Differences，resource use and tourism product portfolios[J]. Tourism Management，2008（1）.

后　记

我们往往将风景名胜区定位为发展旅游业的载体,更多的关注的是风景名胜所体现的经济效益,更多的思考的是如何发挥风景名胜区物质层面的利用。然而,我国风景名胜区是以自然景观为基础的融人文景观为一体的空间地域综合体,在精神层面的利用还有太多的提升空间。古语有云:"人杰地灵",这生动形象地说明了风景名胜区的内涵,就是在一种环境中产生了一种文化,这样的一种文化又是依托这样的环境而产生的,而且这种环境经过了人类的作用见证了这样一种文化,承载了这样一种精神。

美国的阿灵顿公墓,是美国的国家公园,建于1894年,坐落在美国弗吉尼亚州阿灵顿郡,这里长眠着30万烈士,包括在冷战、"二战"、越战、伊战和阿富汗战争中阵亡的官兵。就在阿灵顿公墓旁边的山包上,竖立着美国人民引以为豪的美国海军陆战队纪念碑,纪念碑高约10米,耸立在花岗岩的基座上,描述的情景就是"二战"美国海军陆战队战士们登陆硫磺岛初期,经历了惨烈的斗争,将美国国旗插入脚下黑色的花岗岩上的那一刻。雕塑的原型是由当时美联社战地记者乔·罗森塔尔拍摄于1945年2月23日的历史照片,当时荣获了1945年的普利策奖,后来也有很多人说照片是摆拍的,但不管是摆拍还是抓拍的,都不妨碍美国人民对美国内在精神的一种认同,而如今这已经凝结为一种美国英雄主义精神深入人心,这是国家公园应该发挥的真正作用。

以色列的马萨达古城,被列为世界遗产地,耶路撒冷第二圣殿时期犹太人反抗罗马人侵略的最后战役就在此发生。近千名犹太人在山顶的宫殿修建了防御工事,当时罗马人围困马萨达古城长达一年之久无法攻克,最终在古城对面堆建了巨大工事才得以攻克古城,900多名犹太人集体自杀并烧毁宫殿。而今马萨达古城已成为犹太人寻求自由、反抗压迫的斗争精神的历史写照,直到今天,马萨达古城仍然是犹太人成人礼和新军誓师大典的举行之地,"永不陷落的马萨达精神"也成为全人类共同的瑰宝。这是世界遗产应该发挥的真正作用。

我国的风景名胜区聚集着中华大地最壮丽、最秀美的自然资源,凝结了中华民族最优秀、最精华的精神遗产,我们希望能够望得见山、看得见水、记得住乡愁,我们希望能够让我国的这些遗产资源发挥更多的文化传承作用,能够将遗产资源、文化精髓一代接一代地传承下去。

2012~2015年,我在参加了几次住房城乡建设部组织的国家级风景名胜区执法检查和一些省份开展的行业培训后,发现很多风景名胜区管理机构包括相关省厅的同志们非常渴望了解行业保护管理各项工作制度的具体实施情况,尤其是近年来风景名胜区各项保护管理制度进行了重大的改革后的情况,比如国家级风景名胜区内重大建设工程选址核准事项改革、风景名胜区规划编制报批制度改革等等。然而在这方面能够作为行业中各项工作制度解读的读本几乎没有,大多都以文件汇编的形式编辑编纂而成。一来法律条文的形式不易被广大的管理者,尤其是刚刚接触风景名胜区行业的管理者所理解,二来有些文件汇编中涉及重要制度的内容也不够突出,往往是按照时间顺序简单罗列,对法规与制度、制度与文件、文件与要求、要求与实际工作之间的系统性、关联性、因果性关系分析不够。因此我产生了想编写一本关于我国风景名胜区保护管理制度解读书籍的想法。期间,我也遇到过个别风景名胜区管理机构的主要领导由于不够了解《条例》赋予管理机构本身的权力和相关制度正确的落实途径,从而提出了拟以调任的方式回避暂时遇到的管理困境的情况,这让我更加意识到风景名胜区行业制度的科学解读、理性探索和正确实践有多么重要。

编写《中国风景名胜区制度探索与实践》一书,我力图用较为朴实、通俗的语言解读一些重要制度的内容,目的就是想让大家了解这些重要制度的要求到底应该如何执行、如何操作、如何实施,更是想让原本不了解这个行业的同志们更为有效地认知这个行业。这个行业需要更多的热情,需要更多的责任心,更需要在制度学习、积累和实践的基础上,不断地探索和完善。

这本书的编写已经有一段时间了,之所以一拖再拖,主要是觉得对行业工作研究的还不够深入,总有一些想法不够成熟。但与此同时,行业中的很多同志都在关心一些重要制度的变更执行情况,因此我想不能总是一直停留在修改完善阶段,总该有完成的时候。

在此,由衷的感谢住房城乡建设部城乡规划管理中心的邢海峰副主任、于静副主任、李振鹏副处长,住房城乡建设部城建司张小宏司长、章林伟副司长、左小平处长在工作中对我给予的大力支持和鼓励。

在资料汇总中、整理过程中,浙江省城乡规划设计研究院的李鑫、北京大学城市与环境学院的邓可、山东建筑大学城市规划学院的黄琰同志给予了诸多帮助,对此表示深深的感谢。